El significado de los sueños

EL SIGNIFICADO DE LOS
SUEÑOS

DENISE LINN
Traducción de Carme Font

MOSAICO

Si usted desea que le mantengamos informado de
nuestras publicaciones, sólo tiene que remitirnos su
nombre y dirección, indicando qué temas le interesan, y gustosamente complaceremos su petición.

Ediciones Robinbook
información bibliográfica
C/. Industria 11 (Pol. Ind. Buvisa)
08329 – Teià (Barcelona)
e-mail: info@robinbook.com

www.robinbook.com

Licencia editorial para Mosaico por cortesía de Ediciones Robinbook

Título original: *Pocketful of Dreams: The Mysterious World of Dreams Revealed*

© Denise Linn, 1998

© Ediciones Robinbook, 2002

Diseño cubierta: Regina Richling.
Ilustración cubierta: Illustration Stock.
Compaginación: MC producció editorial.
ISBN: 84-7927-600-2.
Depósito legal: B-37.584-2002.
Impreso por Limpergraf, Mogoda, 29-31 (Can Salvatella),
    08210 Barberà del Vallès.

Impreso en U.S.A.   *Printed in U.S.A.*

«Mientras avanzo por esta vida
y me sumerjo en el río,
no recojo más que baratijas,
personas, lugares y objetos.

Lo único que me llevaré
cuando sea el momento de salir del río,
no es ninguna baratija,
es la caja de mis sueños.»

Karl Bettinger

Declaración
de intenciones

Cada uno de nosotros está enfrascado en una búsqueda… un viaje a través del tiempo y del espacio. Esta búsqueda te ha conducido hasta este libro y te seguirá guiando en tu evolución personal. Mi propósito con esta obra es crear un espacio en tu corazón en el que puedas ahondar, por medio de tus sueños, en esa evolución y exquisita unidad con todas las cosas. Este libro no pretende mostrarte el camino, sino ayudarte a descubrir tus respuestas internas que emanarán desde el centro de tu ser. Te permitirá darte cuenta de que esas respuestas no se hallan en las enseñanzas de nadie, sino que están entretejidas en tus sentimientos, entre el diseño de tu vida, tus sueños y tus visiones.

El comienzo

Los sueños son el misterioso lenguaje de la noche. Cada día, cuando se pone el Sol y asoma la Luna por el horizonte, nos va invadiendo un halo dorado en nuestra conciencia adormecida. Las visiones nocturnas de este reino enigmático han sido descritas como mensajes de los dioses, y han ayudado a conformar el destino de las personas y de naciones enteras. Desde el inicio de los tiempos, los tejedores de sueños se han deslizado entre la grieta que existe entre dos mundos con el fin de tocar los confines del espacio interior y recoger la cosecha de la noche.

Estos mensajes secretos de la mente pueden anticipar tu futuro y revelar tu pasado. Pueden advertirte de peligros. Pueden albergar inspiración creativa o ayudarte a deshacer barreras en tu vida de vigilia. Los sueños pueden servir de puerta al escenario místico de la noche para embarcarte en un viaje hacia la dimensión interna y la comunicación con seres queridos de los reinos internos. Pueden servir de trampolín para sanar durante la noche, realizar viajes astrales y emprender una búsqueda del alma. Pero nos hemos olvidado de todo ello.

Ahora los sueños no son más que reliquias de la mente humana. Ya no podemos invocar directamente a las musas de la noche.

En la antigüedad, cuando los ciclos de la naturaleza y del hombre estaban firmemente unidos, los sueños del pasado y del futuro, los sueños de caza y de jardinería, los de guerra y paz dirigían el transcurso de las distintas tribus o culturas. Los sueños eran una corriente natural que surgía de un alineamiento correcto con las fuerzas de la naturaleza. En esas horas del anochecer se invocaba a los emisarios de la sabiduría nocturna para que nos enviaran verdades internas. Pero nos hemos olvidado.

La creencia generalizada es que dormir es ese momento del día en el que no hacemos nada «productivo». Reconocemos la realidad de los sueños; sin embargo, aunque los recordemos, se tienen por rarezas o episodios divertidos. Muy pocas veces los consideramos algo valioso o imperativo para nuestro bienestar como hacemos con los *acontecimientos reales* del día.

Cuando nuestros hijos tienen pesadillas los calmamos con frases como: «es *sólo* un sueño»; descartando así una de las comunicaciones más extraordinarias que proceden desde lo más hondo de nuestro ser interno. Como mucho, los sueños se tratan como «procesadores de datos» interiores del ordenador mental humano.

Pero ha llegado la hora de recordar. Estamos atravesando un período crucial en nuestro planeta. Cada vez será más importante que despertemos el soñador que tenemos en nuestro interior y escuchemos al oráculo del corazón, de modo que podamos entrar sin sobresaltos en los tiempos que se avecinan. Existe una continua necesidad de penetrar internamente en nuestro cuerpo de sueños, y salvar esa brecha en nuestro espacio íntimo que nos permita avanzar con paso firme hacia el futuro. Verás que al año siguiente, tus sueños se convertirán en una fuente de información más poderosa para ti a medida que los vientos del cambio refuerzan la necesidad de que el mundo espiritual te ofrezca orientación. Es hora de recordar nuestros sueños para despertar nuestro potencial más profundo que subyace latente en cada uno de nosotros. Es hora de recordarlo para que podamos contribuir a la sanación de los demás y a la de nuestro planeta herido.

Mi viaje onírico

Mi viaje al reino de los sueños empezó una tarde de verano hace veinte años en el medio este norteamericano. Era una de esas tardes gloriosas en el campo. Una neblina dorada de verano había peinado los campos. A ambos lados de una carretera se sucedían los remolinos ámbar del trigo y unas borlas de maíz maduro del color de la miel, mientras yo conducía felizmente en moto hacia nuestra comunidad rural de granjeros. Tenía diecisiete años y sentía el espíritu libre y despreocupado de mi juventud. Una brisa cálida despeinaba mi cabello juguetonamente. De pronto, la sedosa calma de aquel verano se vio interrumpida por el impacto reverberante de la bala de un francotirador. Un agresor desconocido me dio por muerta. En un demoledor instante, mi vida, y todo lo que me resultaba conocido, saltó por los aires y después nada volvió a ser como antes. Un granjero que pasaba por ahí llamó a una ambulancia. Nunca olvidaré el increíble dolor que rasgó por completo mi cuerpo, las sirenas ululantes de la ambulancia y los gritos frenéticos de los médicos que anunciaban «¡le han disparado!».

Mientras permanezco tendida en la sala de urgencias del hospital, debatiéndome con un dolor abrasador que recorre todo mi cuerpo, me di cuenta de que al poco tiempo el dolor menguaba y una quietud me envolvía… y luego la oscuridad… una suave negrura aterciopelada. ¿Había muerto? ¿Dónde estaba? Sentí como si me hubieran encerrado en una burbuja negra. Después, de repente… la burbuja estalló y me vi bañada de una luz brillante. De hecho, fue una experiencia de lo más peculiar: yo era la luz. Yo era una luz resplandeciente que se extendía por todas partes, y escuchaba una música indescriptible que flotaba por el universo. Su sonido era tan dulce, tan puro, iba y venía como si fueran olas de luz líquida. Era más exquisita que cualquier sinfonía que conocía. Una armonía ondulante invadió mi espíritu luminoso hasta que yo me convertí en la música. En ese momento me pareció que yo estaba hecha exclusivamente de luz y sonido. No había nada que no fuera yo. Yo era únicamente luz fluida y sonido. Perdí la noción del tiempo… no había pasado… ni futuro. Las cosas simplemente *eran*.

Había algo en ese lugar que me resultaba familiar. Percibía una sensación muy real y profunda de familiaridad, como si hubiera estado ahí antes. ¿Cómo es posible comunicar lo que sentí? En cada uno de nosotros, en nuestro fuero interno, mora un sentido intuitivo de un amor que es tan natural como respirar. Ese amor supera cualquier frontera, cualquier forma, como un inmenso océano sin fin que penetra en cada célula y molécula de nuestro organismo. Yo notaba una conciencia interna muy arraigada de esa clase de amor. Pero no era el tipo de amor que sentimos cuando nos «enamoramos» o nos «desenamoramos». No existía separación alguna ni una identidad de «yo» o «tú». Sencillamente era estado puro de ser.

Me sentía como si hubiera vuelto a casa. Luego escuché una voz tan profunda e inquietante como una tormenta, que me susurraba: «no debes quedarte aquí, hay algo que tienes pendiente.» Recuerdo que me puse a gritar «¡Nooo!» como una loca mientras era devuelta a mi cuerpo.

Posteriormente descubrí que mi experiencia se parecía mucho a la que muchos individuos describían como una «experiencia en el umbral de la muerte». Se ha documentado como algo frecuente entre personas que han «resucitado» o que de alguna manera han logrado salir de una muerte segura, y todas ellas sentían literalmente como si estuvieran abandonando el cuerpo. A menudo, estas personas recuerdan haber visto una luz brillante y haber sentido una paz extraordinaria. Normalmente también experimentan una vaga sensación de familiaridad. Independientemente de cómo podamos definir lo que me ocurrió, cambió por completo y para siempre mi percepción de la realidad.

Mi experiencia en el umbral de la muerte fue algo totalmente distinto a lo que había vivido hasta ese momento. Yo era la hermana mayor de una familia de cuatro hijos, y mis padres trabajaban en el ámbito de la ciencia. Mi padre era ingeniero y mi madre, de descendencia india norteamericana, era química. Las únicas cosas que eran reales, creía, eran las tangibles y las que podían demostrarse conforme a las leyes científicas. Pero yo luchaba en mi interior para hallar una explicación a mis experiencias en el umbral de la muerte para que pudiera encajar en mi sistema de ideas sobre la naturaleza de la realidad. En cambio, según fui descubriendo poco a poco, todo en lo que creía se fue desintegrando. Quedó reemplazado por una nueva comprensión del mundo; parecía como si mi vida fuera a tomar un rumbo totalmente insólito.

Tras el período de convalecencia, mis sueños se volvieron más vívidos y entrañaban cierto significado. Además, escuchaba música que otros eran incapaces de oír y muy a menudo era consciente de que tenía seres espirituales muy amorosos a mi alrededor. De alguna manera, mis escarceos con la muerte me permitieron adentrarme en dimensiones internas que había olvidado. Todo esto era muy extraño para alguien como yo, alguien con una concepción de la vida muy racional y lineal.

Otra de las revelaciones asombrosas que viví fue tomar plena conciencia de que «yo» era algo separado de mi cuerpo. «Yo» no era mi cuerpo. Como resultado de los disparos, había perdido el bazo, una glándula suprarrenal, un riñón, parte del estómago, parte de un pulmón, de un intestino, una sección del diafragma y estaba conectada a un tubo que salía del corazón. Aun así, no me sentía como si «yo» estuviera limitada por esas deficiencias. Mi cuerpo estaba dañado, pero no «yo». Muchas personas parecen saberlo, pero para mí fue un concepto sorprendente en ese momento. Esa toma de conciencia me ayudó muchísimo a lo largo del proceso de sanación de mi cuerpo. Al final recuperé del todo mi salud.

Con el paso del tiempo comencé a descubrir que mis sueños no siempre eran idílicos. Curiosamente, cuando ese portal nocturno de percepción se abría ante mí, me venían a la memoria multitud de imágenes que yo había reprimido durante muchos años, y recibía un baño de magníficos sueños llenos de colores intensos. A menudo las imágenes eran aterradoras; en otras ocasiones resultaban profundamente tranquilizadoras y calmantes. A veces, en mis sueños podía captar atisbos de ese lugar al que había viajado cuando todos creían que yo había muerto. Me aferraba a esas imágenes borrosas, pero enseguida se desvanecían como niebla fina. Deseaba con todas mis fuerzas regresar a ese estado, pero no estaba dispuesta a morir para emprender de nuevo esa travesía.

En mis sueños de este período se me aparecía con regularidad una figura envuelta en sombras que me perseguía. Me despertaba aterrada y no podía conciliar de nuevo el sueño. Esta criatura amenazante y sin forma siguió frecuentando mis sueños; la fui arrastrando unos cuantos años.

Empecé una carrera en periodismo, y en verano de 1969 asistí a una conferencia de periodistas en Europa del Este. Cuando acabó, decidí acampar en una de las numerosos islas de la costa de la antigua Yugoslavia. Logré convencer a un pescador para que me llevara a una isla desierta y especialmente bella. Cuando extendí en el suelo mi saco de dormir esa primera noche, recuerdo haber contemplado los puntitos plateados de luz pegados en el cielo, y yo me perdí entre la soledad de las estrellas. Dios parecía estar tan cerca, y a la vez tan lejos.

A la mañana siguiente, la tranquilidad moteada por la luz del sol se vio interrumpida por el sonido de un avión que volaba muy bajo… demasiado bajo, pensé. Sin previo aviso, ¡recibí una ducha de balas! Estaban por todas partes, y rebotaban en el fango y los árboles. Traté de ponerme bajo cubierto, arrastrándome entre las ramas espesas de unos arbustos mientras seguía la lluvia de balazos. Al cabo de un rato, el bombardeo cesó. Salí tímidamente de mi refugio de hojas verdes y dentadas, pero una sensación de terror invadió mi corazón.

¿Por qué me disparaban? (¡otra vez!) Al parecer volvía a encontrarme al borde de ese precipicio negro que es la muerte. ¿Debía profundizar en una mayor comprensión del ser interno?

Poco después le hice señales a un pescador para que se detuviera. Con su inglés deficiente me explicó que nadie me debió de llevar a esa isla. Quedaba fuera de control, por lo que se utilizaba como objetivo para prácticas militares aéreas. En mis sueños, mi perseguidor ensombrecido fue aumentando su acoso.

Ese mismo año me volvió a ocurrir otro incidente después de regresar a Estados Unidos. El periódico para el que trabajaba, me envió a cubrir la información de unas manifestaciones en contra de la guerra del Vietnam que se celebraban en Chicago, Nueva York y Washington D. C. Recuerdo que estaba en primera línea de una marcha en Washington cuando, sin avisar, unos policías con máscaras de gas y porras irrumpieron en las calles y lanzaron gases lacrimógenos a las primeras filas de la manifestación. Este gas tan nocivo y doloroso te hace sentir como si te arrancaran la piel a tiras. Varios cartuchos de gas me explotaron en los pies. A esto cabe añadirle los gritos de pánico de la gente. Me quedé observando cómo las personas a mi izquierda y derecha, incapaces de resistirse a la fuerza de la multitud que empujaba, eran arrolladas por quienes trataban de escapar del gas.

Si mis horas de vigilia eran tumultuosas, mis noches eran francamente aterradoras. Mi agresor nocturno seguía acechándome como un lobo siguiendo el rastro de una futura víctima. Como si quisiera mantener a raya el control tenaz de ese asaltante, utilicé mis horas diurnas para afianzar mi disposición a afrontar el «peligro». Para compensar mi temor puse a prueba mi entereza con unas clases de kárate y paracaidismo. Al mismo tiempo, mi vida profesional se relacionaba con la violencia de informar sobre confrontaciones y revueltas. Tuve incluso que defenderme de un violador armado con una navaja.

Un día, poco después de habérmelas visto con ese violador, llegó a mis manos por casualidad un libro sobre budismo Zen. Empecé a leer sobre las experiencias Zen. Me impresionó la sorprendente similitud entre mi vivencia en el umbral de la muerte y el contenido del libro. Hablaba de una Gran Luz… la sensación de unidad con todas las cosas. Se refería a ir más allá del tiempo lineal. Tal vez, pensé, sería posible regresar a ese estado sin tener que morir. Yo sabía intuitivamente que me había llegado el momento de un cambio en mi vida. Había llegado el momento de seguir el camino de mi corazón, y partir en busca de esa percepción vital que había experimentado a los diecisiete años.

A principios de la década de 1970 me mudé a un monasterio Zen con la intención de quedarme una temporada. Mi corta estancia se prolongó hasta tres años. Buena parte de ese tiempo me quedaba contemplando una pared de cuatro a dieciséis horas al día, sentada en posición de loto o de medio loto. En un zendo es fácil distraerse por el dolor o el cansancio. Así que, como acto compasivo, y con clara precisión, el maestro Zen golpea suavemente los hombros del practicante con una vara kyôsaku para asegurar la atención en su disciplina. Una vara kyôsaku se parece a un bate plano de béisbol o a una pala de cricket. El golpecito aterrizaba en mi hombro como si fuera un tortazo y parecía reverberar en las paredes del monasterio Zen. En realidad, cuando el maestro Zen consideraba que yo lo estaba haciendo realmente bien, golpeaba con el kyôsaku tan fuerte como podía para alentarme aún más.

Durante estas experiencias tuve unas visiones extraordinarias y el maestro Zen me decía: «son sólo ilusiones… ves más hondo.» Recibía grandes revelaciones y el maestro Zen apuntaba: «sólo ilusiones. Sigue. Busca la realidad subyacente… la auténtica realidad. Debes verte como tú eres verdaderamente.» Sus palabras resonaron como un futuro lema que se iría repitiendo a lo largo de mi vida.

En el monasterio Zen mis sueños empezaron a cambiar. En uno de ellos se me apareció un radiante mandala en tres dimensiones. Un mandala es un dibujo simbólico compuesto de cuarto secciones independientes, normalmente encerrado dentro de un círculo o un cuadrado, que representan el Universo. Cuando pregunté sobre esta aparición espontánea, supe que el psicólogo suizo Carl Jung creía que los mandalas eran símbolos del mundo de los sueños y que anunciaban integridad, totalidad. Jung indicó que la frecuencia universal del número cuatro (los cuatro puntos cardinales, los cuatro lados de un cuadrado, el número cuatro o un mandala con cuatro puntas), fomentaba la unidad y la integridad con el ser interno.

Mientras vivía en el zendo, descubrí algo sobre el enemigo de mis sueños. Cuando, una vez más me perseguía implacablemente por un laberinto de pasillos lúgubres, me detuve de repente y tomé conciencia del pensamiento «es sólo un sueño, voy a enfrentarme a quienquiera que me persiga». Mientras lo hacía, mi castigador apocalíptico se convirtió en una forma nebulosa que se escabulló entre sombras. A pesar de que las apariciones nocturnas no cesaron, cada vez que me daba la vuelta para enfrentarme a mi perseguidor éste desaparecía sin revelar su rostro. (Véase el capítulo 9 dedicado a los sueños lúcidos.)

Mi formación Zen me permitió saber que existían formas de curar mi cuerpo desde el interior.

Fue en esta época que conocí a una *hawaiian kahuna* (una chamana), que era una magnífica sanadora. Ella me permitió vislumbrar conscientemente los reinos internos que yo había explorado sin orden ni concierto en mis sueños. Sólo aceptó entrenarme cuando supo mi herencia india norteamericana. Esta sabia mujer abrió las puertas de mi comprensión para que pudiera ver cómo el espíritu mora en todas las cosas, y cómo se puede invocar ese espíritu para sanar. Recuerdo una ocasión en la que la llevé a Jacas Ginger, un bosque tropical en Hawai, para que pudiera ofrendar unos frutos al rey menehune (los menehunes son los elfos hawaianos). Mientras yo esperaba en la entrada del bosque, me di cuenta de lo increíble que era estar con alguien que hablaba con los duendes y elfos. Para la Kahuna los límites entre el estado de vigilia y de sueño son borrosos, y se *puede* pasar tranquilamente de uno a otro.

Durante mi formación con la kahuna empecé a distinguir una dimensión totalmente nueva sobre el acto de soñar. Descubrí que podía abandonar mi cuerpo, caminar por mi cabaña e incluso observar mi cuerpo dormido. (Véase también el capítulo 13 dedicado a los viajes astrales.) Las visitas de mi tortura nocturna fueron disminuyendo. Aunque su presencia no era tan aterradora como antes, no pude llegar a verle el rostro. Esa sombra persistente seguía acosándome.

Yo quería entender al máximo cómo funcionaba mi potencial interno, así que empecé a estudiar con varios maestros de sabidurías antiguas. Entre los maestros que más me han influido está una diminuta mujer japonesa, Hawayo Takata. Cuando nos vimos por primera vez me comentó que había estado esperando a que yo contactara con ella, y me preguntó por qué había tardado tanto. Era la maestra de reiki más prestigiosa del mundo, y me enseñó a acceder a la energía vital de tal forma, que ésta emanaba de mis brazos en forma de curación.

Otro maestro, un excéntrico maestro de shiatsu, me enseñó a equilibrar el cuerpo mediante los puntos de presión, esos puntos exquisitos de sincronización intergaláctica.

A medida que iba adentrándome en el campo de la sanación, me pidieron que enseñara en el «Programa de Educación Continua» de la Universidad de Hawai. Así empecé mi consulta pública de curación.

Una fugaz bocanada de serenidad y fuerza masculina empezó a filtrarse en mis sueños. En ellos flotaban imágenes de un hombre alto y tapado que surgían de la oscura medianoche. ¿Quién era ese agradable intruso de mis vuelos nocturnos? Hice una lista con las características de ese amante soñado. Era un inventario de todo lo que siempre había deseado en un compañero y amante masculino.

Dos semanas después de haber redactado esta lista, asistí a un curso de comunicación para el auto-crecimiento. No me encontraba muy a gusto con el curso. Cuando levanté la mano para transmitirle mis sensaciones al monitor, en vez de contestar a mis preguntas era como si pensara que yo necesitaba algo para mantenerme entretenida. Su respuesta fue: «entonces, ¿por qué no te casas con el tipo que está sentado junto a ti?» Bastante irritada, le solté al hombre alto, sereno y con barba que tenía al lado: «¿te casarás conmigo?» La sorpresa es que él exclamó: «¡Sí!»

Empecé a desanimarme cuando me di cuenta de que acababa de pedirle a alguien que se casara conmigo sin ni siquiera haber salido con él. El monitor empezó a acribillarme con preguntas sobre cuándo se celebraría la boda. Finalmente, le solté con mal genio: «vale, me casaré mañana». Mi mente consciente y lógica pensaba: «esto es completamente absurdo»; aunque sentía un tilín en mi interior que procedía de mi mente subconsciente… un tenue recuerdo. Esa vaga forma fantasmagórica y plácida que hacía poco se había colado en mis sueños empezó a transformarse en el hombre que tenía a mi lado… el hombre que se convertiría en mi marido, en el hombre de mis sueños.

Cuando se fue ampliando el radio de acción en mi profesión como sanadora, empecé a darme cuenta de que podía eliminar el dolor o la enfermedad de las personas con un proceso muy sencillo y ancestral, que consiste en aceptar ese dolor en mi cuerpo. Yo sentía el dolor sólo por un instante y luego desaparecía en mi cliente. Era un método muy conveniente, porque al parecer; todo el mundo se marchaba «sanado». Yo creía que estaba prestando un buen servicio. Lo que no sabía es que este tipo de curación no le permitía al individuo llegar a la causa de su enfermedad y que además yo me estaba dañando *mi* cuerpo. (Véase también el capítulo 14.)

Una radiante mañana en San Francisco, cuando me levanté, descubrí que el tubo que tenía en mi corazón había empezado a desprenderse, y que se estaban formando cientos de pequeños coágulos por todo mi cuerpo. Mi respiración era irregular y tenía la circulación bloqueada, pero me sorprendí al ver que alguien a quien no conocía estaba en nuestra casa. Este hombre, a quien amistosamente llamo «el pequeño mago», dijo con aplomo: «no morirás.» Al cabo de unos minutos vi que mi circulación estaba mejorando y que mi respiración era más profunda. El hombre que irrumpió en mi vida en un momento tan crucial, era un médium en trance que conectó con una entidad muy poderosa conocida como «el viejo chino», o *Chung Fu.*

Esta experiencia marcó el inicio de un período educativo de cuatro años y medio con esta entidad. Hoy en día, estudiar con un espíritu que está utilizando el cuerpo de una persona se ha convertido en un método más habitual. Muchas personalidades consultan a su «canal» para pedirle consejo. Hace años, sin embargo, era un fenómeno puntual. Aun así, cuando me enfrento a algo que está fuera del marco de mi experiencia, mi premisa siempre ha sido; «¿funciona?». La información transmitida gracias a las comunicaciones con este espíritu era valiosa y práctica. El médium en trance se sentaba tranquilamente en una silla, luego caía al suelo abruptamente. Cuando volvía a sentarse, sus gestos y voz eran los propios de un anciano chino. A través de él recibí una sabiduría antigua formidable sobre los misterios de la vida.

Durante esta etapa, me ocurrió algo asombroso en mis sueños. ¡El asaltante nocturno volvía a perseguirme! Ésta vez, cuando me di la vuelta para enfrentarme a su amenaza, resolví verle el rostro de una vez por todas. ¡¡¡Qué susto!!! ¡Si era yo! Entonces comprendí que siempre había sido yo, no otra persona. En ese momento abracé a ese niño abandonado y solitario que me había perseguido durante tanto tiempo. Sentía como si estuviera regresando a casa. Y, con ello, David y yo concebimos a un bebé. La hija que, según la profesión médica, era imposible que naciera, se concibió y nació. Fue un milagro, y yo tuve un parto en casa, sano y sin dificultades. Nuestra hija, Meadow, se ha convertido en una jovencita maravillosa. Posiblemente, ser madre ha sido el mejor «maestro» de todos mis caminos de aprendizaje.

Antes de despedirme de esta breve biografía, quiero mencionar a un maestro que últimamente me ha reportado una enorme felicidad. El Padre Bailarín de los indios Pueblo, me ha vinculado con mi herencia nativa, y me ha permitido ahondar aún más en el pacífico camino interior. A través de él he descubierto que las verdades más profundas son las más sencillas, y con su enseñanza, las barreras entre nuestras vidas de sueño y de vigilia se desmoronan.

Este libro culmina una etapa de veinte años de autoexploración. A través de experiencias impresionantes y a menudo dolorosas, me he ido acercando a ese sueño concebido en la matriz del conocimiento. He sido empujada suavemente hacia una comprensión más completa de mis sueños. Gracias por concederme el honor de participar en vuestras vidas. Que este libro os ayude a hacer realidad todos vuestros sueños.

Las puertas del sueño

Acércate a mi jardín soñado
y atraviesa el puente que tiende la noche...

1
Qué dicen los científicos acerca de los sueños

Imagina un jardín resplandeciente, rodeado de muchas puertas. Cuando entras desde la puerta este, ves a un maíz alto, abundante y con borlas doradas que ondea suavemente con la brisa cálida. Las calabazas maduras cuelgan henchidas y unos tomates gigantes y pesados, listos para recoger, irradian su dulce fragancia. Ah, piensas, sin duda alguna es un jardín de abundantes provisiones y alimento.

Entrando por la puerta sur observas la tierra removida, negra y rica. Percibes un olor cálido y acre que impregna la atmósfera. Este jardín es el terreno fértil que siembra nuevos comienzos, un lugar de regeneración y renovación.

La puerta oeste revela una alfombra mágica de dalias, cosmos, girasoles, margaritas y caléndulas. Una sinfonía fragante de perfumes en flor despierta los sentidos y te envuelve con un manto cálido primaveral. Oh, se trata de un exquisito jardín de flores… una catedral de peculiar belleza.

El mismo jardín… distintas entradas.

Cada puerta ofrece una percepción de la realidad nueva y distinta. Atraviesa estas puertas en tu jardín de los sueños.

Al pasar por la puerta desconchada de la ciencia, las filas verdes de nuevos arbustos están limpias y ordenadas, bien cuidadas y numeradas. Los científicos creen que soñar es una actividad en la que todos participamos. Las distintas investigaciones indican que *todo el mundo* sueña. Incluso los ciegos. Los bebés de ocho meses sueñan (se supone que los recién nacidos también, aunque no hay manera de confirmar esa hipótesis). Las personas con un coeficiente intelectual muy bajo no sueñan menos que las extremadamente inteligentes. Soñar es un proceso tan natural como respirar. No hay forma de evitarlo, salvo con el consumo de drogas o demasiado alcohol.

Aunque podemos experimentar de entre tres a nueve sueños durante la noche, normalmente la media es de cuatro a cinco. Incluso las personas que aseguran no soñar, en verdad no tienen ninguna dificultad en hacerlo. Su problema está en recordar sus sueños. Cada uno de nosotros sueña aproximadamente un veinte por ciento del tiempo que invertimos durmiendo, es decir, cerca de una hora y media cada noche. Se calcula que, a lo largo de una vida, soñamos el equivalente al tiempo que se tarda en completar una carrera universitaria. Sí, los sueños son un campo muy desconocido entre los investigadores y científicos. [1]

Lo que los investigadores saben es que, durante el estado de sueño, el ritmo cardíaco se acelera o disminuye sin razón aparente. La presión sanguínea llega a cotas muy altas y luego desciende en picado. El pulso se vuelve irregular y la respiración es intermitente o muy rápida. Se acelera el metabolismo, y los riñones producen menos orina, pero más concentrada. Se liberan espontáneamente más células cerebrales que en los niveles normales de vigilia. El flujo sanguíneo hacia el cerebro aumenta un cuarenta por ciento. Los pequeños músculos, como los situados en los dedos, tienden a palpitar, mientras que los músculos mayores se tornan más flácidos. Pero hay un órgano que traiciona todo este movimiento interno, más que cualquier otro. La dilatación del pene o del clítoris casi siempre acompaña al estado de sueño. Al mismo tiempo, es interesante saber que en los laboratorios dedicados a este campo de investigación nunca se han registrado eyaculaciones o erecciones durante el sueño. Esto indica que, con el mínimo esfuerzo, podemos controlar nuestros estados de sueño. [2]

Fase REM

Nuestra actividad onírica suele ocurrir en la fase de sueño REM (*Rapid Eye Movement*, en sus siglas en inglés). Se llama así porque mientras soñamos se produce un movimiento rápido del ojo de un lado a otro. La fase REM se descubrió a principios de la década de 1950. Hasta ese momento la mayoría de científicos, incluso los remotamente interesados en este tema, coincidían con el célebre fisiólogo ruso Ivan Pavlov, quien creía que el cerebro se «apagaba» durante el sueño. Posteriormente, el doctor Nathan Kleitman, profesor de fisiología en la Universidad de Chicago y considerado el padre de la investigación moderna sobre el sueño, le pidió a uno de sus estudiantes licenciados, Eugene Aserinski, que observara la relación entre el movimiento de los ojos y el sueño. Aserinski y Kleitman descubrieron que, si despertaban a alguien mientras sus ojos se movían rápidamente de un lado a otro, y le preguntaban qué estaba experimentando en ese momento, la persona casi siempre respondía que estaba en mitad de un sueño. Este descubrimiento pudo iniciar la investigación y el estudio de los fenómenos relacionados con el sueño. [3]

Durante la fase de sueño REM, unas vivas imágenes en el cerebro mandan órdenes para saltar, correr o dar una patada. El movimiento de los ojos en todas direcciones se corresponde con el tipo de acción a la que la persona dice haber estado soñando. Esto apoya la investigación que indica que los movimientos del ojo reflejan la atención del sujeto hacia lo que se ve durante la experiencia onírica. Estos mensajes orientados a la acción reciben las contraórdenes de las neuronas en el cerebro que desconectan gran parte de nuestro aparato muscular para que quedemos paralizados durante el estado de sueño. Cuando esa parte concreta del cerebro está dañada, se sabe que el individuo trata de «escenificar lo que sueña», incluso, hasta el punto de tener que atarlo a una cama para que no pueda agredirse él mismo ni a los demás. [4]

Las fases REM se repiten generalmente en ciclos de noventa minutos. Un ciclo no REM de noventa minutos suele producirse cuando empezamos a dormirnos. Nuestras células cerebrales empiezan su increíble movimiento y el individuo experimenta su primer período REM de la noche. Esta pauta de noventa minutos explica las dificultades que a veces tienen las personas en conciliar de nuevo el sueño cuando se despiertan en plena noche. Es decir, uno no podrá dormirse hasta que no haya pasado otra sesión completa de noventa minutos de sueño. La media es pasar por cuatro o cinco períodos REM a intervalos de noventa minutos. Cada uno de estos períodos comienzan con una breve etapa REM de diez minutos y acaban a primera hora de la mañana con un periodo de sueño de treinta a cuarenta y cinco minutos. Algunos científicos aseguran que soñar renueva la corteza cerebral (la capa exterior del cerebro) porque despeja los circuitos sobrecargados. Esto implica que los sueños se consideran como un proceso electroquímico para eliminar información inservible almacenada durante el día. [5]

Sueños y gemelos

Unos experimentos recientes en Francia apuntan a que la genética desempeña cierto papel en la actividad de soñar. En una serie de experimentos en los que participaron gemelos (dos hermanos con los mismos componentes genéticos), refleja una similitud inusual en las pautas REM, mucho mayor que la existente entre otros familiares. De hecho, los gemelos comparten la misma duración y periodicidad REM. Estos científicos franceses creen que la parte del cerebro que controla el estado de sueño viene dada por herencia. En algunos de sus ejemplos, los gemelos han tenido el mismo sueño durante la misma noche, sin embargo, percibiendo el mismo jardín desde el punto de vista de una puerta distinta. Un metafísico diría que los gemelos sueñan lo mismo porque están psíquicamente relacionados. La investigación científica actual en sueños clarividentes y precognitivos propone que las experiencias y emociones de nuestros antepasados quedan recogidos en el DNA y el RNA por medio del código genético. [6]

La necesidad de soñar

Aunque no recordemos nuestros sueños, es necesario experimentarlos para nuestro equilibrio emocional y físico. Sin ellos, sin esos estados de sueño, tenemos dificultades para concentrarnos y nos volvemos nerviosos y susceptibles. Sin la fase REM de sueño, en algunos casos, pueden sobrevenir síntomas psicóticos y alucinaciones. [7]

Solía creerse que el insomnio era perjudicial porque impedía dormir. Ahora los investigadores aciertan a ver que el insomnio es malo porque impide soñar. Los graves trastornos de la personalidad ocurren cuando al individuo se le niega la oportunidad de soñar. Pocas personas pueden aguantar más de setenta y dos horas sin experimentar estados de sueño. Quienes tratan de permanecer despiertos más de setenta y dos horas acaban sufriendo alucinaciones. La mente parece crear su propia estimulación en forma de fantasía cuando no funcionan los canales normales de estimulación. Uno de los peligros del alcohol es que acorta el estado de sueño. Cuando un alcohólico deja su adicción, sueña casi todo el rato mientras duerme. Esto ocurre porque la persona que no sueña lo suficiente recupera la etapa REM en noches posteriores, incorporando así las fases perdidas con anterioridad. Curiosamente, si se nos impide dormir en la etapa no REM de sueño, luego no sentimos tanta necesidad de recuperar el sueño perdido. Tal vez nuestro sabio cuerpo sabe algo que nuestra mente aún no ha empezado a comprender del todo. [8]

Sueños hipnogógicos

Existe un tipo de sueño que no se define técnicamente como REM. El sueño «hipnogógico» pertenece a ese reino misterioso entre el estado de vigilia y de sueño. Se caracteriza por sus rápidas alucinaciones que a menudo adoptan la forma de rostros o paisajes. Cada una puede durar bastante tiempo. [9]

Los científicos no consideran esta categoría como parte de la familia de los auténticos sueños porque la persona es consciente de lo ocurre a su alrededor. La opinión científica es que se trata simplemente de una película de imágenes memorísticas del pasado que limpian las células cerebrales, por decirlo así. Sin embargo, la perspectiva metafísica es que durante este periodo nocturno, la mente actúa como un dial de radio que va avanzando por distintas emisoras. Las emisoras son pensamientos, sentimientos e imágenes que otras personas han tenido en el pasado, tienen en un presente o tendrán en un futuro. Refleja una especie de sintonización espontánea con diferentes realidades.

Niños y sueños

Basándose en datos recogidos a partir de la cantidad de sueño invertido en etapas REM en distintas edades, se cree que las fases de sueño REM pueden estar relacionadas con el desarrollo del cerebro. Los bebés prematuros invierten hasta un 75 por ciento de su tiempo dedicado a dormir en la fase REM, mientras que en los recién nacidos, esa cifra desciende a un 50 por ciento. Los niños de cinco años dedican entre un 25 y un 30 por ciento de su tiempo al sueño REM. Durante la adolescencia ese porcentaje es de un 20 por ciento, igual que la mayoría de adultos. En las personas mayores (a partir de 60 años), esa cifra desciende a un 15 por ciento. El contenido de los sueños también cambia con la edad. Los niños pequeños sueñan con muchos animales, normalmente con tigres, leones, serpientes y arañas (véase también el capítulo 27 sobre animales). A medida que crecen, sueñan menos con animales, hasta que llegan a la edad adulta, en la que este tipo de temas aparece en un ocho por ciento del tiempo de sueño. [10]

Animales y sueños

Un aspecto interesante de la investigación REM tiene que ver con los animales. Tal vez habrás observado que tu gato o tu perro presenta indicios de sueño REM cuando sus ojos se mueven nerviosamente o su respiración se torna irregular durante el sueño. Esto ha inducido a los científicos a creer que la mayoría de animales sueñan. Sin embargo, nunca se ha demostrado que los reptiles y las serpientes sueñen, a pesar de que invierten un sesenta por ciento de su tiempo durmiendo. Curiosamente, si divides a los animales en dos grupos —los cazados (conejos, ovejas, ciervos, alces, etcétera) y los cazadores (perros, gatos, hombre, etcétera)— los cazadores suelen soñar entre un veinte a un veinticinco por ciento de su descanso. Los cazados duermen menos, y sólo un seis o un ocho por ciento de su descanso lo invierten en sueño REM. [11]

Las investigaciones con los animales indica que el fenómeno de soñar debe tener un valor evolutivo esencial. Con una sola excepción, no hay ningún mamífero que no sueñe. Se trata del delfín, que posee un ritmo de sueño de lo más misterioso. En vez de sueño REM, los delfines duermen únicamente con la mitad de su cerebro. En mi opinión, el delfín es una especie de guardián del secreto de los sueños. Para el yoghi avanzado, apenas hay diferencias entre el estado de sueño y el de vigilia. Podría ser que el delfín haya fundido, inconscientemente, las barreras del sueño a nivel celular. [12]

Descubrimientos científicos inspirados en los sueños

Aunque continuamente se están realizando investigaciones científicas con respecto al reino de los sueños y la actividad de dormir, la comunidad científica siempre ha relacionado a los sueños con la inspiración creativa. A Descartes, el hombre que postuló por vez primera el empirismo racional, se le ocurrió su teoría como resultado de un sueño vívido. Se describe al empirismo racional como la teoría que subyace al desarrollo de la ciencia moderna. [13]

El hombre que dilucidó la estructura molecular del benceno tuvo un sueño sobre una serpiente que se mordía la cola. Estas imágenes dieron como resultado la forma de anillo que vemos en la representación de la estructura molecular. En una ocasión le recomendó a sus colegas científicos: «caballeros, aprendan a soñar.» Einstein, cuando le preguntaron acerca de cómo se inspiró para descubrir la teoría de la relatividad, contestó que la idea le vino por un sueño que tuvo de joven. En el sueño, Einstein montaba en un trineo y, mientras éste descendía se aproximaba a la velocidad de la luz. Las estrellas se veían distorsionadas y se transformaban en unos maravillosos colores y formas. En ese momento, Einstein fue profundamente consciente del inmenso poder de esa transformación. Reveló que este sueño no sólo le inspiró su descubrimiento de la relatividad, sino que tuvo la sensación de que toda su carrera científica podía considerarse como la extensión meditativa de ese sueño en particular. [14]

El hombre que diseñó la estructura de la Tabla Periódica de los Elementos la soñó en forma de música de cámara. En cambio, Niels Bohr soñó que estaba en las carreras. Mientras observaba a los carriles por los que corrían los caballos se le ocurrió la analogía de unas órbitas fijas y específicas de electrones que giran entorno al núcleo de un átomo. Esto permitió la formulación de su teoría cuántica y posteriormente ganó el Premio Nobel. [15]

A mediados del siglo XIX, un hombre llamado Elias Howe trataba de construir una máquina que pudiera coser. Probó varios prototipos, pero no lograba unir varias capas de tela juntas. Un día, completamente desesperado, cayó rendido en su trabajo y se puso a dormir. Rápidamente entró en el mundo de las pesadillas donde era perseguido y capturado por un grupo salvaje de guerreros africanos. Lo ataron y lo azuzaron con sus lanzas. Cuando Howe se despertó se sentía muy inquieto. No podía volver al trabajo ni quitarse de encima esas imágenes que había recreado en su sueño vívido. Seguía viendo con nitidez las espadas y las lanzas que sostenían los guerreros. Qué cuchillas más extrañas llevaban atadas a los extremos de los palos —las puntas tenían un agujero…— ¡Pues claro, una aguja con un agujero al final! Howe se puso a trabajar de inmediato para probar esta hipótesis y después creó el diseño básico de la primera máquina de coser. Ese diseño y mecanismo se sigue utilizando hoy en día. Como resultado de esa pesadilla, se hizo posible por primera vez en la historia la producción de ropa a gran escala. Howe se había quedado estancado en el proceso de invención, pero resolvió el problema gracias al sueño creativo. [16]

2
Qué dicen los psicólogos sobre los sueños

«*Mi mente consciente se va a dormir con sueño*
la mente subconsciente se despierta, y me habla
en percepciones, en imágenes, flotando por todas partes en mi memoria.»

M. Anne Sweet

La puerta se abre y cruje entre el viento, cada crujido melódico llama como si quisiera decir, «entre por favor, por aquí». Para un psiquiatra, los sueños son algo más que un proceso electromagnético. Cada uno de ellos es una semilla preciosa. Una semilla que debe nutrirse y fertilizarse para que brote, crezca y florezca. Estas flores nocturnas pueden viajar entre el murmullo de unas alas al vuelo con la intención de ofrecer plenitud y comprensión a nuestras horas de vigilia.

Los terapeutas creen que los símbolos oníricos son la clave secreta mediante la cual las producciones espontáneas de la psique humana se vierten en nuestra conciencia para mantener el equilibrio emocional durante el día. Los sueños son una forma de resolver esas dificultades cotidianas que se reprimen, en vez de experimentarse durante el día.

En mi consulta privada he descubierto que no es el trauma que *hemos* experimentado lo que nos bloquea. Es el trauma o la dificultad que *no* nos dejamos experimentar total o completamente lo que coloca barreras en nuestras vidas.

En una ocasión, mientras estaba en Hawai, me herí un pie al tropezar con la raíz de un árbol que sobresalía, y el kahuna hawaiano me recomendó que apoyara el pie en la raíz y devolviera el dolor al árbol. Mientras apoyaba el pie en la raíz, me quedé atónita al ver que desaparecía mi dolor y que una oleada de energía relajante invadía mi pie. Pensé que se trataba de magia kahuna. La verdad es que el método tenía sentido. El árbol me había dado el dolor y yo se lo devolvía.

Cuando mencioné este incidente a un psicólogo amigo mío, me dijo: «¡No seas tonta! No puedes devolver el dolor a la raíz de un árbol. Lo que pasó es que te permitiste experimentar el dolor que estabas reprimiendo. Al recrear la situación que te provocó el daño, colocando el pie en la raíz, puedes sentir y liberar lo que no te dejaste sentir cuando ocurrió por vez primera. Al reprimir el dolor físico o emocional, lo alimentas. Cuando realmente te dejas sentir completamente, o, por así decirlo, convertirte en "uno" con tu dolor, no existe separación alguna entre tú y él... simplemente desaparece.»

Para revivir una situación debes soltar, liberar; y los sueños son una forma segura de revivir y liberar los sentimientos y sensaciones que no procesas o experimentas durante el día. Puedes emplear tu estado de sueño para derribar barreras a las que te enfrentas en horas de vigilia.

Analistas del sueño

El estudio psicológico del sueño se remonta a finales del siglo XIX. En 1861 un terapeuta llamado Scherner presentó la idea de que los objetos o las emociones podían objetivizarse en forma de sueño. Por ejemplo, los pulmones podían ser vistos como globos y la ira se encarnaría en imágenes de llamas. [1]

En 1877, el psicólogo Strümpell afirmó que los sueños eran mecanismos de escape. Eran una forma de evitar la experimentación del mundo. Formuló la *Ley de Asociación* y a raíz de ello pudo surgir la teoría freudiana de asociación de ideas. Otra teoría de la época postulaba que la función de los sueños era parecida a nuestro proceso de expulsión de desechos. Su finalidad es librarnos de pensamientos inútiles. También se teorizó que los sueños constituyen símbolos del cumplimiento de nuestros deseos. Otros analistas argumentaban que los sueños son recuerdos de nuestra infancia, o complejos, o deseos sexuales, pero fue Freud quien aunó las distintas teorías en una única terapia viable. [2]

Sigmund Freud

Freud (1856-1930) alentaba a sus pacientes para que hablaran largo y tendido sobre los sueños que tenían. Les proponía que se fijaran en los pensamientos que evocaban esos sueños. Su técnica de la libre asociación de ideas se desarrolló a partir de trabajar esta terapia con sus pacientes. Freud creía que los sueños eran una forma de represión o de consecución de un deseo, o ambas cosas a la vez. Estaba convencido de que una persona sólo podía acceder a emociones subyacentes por medio de la libre asociación. Incluso los sueños de contenido doloroso se analizaban como sueños de consecución. Dividió las imágenes oníricas en tres grupos: el *ego*, el *id* y el *superego*. El ego refleja nuestro ser consciente, el id se asocia a nuestros instintos primitivos, y el superego dicta nuestro condicionamiento social. [3]

Freud pensaba que durante el sueño, el ego estaba ausente y que el id, esa criatura salvaje que es nuestro impulso básico primordial hacia el sexo y la autopreservación, afloraba a la superficie. Con el fin de proteger al ego y al superego de estos deseos sexuales latentes, el id camuflaba esos deseos generando sueños simbólicos con la esperanza de evitar un shock a la persona. La función de un sueño, según la teoría de Freud, era preservar la actividad de dormir. Así pues, nuestros deseos irracionales se disfrazaban para engañar a nuestro ego auto censor. Freud consideraba a los sueños como un compromiso entre las fuerzas represoras del id y las fuerzas represoras del superego. Los sueños eran un código secreto que había que dilucidar. El lenguaje simbólico clásico freudiano era muy limitado porque básicamente tenía que ver con nuestros deseos primitivos e instintivos. La gran mayoría de símbolos freudianos eran disfraces de las diversas expresiones de impulso sexual. Freud creía que, aunque las experiencias de vigilia incitaban los sueños, la energía esencial provenía de una experiencia durante la infancia relacionada con una frustración sexual. [4]

Carl Jung

Un colaborador de Freud que no se sentía satisfecho con el enfoque freudiano, debido a sus limitaciones, fue el psicólogo suizo Carl Jung. Jung creía que el impulso sexual era importante, pero no el factor determinante en los sueños. Según Jung, un objeto soñado podría ser exactamente eso. Una serpiente sería una serpiente en vez de representar un símbolo fálico. Jung prestó atención a la forma que adquiría el sueño en vez de extirparlo en episodios de libre asociación de ideas. Jung pensaba que la mente no era censora. Los sueños eran la revelación del conocimiento inconsciente de la persona. [5]

Jung también creía que los sueños eran una forma de adentrarse en el inconsciente colectivo. Para probar su teoría de que existía un inconsciente común en todas las culturas y sociedades, recurrió a la mitología. Viajó por todo el continente africano y Estados Unidos, estudió a los negros africanos y a los indios nativos norteamericanos. En sus pesquisas, acabó convenciéndose de que había dos capas de conciencia: el *inconsciente colectivo* y el *inconsciente personal*. Así pues, el *inconsciente colectivo* albergaba símbolos arquetípicos que representaban el conjunto de la sabiduría de toda la humanidad. Él denominó a esas imágenes primordiales «arquetipos de memoria ancestral» y constató que el individuo los hereda al igual que hereda los rasgos físicos. Nosotros heredamos esencias mentales psíquicas primarias que proceden de una psique colectiva. Para Jung, nuestro *inconsciente personal* era material reconocible de nuestro pasado que había sido olvidado o reprimido. [6]

Jung observó que las imágenes arquetípicas aparecían en los sueños de las personas inmersas en situaciones que amenazaban su vida o que estaban a punto de transformarla. Cuando una persona sufría una enfermedad, estaba sometida a tipos especiales de estrés, o mostraba ciertas actitudes o sistema de creencias, Jung comprobó que afloraban esas imágenes. Cuando se necesitaba guía y orientación, era como si la persona se conectara a la energía de fuerza vital que llevaba en su interior. Jung creía que el arquetipo era una imagen primordial que servía para satisfacer la necesidad del momento. Afirmó que los verdaderos símbolos arquetípicos nunca se inventaban. Nadie podía crear conscientemente un símbolo. Éstos ya se encontraban en el subconsciente de todas las personas. [7]

A Jung le gustaba trabajar con series de sueños, encadenando unos con otros para desenmarañar las dificultades de su paciente. Freud, en cambio, se concentraba en un sueño a la vez durante el proceso terapéutico, y los empleaba como incidentes aislados. Ambos científicos cosecharon éxitos con sus pacientes y sus teorías resultaron beneficiosas para esa época. [8]

Alfred Adler

Otro colaborador de Freud, Alfred Adler, también se independizó en cuanto a las técnicas de su maestro. Adler creía que la principal influencia en el desarrollo del carácter de una persona era su lucha por el poder. Introdujo en nuestro vocabulario expresiones como «rivalidad entre hermanos», «complejo de inferioridad», y «complejo de superioridad». Era de la opinión que las personas buscaban un significado a la vida, y que los valores y las metas eran tan necesarios para la existencia como lo son el impulso sexual y el ansia de poder. Adler (1870-1937) no se centró en la idea del inconsciente tal y como lo hicieron Jung y Freud. Consideraba a los sueños como anhelos, ensoñaciones. Además, era de la opinión que los sueños venían dados por nuestras ansias de poder. [9]

Erich Fromm

El psicoterapeuta Erich Fromm afirmó que existía un idioma universal a partir del cual se desarrolló la raza humana y que fue el mismo para todas las culturas a lo largo de la historia. Ésta lengua olvidada era el lenguaje simbólico de los sueños. [10]

Fromm dividió a los símbolos oníricos en diversas categorías: los símbolos convencionales, los símbolos accidentales y los símbolos universales. Los símbolos convencionales, según él, eran los que entrañaban un único significado, como una señal de *stop*, un signo de sumar o de restar. Los símbolos accidentales eran personales para los individuos del sueño, o personales para un grupo de individuos, pero no eran reales para la gente en general. Los símbolos universales eran comunes en todo el mundo; por ejemplo, el agua representa las emociones y la intuición, el fuego representa energía, poder, purificación y transformación. [11]

3
Qué dicen los metafísicos sobre los sueños

*«El canal se abre en silencio, los guías astrales van de incógnito,
la energía del universo viaja con un único fin...
se desliza, susurra su mensaje y se marcha sigilosamente.»*

M. Anne Sweet

Estaba al final de un embarcadero largo y rocoso que se extendía hasta rozar el sereno mar. En ese momento experimenté una profunda sensación de felicidad. Las nubes bajas, opalescentes, se abrazaban en el horizonte, fundían el cielo de azul cobalto con el tranquilo mar hawaiano de tonos azul celeste.

Sin avisar, me asaltó el terror. Una inmensa ola de agua y espuma se acercaba rugiendo y acabó estrellándose con furia contra el embarcadero. Yo traté desesperadamente de aferrarme a las rocas dentadas, pero perdí el equilibrio y caí al mar helado. Agoté mis fuerzas mientras trataba de salir a flote. Una potente oleada desgarradora me chupaba mi ropa empapada. Un dolor abrasador penetró en mis pulmones cuando tragué agua salada. Me estaba ahogando sin piedad en el todopoderoso y oscuro mar...

Sudaba y temblaba sin control, me senté en la cama... mis dedos buscaban nerviosamente la luz... cualquier tipo de luz.

Una pesadilla... ¡una pesadilla especialmente real y vívida! Me invadió un largo sentimiento de alivio. Se trataba sólo de un sueño. Me acurruqué en la fría comodidad de las sábanas, y las terribles imágenes fueron desvaneciéndose mientras me dormía profundamente una vez más. El día no me facilitó ni un atisbo de mi terror nocturno. De hecho, fui incapaz de recordar las escenas de ese sueño.

Justo cuando me despertaba, el teléfono interrumpió la tranquilidad matinal. Era una invitación para ir a la playa. Estaba muy despejado, ¡un día magnífico! Mi amiga me vino a buscar en coche y nos dirigimos a una playa poco conocida. En ella había un embarcadero largo que se abría hasta el mar. Subimos a explorar las rocas, pero yo seguía sin acordarme de la pesadilla de esa noche. Me senté al final del paseo observando el horizonte, donde una nube perezosa fundía al cielo y al mar cristalino en un universo infinito de azul. De pronto, mis pensamientos conscientes recibieron una avalancha de los recuerdos durante la pesadilla. Con una sensación desesperada de urgencia, cogí a mi amiga de la mano y volvimos rápidamente atravesando las rocas que tanto nos había costado sortear. Desconcertada, aunque diligente, puso rumbo a la playa. Desde ése reducto y a salvo, no salimos de nuestro asombro cuando vimos que el mar en calma se agitaba y enviaba una poderosa ola que rompía repetida y violentamente contra el embarcadero en el que estábamos hacía un momento.

Evidentemente, el sueño de la noche anterior me salvó la vida. Yo ignoraba que esa mañana iba a pasear por la costa, no había estado jamás en esa playa ni la había visto en fotografías. En el campo de la ciencia, este sueño probablemente sería considerado como una coincidencia. Un científico llegaría incluso a racionalizar que, dada la enorme cantidad de sueños que experimenta una persona, existe una probabilidad estadística de que alguno se cumpla. El metafísico, sin embargo, lo tomaría como un auténtico sueño profético.

Hace muchísimo tiempo, los soñadores atribuían sus visiones nocturnas a fuerzas externas. Creían que Dios, los ángeles, los espíritus de la naturaleza, los dioses y las diosas, varias entidades y los espíritus de sus antepasados los visitaban mientras dormían, presentándose a través de los sueños. Los soñadores de antaño invocaban a propósito estas influencias incubando sus sueños. Admitían que durante el estado de sueño se manifestaban grandes verdades espirituales y se transmitía iluminación, y que el sueño servía a fines telepáticos, para profecías, viajes astrales, comunicaciones con los muertos y percepción extrasensorial.

Los metafísicos creen que los sueños no son sólo neuronas que alumbran al cerebro, como defienden los científicos, o una descarga psicológica de dificultades sin resolver que vivimos durante el día, sino que los sueños son una forma de contactar con los reinos internos. La actual popularidad de los libros de Carlos Castaneda sobre el místico mexicano, Don Juan, ejemplifica el nuevo interés en este sistema de creencias. Don Juan aseguraba que los sueños eran ayudas para el desarrollo de las facultades psíquicas y mentales. Para incrementar estas capacidades uno sólo necesita, según él, permanecer consciente mientras se sueña, aprender a controlar el sueño. Mantener la conciencia durante el estado de sueño se denomina «sueño lúcido». (Véase también el capítulo 9.)

Edgar Cayce, correctamente apodado «el profeta durmiente», se le considera el abuelo de la interpretación metafísica y psíquica de los sueños. El Edgar Cayce despierto era conocido como un buen fotógrafo profesional, y admirado como un simpático profesor de catequesis. El Edgar Cayce durmiente, sin embargo, poseía una reputación mucho más amplia y variada. Era un psíquico muy capacitado que proporcionó información muy valiosa y tuvo un efecto muy profundo en las vidas de miles de personas. [1]

El Edgar Cayce durmiente era médico y un visionario. La fascinación por su biografía quedó reflejada cuando, en 1954, la Universidad de Chicago concedió un doctorado basado en la obra y vida de Cayce. En esa tesis se define a Cayce como un vidente religioso. [2]

Cuando Cayce era niño, solía dormirse con la cabeza apoyada en sus libros de texto, y al día siguiente descubría que había absorbido información que nunca había estudiado conscientemente. Como resultado de ello, Cayce fue un alumno aventajado. sta habilidad desapareció y Edgar Cayce acabó sólo siete cursos. (Yo he probado esta técnica de los libros y he obtenido resultados mediocres. Si a alguno de mis lectores le funciona, por favor escribidme.) [3]

Cuando Cayce cumplió 21 años, le diagnosticaron una parálisis gradual de los músculos de la garganta que a su vez amenazaba con hacerle perder totalmente la voz. A pesar de que se consultó a varios médicos, ninguno fue capaz de descubrir la causa de la enfermedad de Cayce. Como último recurso, Cayce le pidió a un amigo que le ayudara a adentrarse en el mismo nivel de sueño que de niño le había permitido memorizar los libros. Su amigo le dio las recomendaciones necesarias, y Cayce pudo entrar en un estado de sueño. (Véase también el capítulo 10 sobre visión onírica.) En ese nivel de conciencia, recomendó cierta medicación y una terapia para curar la enfermedad, que al final fue capaz de sanar la parálisis y restablecer la voz. [4]

En muy poco tiempo la gente supo de las extrañas cualidades de Cayce, y muchos médicos de Kentucky se atrevieron a emplear los talentos de Cayce para diagnosticar a sus pacientes. Descubrieron que él sólo necesitaba el nombre y la dirección de un enfermo con el fin de dilucidar, en estado de sueño, información relevante sobre ese individuo. Cuando Edgar Cayce murió en 1945 en Virginia Beach, Virginia, había transmitido información a miles de personas en un lapso de 43 años. Uno de cada veinte de sus escritos se refiere a los sueños. Cayce los consideraba como una especie de problema o ejercicio a resolver, y que la incubación de sueños era una forma de presentar soluciones a los problemas de vigilia. [5]

Cayce ilustraba constantemente cómo varios símbolos oníricos tratan de desarrollar la conciencia del soñador. Creía que los símbolos dan a entender que es hora de desarrollar ciertos pensamientos o creencias, o adoptar una mayor responsabilidad frente a la vida, aceptar mejor los acontecimientos o ampliar nuestro horizonte. Cayce aclaró que no todos los sueños tenían como finalidad la solución de problemas, pero a menudo ayudaban en el proceso de autotransformación del soñador. Él defendía que ciertos tipos de sueños se centran en desarrollar nuevas cualidades personales, como por ejemplo la humildad, rebajar el espíritu crítico, autoaceptación, amor y valentía. [6]

Edgar Cayce creía que algunos sueños suponían una nueva energía o cambio en la vida de una persona, y que algunos sueños podían incluso profetizar el futuro. Cayce poseía el don de la interpretación de los sueños. Por ejemplo, una mujer le escribió a Cayce acerca de un sueño en el que veía cinco crisantemos sobre la tumba de su suegro. Cayce respondió que, en el plazo de cinco semanas, su marido tendría una experiencia en la que su difunto padre le enseñaría por medio de los sueños. Cayce afirmó que esa experiencia sería positiva. Efectivamente, al cabo de cinco semanas el esposo tuvo esos sueños. Tal vez el mayor regalo de Cayce era su intuición en cuanto a temas de salud y de sueños. Él postulaba que, en sueños, una persona no sólo podía recibir señales acerca de inminentes desequilibrios físicos, sino que también podía recibirse curación. [7]

En otro caso, una mujer contactó con Cayce y le comunicó muy afligida que había soñado que nunca podría concebir a un hijo, pero Cayce la tranquilizó y le dijo que con toda seguridad daría luz a un bebé. Le recomendó que descartara cualquier interpretación literal del sueño, y que éste simplemente trataba de comunicarle que se preparara para la maternidad, especialmente en cuanto a la dieta y a la forma de pensar. Éstos eran los campos donde necesitaba un *nuevo nacimiento* con el fin de concebir al hijo que tanto deseaba. Poco después, la mujer se convirtió en la feliz madre de un bebé sano. [8]

Cayce recomendaba constantemente a sus pacientes que resolvieran sus problemas mediante su propia interpretación de sus sueños. La obra de Edgar Cayce causó tal impacto, que sigue siendo una base muy sólida donde se asienta gran parte de la metafísica moderna.

Otro aspecto de los sueños y la metafísica es la reencarnación y el karma. La reencarnación postula que nuestra verdadera naturaleza no es el cuerpo, sino el espíritu. Por tanto, nos encarnamos repetidamente en varios cuerpos con el fin de aprender y crecer. El karma recoge el concepto fundamental de que aquello que siembres, lo cosecharás. Esta ley de causa y efecto rige la experiencia del individuo a lo largo de muchas vidas. Mientras equilibras el karma durante tus horas de vigilia, también eres capaz de resolver y culminar lecciones kármicas mediante tus sueños. (Véase también el capítulo 12 sobre sueños para recordar vidas pasadas.) Existen muchos casos de sueños en los que un difunto alivia al soñador y le transmite que se encuentra bien, que no hay necesidad alguna de llorarlo. De vez en cuando, el fallecido instruirá al soñador sobre aspectos concretos que puedan ayudarlo en su vida cotidiana. A continuación os muestro un magnífico ejemplo a partir de mi propia experiencia.

Durante un tiempo trabajé en San Francisco en un centro de sanación, una época de mi vida que resultó ser muy enriquecedora y placentera. Mis técnicas de shiatsu (terapia de puntos de presión, parecida a la acupresión) habían alcanzado su máximo nivel. Cada vez que presionaba un punto, experimentaba una sincronización galáctica con otros puntos del planeta y del universo entero. Mi formación Zen, con su especial disciplina para mantener la concentración en todo momento, ayudó a realzar mi capacidad para verlo todo mucho más claro con cada punto que tocaba.

Una noche, mientras descendía la intensa niebla de San Francisco y escuchaba el sonido de fondo de las sirenas avisando de la situación, sonó el teléfono. Era un amigo mío que hablaba con voz temblorosa y alterada. «David ha muerto.» David era médico y un sanador que trabajaba con nosotros. Era un hombre que irradiaba la exuberancia propia de su juventud, y su pasión por la vida impregnaba todo el centro médico. Los primeros pensamientos que me vinieron a la cabeza fueron de incredulidad… ¡no podía ser David! Tenía tanto por vivir. Su trabajo prosperaba, él y su esposa acababan de comprar una casa maravillosa en Mill Valley y esperaban un hijo. ¿Por qué David?

Esa noche, en mis sueños, percibí una presencia que me llamaba y que revoloteaba en los límites de mi conciencia. Mientras trataba de seguir adelante en esos días tan difíciles, consumida por el aturdimiento, empecé a experimentar fenómenos extraños. Cuando andaba por casa, las luces se encendían y apagaban. Sin saber bien por qué llamé a un electricista. Mis sueños rebosaban una sensación de urgencia, aunque algo esquiva. Sin embargo, yo no relacionaba ninguno de estos fenómenos con David. Simplemente lo atribuí a la tristeza que sentía por su fallecimiento.

Antes de Navidad, el grupo de shiatsu nos reunimos en el comedor de mi casa para hacer clase. Mi bonito árbol de Navidad irradiaba sus diminutas luces. Cuando empezó la sesión, las luces del árbol, que no eran intermitentes, empezaron a encenderse y apagarse. Le expliqué a mi grupo que estábamos teniendo problemas con el sistema eléctrico y nos olvidamos del tema. Pero las luces seguían parpadeando metódicamente y con gran insistencia. Fijándonos de nuevo en el árbol, un alumno de la clase dijo, «¿estás tratando de decirnos algo?» tres luces respondieron con parpadeos. Finalmente me di cuenta de que David trataba de contactar conmigo en sueños, con el fin de informar y reconfortar a su esposa. Con una inagotable determinación, él también deseaba con todas sus fuerzas comunicarse conmigo por medio de la electricidad. Le hicimos unas preguntas a las que él pudo contestar con las luces intermitentes. De esta forma recabamos la información que David quería transmitir a su esposa. Cuando se lo conté a ella, mis sueños y las luces de casa volvieron a la normalidad.

Probablemente, un psicólogo analizaría mis sueños de esos días como una válvula de escape para liberar mi tristeza. El metafísico, en cambio, afirmaría que David estaba intentando comunicarse conmigo para darme cierta información. Para mí, la interpretación metafísica está validada por la anécdota de las luces intermitentes y el hecho de que la información transmitida a la esposa fue de gran valor para ella, unos datos que yo desconocía de antemano. La comunicación con los amigos y familiares muertos es un don que puede aprenderse con la incubación de los sueños.

Otro tipo de sueño metafísico es el «de vuelo». Un psicólogo diría que es un símbolo psicológico que expresa libertad. Para un metafísico, sin embargo, es algo parecido a la proyección astral. La proyección astral, definida en términos sencillos, significa que el alma de la persona abandona el cuerpo y se mantiene unida a él con un simple *cordón*, todo ello con el fin de explorar otros reinos y dimensiones. (Véase también el capítulo 13 sobre los sueños de viajes astrales.)

Otra creencia metafísica típica es que mientras soñamos nos visitan unos guías para facilitarnos información y enseñanzas valiosas. Un guía es, normalmente, un ser desencarnado con el que has mantenido una relación en una vida anterior. Este ser sigue interesado por ti y desea trabajar contigo para ofrecerte la orientación necesaria que beneficie la evolución de tu alma. Los guías suelen acudir en horas de sueño. Cuando tu mente consciente cesa su actividad cuando duermes, a los guías se les facilita el acceso a tu ser interior. (Véase también el capítulo 17.)

Los tejedores de sueños

*Antepasados, habéis recorrido el viaje épico de la noche,
vosotros tejéis la trama de nuestros sueños,
los reflejos de los reinos más internos.*

*Maestros hábiles del telar onírico,
siempre atentos a la textura y el tinte de un hilo sobre otro,
seguimos, por tanto, los pasos de vuestra travesía.*

M. Anne Sweet

4
Los soñadores de antaño

«Sucederá que yo verteré todo mi espíritu en la carne;
vuestros hijos e hijas se volverán profetas,
vuestros ancianos soñarán y vuestros jóvenes verán visiones.»

Joel 2:28

En algún rincón de tus recuerdos divagan esos momentos que se escapan al alcance de tu conciencia. Son experiencias tan reales que las puedes percibir y, como respuesta, te esfuerzas para abrazarlas, pero ellas se escabullen y desaparecen. Moran en esa fina ranura que separa los dos mundos.

A lo largo de la historia, y en todas las culturas, han existido personas excepcionales que han destapado ese misterioso velo para atender a los mensajes de la noche. Estos tejedores de sueños se han traído consigo regalos muy preciosos y han atravesado el tenue portal de vuelta a la realidad convencional. Han tejido sueños delicados a modo de telaraña en los espacios silenciosos y privados, con el fin de conducir el destino de los hombres y las naciones.

A pesar de que las historias de muchos místicos nocturnos se han perdido para siempre, algunos relatos han sobrevivido intactos el paso de nuestro tiempo. Una de estas narraciones trata de un emperador de la Dinastía Shang, en la antigua China, un tal Wu Ting (1324-1266 a. C.). Cuando falleció uno de sus más estrechos colaboradores, Wu Ting sucumbió a una enorme tristeza. Hizo ofrendas al Regente de los Dioses, Shang-Ti, y le preguntó a este dios que le mostrara quién debía ser el sucesor de su amado colaborador. El emperador cayó dormido, y en un sueño vio con toda claridad el rostro del sucesor. Su sueño fue tan vívido que fue capaz de dibujar un retrato del hombre en cuestión. Pero el emperador no pudo encontrar a esa persona, de modo que fue mostrando el retrato por todo el Imperio.

Al final pudo dar con el único hombre que encajaba con la imagen dibujada, y era un trabajador común. Pero la fe de Wu Ting en su sueño era tan fervorosa que convirtió a ese humilde hombre en primer ministro de su Imperio. [1]

Los investigadores calculan que en la antigua Grecia se erigieron entre trescientos y cuatrocientos templos con el fin de practicar el control sobre los sueños. Estos templos, que al parecer son milenarios, también se empleaban como recintos para la curación física o emocional. [2] En estos refugios sagrados se invocaba la ayuda divina de los dioses. Se decía que Hypnos, el dios del sueño, abanicaba a los mortales con sus alas para inducir al sueño. Después Zeus le ofrecía a Morfeo, un dios de los sueños, advertencias, profecías e inspiraciones para que se los enviara a la humanidad mediante su mensajero alado, Hermes. [3]

La inducción de sueños especiales para invocar los poderes de los dioses se denomina «incubación de sueños» (véase el capítulo 8). En la antigua Grecia, la incubación se producía cuando uno dormía en un lugar sagrado después de completar un ritual de purificación. Esta purificación consistía en abstenerse del alcohol, la carne y las relaciones sexuales, junto con una ofrenda a una deidad escogida. [4]

Muchos de los santuarios griegos, como el de Delfos, el de Apolo y el templo de Epidauro eran considerados oráculos de sueños, o lugares donde se creía que las deidades podían revelar los secretos del conocimiento interno. En estos santuarios acudían los enfermos, con la esperanza de que Asclepio, el dios de la medicina y de los sueños sanadores, se apareciera mientras dormían. Según figura en las distintas leyendas, Asclepio curaba a base de remedios de hierbas y, de vez en cuando, realizaba curaciones instantáneas. También se pensaba que se aparecía a sus pacientes en sueños, mezclando pócimas y aplicando vendajes al cuerpo del enfermo, y que en algunos casos incluso reunía a las serpientes sagradas para que absorbieran el mal. Quienes deseaban curarse dormían entre serpientes no venenosas, ya que se tenían por heraldos de salud. Esta creencia se ha trasladado a la época moderna con el símbolo de dos serpientes entrelazadas que vemos en las farmacias, por ejemplo. [5]

Es interesante darse cuenta que, en la tradición del yoga, la serpiente enrollada representa la energía vital del kundalini encarnada en la base de la columna vertebral. La energía kundalini se considera la potencia del Universo manifiesta en el organismo humano.

Hipócrates, el famoso médico de la antigua Grecia y padre de la medicina moderna, dijo en una ocasión que: «algunos sueños son de inspiración divina y otros el resultado directo del cuerpo físico.» Él creía que la aparición del Sol, la Luna, las estrellas y los fenómenos naturales eran relevantes a la hora de comprender la salud y el bienestar de una persona. Si en un sueño se aparecía un cielo muy despejado, se creía que el organismo de la persona funcionaba con normalidad. Si las estrellas, sin embargo, no se veían con nitidez o caían del cielo, esto indicaba una alteración en la salud de la persona. Hipócrates afirmó en su tratado sobre sueños que: «un símbolo de enfermedad es la estrella tenue o que su mueve hacia el oeste o desciende hacia el mar o la tierra, o bien asciende. El movimiento ascendente indica flujos (descargas poco frecuentes) en la cabeza. El movimiento hacia el mar, indica alteración de los intestinos. Hacia el este, crecimiento de tumores en la carne.» [6]

Estas interpretaciones simbólicas pueden resultar inadecuadas hoy en día, pero muestran el respeto que suscitaban los símbolos oníricos en esa época tan antigua. Por aquel entonces se creía que antes de desarrollarse una enfermedad se soñaban imágenes de sus síntomas. Actualmente estos sueños se denominan «prodrómicos», una palabra que deriva del griego «prodromos», es decir, «algo que va delante».[7]

Galeno, el médico griego del siglo II, así como Aristóteles, fundador de la ciencia de la lógica, creían que los sueños reflejan el estado del cuerpo y que, por tanto, podían utilizarse para diagnosticar enfermedades. Platón pensaba que el hígado era el lugar donde se originaban los sueños, y aventuró en su famosa obra *Timeo* que los sueños proféticos se recibían por medio del hígado. Plinio, en cambio, estaba convencido de que los sueños eran de origen sobrenatural. En la antigua Grecia, los intérpretes de sueños tenían mucho trabajo, y se los consultaba como hoy en día acudimos a la consulta de un médico. Una de las cosas que con más afán buscaban los intérpretes de sueños eran las «Puertas de los Sueños». En los sueños de la antigua Grecia solían aparecerse dos portales, uno de marfil y otro de material de cuerno. Si la persona veía la puerta de marfil, se interpretaba como una advertencia. Si veía la de cuerno, el significado se consideraba profético. [8]

Diversas civilizaciones veneraban los sueños. De hecho, cuatro de nuestras civilizaciones más antiguas —China, India, Oriente Medio y Egipto— nos han legado documentos escritos sobre la interpretación y uso de los sueños.

La incubación de sueños se practicó en todo Egipto desde el año 4000 a. C. hasta el 2000 a. C. Los faraones egipcios consideraban a los sueños como algo muy importante, como vehículos de expresión y orientación de los dioses. En la base de la Gran Esfinge se aprecia una mole de granito rosa que lleva inscrito el sueño de un hombre que en su día fue el rey de Egipto. En una ocasión, mientras dormía a la sombra de la esfinge, el dios Ra, el dios del Sol, se le apareció y le comunicó que se convertiría en el rey de Egipto. Cuando se despertó, vio que la esfinge estaba deteriorada, toda cubierta de arena. Prometió que, si alguna vez se convertía en monarca, conservaría siempre la esfinge en buen estado. Años después, fiel al sueño, el rey reformó la esfinge y la mantuvo intacta desde entonces. [9]

El homólogo de Asclepio en Egipto fue Imhotep (Imuthes). En el interior del templo de Asclepios-Imhotep en Egipto se guardan escritos sobre la interpretación de distintos sueños. En uno dice: «una cama en llamas significa que tu pareja te es infiel.» [10] En la antigua Siria existía una oración especial para los sueños:

Mi benévolo dios, no me dejes.
Mi dios amigo me escuchará.
Dios Mamu de mis sueños
Dios mío, envíame un sueño favorable. [11]

En Oriente Medio se recurría a una práctica llamada «istigara» para recibir un sueño que contestara a una pregunta. La istigara no era más que una oración especial pronunciada antes de dormirse. [12]

Incluso el Antiguo y Nuevo Testamento se refieren a que la voluntad de Dios se dará a conocer por medio de los sueños y las visiones de los profetas. En realidad, leemos unos veinte casos que aluden a la orientación divina que se ofrece por medio de los sueños. En algunas ocasiones, estos sueños cambiaron el curso del destino. Dios le recomendó a Moisés que le prestara atención en los sueños. «Escucha ahora mis palabras. Si hay un profeta entre vosotros, yo, el Señor, me daré a conocer a él en una visión y le hablaré en un sueño.» [13]

Asimismo, a José se le apareció un ángel en un sueño y le dijo: «José, hijo de David, no temas en aceptar a tu esposa María, porque el Espíritu Santo ha concebido en ella.» [14]

En el antiguo Japón se practicaba la incubación de sueños tanto en los templos budistas como en los Shinto. Varios templos budistas tenían fama de ser oráculos de sueños. El procedimiento para recibir un sueño visionario era el siguiente. Primero, la persona debía seguir un período de abstinencia y viajar hasta el lugar sagrado, donde se realizaba una ofrenda. Luego se quedaba ahí un tiempo concreto, siete, veintiún o cien días. Estos números entrañan cierto sentido. La persona dormía junto al *sancta sanctorum* a la espera de un sueño especial. Se creía que en ese espacio sagrado vivía una divinidad. Era habitual que se pidiera un sueño sanador (como en la antigua Grecia), y el Bodhisattva Kannon se aparecía en sueños, curando enfermedades. [15]

Al margen de la cultura que practicara la curación a través de los sueños, siempre era la deidad regente la que se aparecía y evocaba la cura. Con el fin de penetrar en los mismos espacios internos a los que accedieron estos soñadores de antaño, os remito al capítulo 8 sobre incubación de sueños. Esto facilitará la creación de vuestro templo de los sueños y su incubación, tal y como se hacía siglos atrás.

5
Soñadores nativos

«En medio del amanecer, el chamán baila,
inclina la cabeza en el ritual de sus antepasados,
canta hechizos rítmicos, invocaciones
solemnes al espíritu del lago.»

M. Anne Sweet

Los vestigios de la tarde se van oscureciendo. El único grito de un búho solitario penetra el frío silencio. En las sombras calladas los miembros de la tribu regresan a sus tiendas. Se acerca el momento de la gran cacería, y esta noche se dedica a soñar. Los miembros de la tribu se aferran con la tranquila comodidad a la espera de los Guardianes de la Noche. Se invoca a estos guías de los sueños para que presten su ayuda y orientación durante la noche. Se les pide consejo sobre a qué lugares ir a cazar. Esta noche se reserva a los sueños. En plena oscuridad, los diamantes estrellados y fríos parpadean en el cielo tapado. Una solitaria estrella fugaz interrumpe el silencio.

Por la mañana se convoca una reunión donde se ponen en común los sueños de los miembros… y con cada uno el grupo va adquiriendo una mayor comprensión del lugar y la estrategia de la caza. La tribu sabe que su supervivencia depende de estos sueños.

Hay una máxima en la cultura de los indios nativos norteamericanos:

Respeta los sueños de tu hermano.

Los indios norteamericanos conceden un significado especial a los sueños. Se utilizaban casi universalmente para predecir el futuro, tratar problemas psicológicos, sanar trastornos sexuales y curar dolencias. Cada tribu poseía sus técnicas específicas para entender y captar sueños. El estudio de los sueños en las culturas indias norteamericanas es muy complejo, y este capítulo se centra brevemente en el uso que los indios norteamericanos daban a los sueños. [1]

Para el indio norteamericano, la línea entre los estados de sueño y de vigilia era muy fina. Creían que la Madre Tierra era una entidad real y una fuente poderosa de fuerza y energía, y que además el Gran Espíritu impregnaba todas las cosas de la naturaleza. Pensaban que durante las horas de sueño se puede acceder a ese Gran Espíritu, a los antepasados y a un guía interno. Como resultado de todo ello, los indios concedían un enorme poder al mundo de los sueños.

En los pueblos Mohawk, era habitual que los soñadores se inspiraran con las imágenes de sus sueños con las que después escribían poemas o se inventaban adivinanzas. Luego daban y recibían regalos basándose en si los miembros de la tribu pudieron adivinar o no el acertijo comunicado a través de sus sueños. [2]

La tribu Seneca mantenía una relación muy íntima con los sueños. Pedían que cada sueño se llevara a cabo simbólicamente o literalmente. Fue este aspecto de su cultura en particular lo que hizo tan difícil su conversión al cristianismo cuando entraron en contacto con los primeros misioneros franceses jesuitas. [3]

Cada una de la tribus de la nación Iroquia —Los Mohawk, los Oneida, los Onondaga, los Cayuga, los Seneca y los Huron— denominadas las Seis Naciones, participaban en su propio y único ritual del sueño a diario. Se reunían una vez al año para celebrar un ritual conjunto de sueños antes de las primeras nevadas. Partían en peregrinaje y recorrían grandes distancias con la intención de reunirse. Cuando llegaban al lugar, escenificaban sus sueños con la ayuda de máscaras y de vez en cuando vestían ropas especiales. En otros casos actuaban desnudos, sólo lucían la máscara. El festival anual de este ritual onírico se denominaba «Onoharoia», y en él se representaban teatralmente los sueños o «Ondinnonk». Muchas máscaras de los iroqueses eran las caretas rituales utilizadas en estas ceremonias. Los hombres jóvenes actuaban en las funciones rituales de sueños, y viajaban de poblado en poblado para representar teatralmente sus sueños. [4]

Los habitantes de la confederación iroquesa creían tan firmemente en la importancia de los Ondinnonk que pensaban que la gente enfermaba, incluso moría, si no representaba sus sueños. [5]

En Australia, los antiguos aborígenes pensaban que todo el Universo era una creación compuesta de sueños. En cierto sentido, su sociedad se construyó entorno a la importancia de esos sueños. Las actividades diarias dependían en muchos aspectos de la interpretación y la comunicación de los sueños. Muchos antropólogos han observado que algunas tribus aborígenes determinan sus acciones futuras basándose en los sueños de los miembros de la tribu. Algunos aborígenes creían que todo era un sueño antes de la llegada del hombre blanco.

Guías del sueño

Un concepto fundamental de las tribus nativas era el del guardián o guía al que se puede acceder durante el día y en sueños. Un psicólogo, tal vez, juzgaría que un guía es una conversación *gestalt* con un ser imaginario que, en realidad, es un aspecto no reconocido de uno mismo. En cambio, para el indio norteamericano, el guía era una entidad real. Sus amigos de los sueños eran tan reales como los amigos que podía tocar en horas de vigilia. Los indios ayunaban con bastante frecuencia con el fin de obtener un guía onírico, un sueño especial o una canción (una canción que se apareciera en un sueño). A veces los soñadores componían canciones de sueños sin ayunar, aunque abstenerse de comida ayudaba a realzar este misterioso proceso creativo. Quizás el aire tan ligero y único de las altas montañas y espacios montañosos que elegían los indios para ayunar también incidía en la calidad de sus sueños.

Distintos estudios indican que cuando un individuo está enfrascado en actividades sumamente tranquilas es más propenso a experimentar un mayor número de sueños que cuando está implicado en agitadas actividades sociales. También tendrá ciclos REM más largos cada noche, hasta un sesenta por ciento más. Un mayor aislamiento parece causar un incremento en los sueños. El aislamiento total puede incluso producir alucinaciones en personas normales. De igual modo, la inactividad física es una variable que incide en una actividad de sueño mayor. [6]

La mujer chamán Papago canta:

¿Cómo debo empezar mis cantos
en la noche azul que se acerca?

En la gran noche mi corazón partirá.
Y la oscuridad apremia.

En la gran noche mi corazón partirá. [7]

Los sueños y los indios norteamericanos

Los indios americanos nortedan usos prácticos a sus sueños. Aparte de descubrir con ellos el mejor momento y lugar para cazar y cultivar, también emplean los sueños para decidir nombres, que se aparecerán al dormir. Por ejemplo, incubarán un sueño para pedir el nombre de un hijo que esté por nacer (véase también el capítulo 8 sobre la incubación de sueños). Muy a menudo, los bailes y canciones creativos también se inspiran en sueños, al igual que numerosos objetos culturales. Los dibujos decorativos en sábanas, cuadros, bisutería y ropa también se pueden concebir en sueños.

Rasgos comunes de las culturas indias

Los siguientes rasgos saltan a la vista en todas las culturas nativas que conceden importancia a los sueños:

1. Los sueños se consideran algo vital para el éxito de la vida. Esta actitud facilitó el recuerdo y la interpretación de los sueños entre los indios norteamericanos, y también es un dato aplicable a nosotros en la actualidad.
2. Las figuras sobrenaturales se aparecen en sueños para conferir poderes especiales o transmitir información importante.
3. Los chamanes, tanto hombres como mujeres, deben utilizar sus sueños como forma de conocimiento.
4. Se puede inducir a los sueños con técnicas tales como dormir solo en un sitio de poder o en un lugar sagrado, o bien mediante el ayuno. [8]

Curiosamente, las investigaciones indican que un ochenta por ciento de todas las sociedades centradas en la caza y la pesca recurren a los sueños para invocar y controlar el poder sobrenatural, mientras que sólo un veinte por ciento de todas las sociedades agrícolas y ganaderas emplean los sueños con estos fines. Al parecer, cuanto más dependía una tribu en las actividades de pesca y caza, más utilizaba los sueños. [9]

Los sueños son reliquias de la mente humana. En el pasado reciente, los indios norteamericanos tenían vía directa con sus sueños. Estas tribus sabían que, por su contacto más estrecho con la naturaleza y su armonía con los ciclos naturales, les resultaba mucho más sencillo acceder al mundo místico de los sueños. Eran capaces de penetrar directamente en el significado y las imágenes de sus sueños. Hoy en día, puesto que nuestra sociedad se ha alejado enormemente de la naturaleza, hemos olvidado la capacidad que poseíamos antiguamente y que consistía en acceder fácil y directamente a nuestros sueños.

Los antiguos indios norteamericanos ostentan una sabiduría de la que podemos aprender. Tómate unas breves vacaciones —un día, dos días, o una semana— y pasa gran parte del tiempo en contacto directo con la naturaleza, sin máquinas ni electricidad. Aprende a vivir de tus propios recursos, esto te permitirá volver a entrar en los ciclos naturales. Pasa un rato bajo la luz de la luna, dejando que ésta bañe tu cuerpo con su luminosidad. Bebe agua de los riachuelos. Como resultado de este saludable respiro, descubrirás que te resultará mucho más fácil acceder a tus sueños.

Constructores de sueños

Al principio, nuestros esfuerzos para cruzar
son torpes, vacilantes, el camino es
misterioso y poco claro, nuestros sueños
están tejidos con una lana muy burda.

Mientras avanzamos, hallamos los vestigios
de nuestros antepasados, los antiguos tejedores de sueños
nos sirven de postes, de luces que iluminan
nuestro camino y refinan la cualidad de nuestro tejido.

M. Anne Sweet

6
Recordar los sueños

*«La razón por la que no podemos ver
todo lo que tenemos a nuestro alrededor
es para no perdernos el aquí y el ahora.»*

Karl Bettinger

Tus sueños pueden aportarte fantasía, aventura y romances. Pueden servir de clave mística para predecir el futuro y tenderte la llave encantada para desenmarañar el pasado. Tus sueños non tendrán nada que envidiar a las películas de Hollywood a la hora de facilitarte espectáculo, pero *tú* eres el productor, el director y la ESTRELLA —y todas esas películas serán auténticas actuaciones dignas de un Oscar—. No obstante, si quieres recordar tus sueños, tendrás que permanecer alerta y consciente en todo momento o de lo contrario olvidarás los papeles que has desempeñado. También te olvidarás de los otros actores y la importancia de cada uno. Y, naturalmente, no recordarás el texto cuando llegues «a casa». Al igual que un actor debe ejercitarse para memorizar su papel, el soñador debe desarrollar la capacidad de recordar sus sueños.

El elemento más importante para ser capaz de recordar los sueños es la motivación. Para adquirirla, en primer lugar debes percibir tus sueños como algo valioso; considerarlos mensajes trascendentes que provienen de tu subconsciente. Es imperativo que creas que estos mensajes deben ser escuchados.

Contempla cada sueño como si fuera un diamante precioso en el que cada cara brillante refleja una visión extraordinaria y nítida sobre ti. Debes abordar cada sueño como si fuera algo que te permite profundizar desde una nueva y rica perspectiva y contemplar la joya brillante que eres. Desde ahí, destaparás grandes fuentes de sabiduría al comprenderte a ti mismo. Si empiezas a tener en cuenta tus sueños como experiencias valiosas y útiles, desearás recordarlos y descubrirás que cuentas con la suficiente motivación para hacerlo.

Bloqueos

Si te sientes incapaz de recordar tus sueños ahora, tal vez sustentas alguna actitud que está bloqueando tu capacidad para captarlos. Para averiguar si esto es así, sigue el sencillo proceso que se explica a continuación. Te facilitará tu toma de conciencia y la presentación de nuevas opciones, incluso las que permanezcan más ocultas en tu subconsciente y que pueden estar bloqueando el recuerdo de tus sueños.

A lo largo de este proceso se te dará una lista de algunas de las actitudes más comunes que dificultan la recuperación mental de los sueños. Una de esas creencias, o más, puede ser la que impida recordar. Lee la lista con atención y *en voz alta*. Si alguna de esas afirmaciones parece «encajar» o te sientes a gusto con ella, prepárate para apuntar tu experiencia.

Escribe en una hoja de papel los siguientes encabezamientos, y deja espacio para escribir debajo una o dos oraciones:

ACTITUD

Respuesta mental:

Respuesta emocional:

Respuesta corporal:

Afirmación:

Tu respuesta mental

Si has leído una actitud específica que parezca aplicarse en tu caso, observa los *pensamientos* que estás teniendo en respuesta a esa actitud. Fíjate especialmente en tus pensamientos que niegas rotundamente y los que afirmas con claridad. Anota los pensamientos que se te ocurran como resultado de oírte decir esa actitud en voz alta. Sobre todo, sé honesta con los pensamientos que afloren en tu mente, y recuerda que no hay pensamientos correctos o incorrectos. Este ejercicio se realiza para ayudarte a recordar tus sueños.

Tu respuesta emocional

Observa tu respuesta emocional al «oír» la afirmación. ¿Qué emociones en particular genera esa actitud en ti? Recuerda, no juzgues tu respuesta, simplemente obsérvala. *El hecho de pasar revista a esas actitudes te permitirá liberarlas.*

Tu respuesta corporal

Observa tu respuesta corporal. Aunque parezca difícil ser consciente de los pensamientos o las respuestas emocionales, tu cuerpo enviará a menudo mensajes contundentes. Está respondiendo, a veces de forma sutil, a las actitudes que has pronunciado, pero tú puedes profundizar en esas respuestas. Mientras afirmas en voz alta esa actitud, aprende a reconocer los más mínimos cambios en tu organismo. Quizás notarás una ligera tensión en el centro de tu pecho o un tic nervioso en tu ojo izquierdo. Tu cuerpo siempre te ofrece pistas, y debes aprender a reconocerlas. Este ejercicio puede serte de gran ayuda para abordar cualquier inquietud que bloquee tus sueños.

Tu afirmación

El último encabezamiento de tu lista, «afirmación», será algo de creación propia. Una afirmación es un pensamiento positivo que reafirma la dirección hacia la que deseas dirigir tus pensamientos. Busca o crea tu afirmación que libere la actitud que pueda estar bloqueando tu capacidad para recordar los sueños. Las actitudes abren senderos que recorren los pensamientos. Son como caminos por los que has pasado infinidad de veces y los sigues sin pensar. Si una persona acoge la actitud de que «los sueños no tienen ninguna importancia», cada vez que se acuerda de la palabra «sueño» es como si la mente se parara en el camino titulado «los sueños no tienen ninguna importancia». Este recorrido puede acabar tan trillado que se requiera un esfuerzo consciente para abrir uno nuevo.

De forma similar, un pensamiento positivo o afirmación del tipo «mis sueños son valiosos e importantes», empezará a crear un sendero distinto y, con el tiempo, si se reafirmará lo suficiente y sustituirá al viejo. Cuando vuelva a surgir el término «sueño», la mente se pondrá en marcha y reforzará la idea de que los sueños son algo importante. Como consecuencia de ello, verás que te resulta mucho más sencillo recordar los sueños.

Al final de esta sección se recogen algunas afirmaciones a modo de ejemplo para que mejores el recuerdo de tus noches.

¿Listos para empezar? ¡Adelante!

Actitudes que bloquean la comprensión de los sueños

Pronuncia estas frases en voz alta:

—No creo que los sueños sean importantes.

—No estoy seguro de si realmente quiero saber lo que esconde mi subconsciente.

—Necesito dormir. Los sueños interrumpen mi descanso nocturno.

—Tal vez aprenda cosas sobre el futuro que no quiero saber.

—Tal vez no debemos recordar.

—La sexualidad en los sueños es algo perturbador.

—Tendré pesadillas.

—Cuando sueño siento que pierdo el control, y eso me inquieta.

—Tal vez me convierto en un canal abierto a la intervención psíquica.

—Es preocupante hacer cosas en sueños que son incoherentes con mis valores de vigilia.

—En el pasado viví una experiencia traumática y no quiero pensar en ello ni soñarlo.

—Recordar sueños cuesta demasiado tiempo y esfuerzo.

Éstas son sólo algunas de las actitudes típicas de quienes no recuerdan sueños. Mientras compruebas si alguna de ellas encaja contigo, fíjate en si albergas otras actitudes en contra de los sueños aparte de las de la lista. Recuerda, ser consciente y explorar esas actitudes es el primer paso para que desaparezcan por sí solas. El siguiente recuadro es un ejemplo de cómo analizar tus experiencias:

ACTITUD

No creo que los sueños sean algo importante.

Respuesta   creo que son importantes para otras personas que tienen
mental: problemas.

Respuesta   cuando pronuncio esta actitud, siento irritación e incluso
emocional: enfado.

Respuesta   después de pronunciar esta actitud, noto que mi respira-
corporal: ción es poco profunda y que mis músculos en la base del
                     cuello están tensos.

Afirmación: los sueños son muy importantes y me permiten liberar un
                     potencial invisible dentro de mí. Me encanta soñar y re-
                     cuerdo los sueños con facilidad.

Afirmaciones que fomentan el recuerdo de los sueños

—Me encanta soñar y recuerdo mis sueños con facilidad.

—Merezco placer sexual y es muy agradable experimentar el sexo en sueños.

—Mis emociones son algo valioso y aprecio mi vida emocional en sueños

—Tengo todo el tiempo que necesito para recordar los sueños y asimilarlos.

—Acepto mi pasado incondicionalmente, y sé que todo lo que me ha ocurrido en la vida era necesario para llegar al punto en el que estoy ahora.

—Mis sueños me aportan una valiosa percepción sobre mi vida que facilita equilibrio y la felicidad.

—Soñar incrementa mi creatividad y me encanta recordar mis sueños.

—No juzgo mis sueños. Sé que cada mensaje de mi subconsciente merece ser escuchado.

—Soñar me aporta información valiosa sobre el futuro.

—Me doy permiso para recordar y comprender el significado profundo de mis sueños.

—Los sueños son fundamentales y me permiten destapar mi potencial no expresado. Me encanta soñar y recuerdo los sueños con facilidad. ¡Que siga así!

Diario de los sueños...tu diario

«Nunca viajo sin mi diario. Uno siempre debería tener algo
sensacionalista que leer en el tren.»

Oscar Wilde

Un diario de sueños es la crónica de tus viajes interiores, tu búsqueda interna hacia tu autoconocimiento. Describir sólo uno o dos sueños, sin embargo, no te va a proporcionar suficiente información. Carl Jung creía que el conocimiento de uno mismo parte de la observación y la interpretación de una serie de sueños a lo largo de un período de tiempo, quizás incluso años. Pensaba que de esta forma se puede empezar a tejer un tapiz de los temas recurrentes que impregnan la vida de la persona. Cuando sigues un diario de sueños ganas una mayor comprensión del destino fundamental de tu vida. Este diario puede llegar a ser, literalmente, tu libro personal de la sabiduría.

Los sueños se olvidan con facilidad (normalmente al cabo de diez minutos después de despertarse) y se requiere muchísima fuerza de voluntad para hacerlos volver al pensamiento consciente, y eso no siempre se consigue.

Distintas investigaciones han revelado que el sueño va acompañado del movimiento rápido de los ojos (REM). Esto significa que cuando alguien o algo te despierta durante la etapa REM, estabas en medio de un sueño. Cuando te despiertan durante el movimiento corporal que le sigue inmediatamente después de una etapa REM, puedes recordar sólo fragmentos de sueños. Diez minutos después del REM, apenas recuerdas algo. La persona sólo es capaz de recordar un sueño al cabo de unos segundos después del REM, por eso es tan importante que escribas tu sueño cuando te acabas de despertar porque sigue fresco en tu memoria. Incluye tantos detalles como puedas recordar. (Los sueños lúcidos permanecerán en tu memoria mucho más tiempo porque participaste directamente en ese sueño. Véase el capítulo 9.)

Para escribir tus sueños necesitas

1. Un bolígrafo con el que te sientas a gusto escribiendo.
2. Un cuaderno, un diario o una grabadora, preferiblemente un dictáfono.
3. La luz de una linterna (si se utiliza un cuaderno o diario).
4. Un reloj fácil de ver.

Un bolígrafo de escritura cómoda

Asegúrate de que puedes escribir fácilmente y sin ejercer presión. Es mejor utilizar un bolígrafo porque con un lápiz se escribe muy flojo, especialmente cuando te acabas de despertar. Coloca el bolígrafo y el diario junto a tu cama, por ejemplo en la mesita de noche.

Existen unos bolígrafos con luz, y los puedes comprar en las tiendas de suministros médicos. O bien puedes comprar una linterna pequeña en forma de lápiz y pegarle encima un bolígrafo.

Cuaderno o diario

El mejor diario para apuntar tus sueños es un cuaderno con el lomo de espiral. Los que tienen las hojas unidas por un lomo de pegamento no son los más adecuados, ya que los papeles tienden a despegarse.

Divide tu cuaderno en dos secciones. En la de la izquierda escribe la fecha, la hora y todos los detalles de tu sueño. A la derecha apunta la interpretación que haces de ese sueño.

Es importante escribir la fecha un día antes porque esto te motiva a describir tu experiencia nocturna a la mañana siguiente. Apuntar la fecha también te permitirá darte cuenta de qué soñaste en un momento concreto. Por ejemplo, quizás tengas un sueño muy intenso el día 24 de octubre y luego te das cuenta de que es el cumpleaños de tu madre. Aunque no eras consciente de ello cuando soñaste ni cuando escribiste tu sueño, tu mente estaba respondiendo a las emociones y sentimientos que guardas respecto a tu madre. Posteriormente, esta información podrá revelarte aspectos importantes sobre ti y tu relación con ella.

A modo de preparación, también puedes escribir en tu diario el título, por ejemplo, *Sueño 1*. Esto también sirve para marcar una expectativa positiva para tener más de un sueño durante la noche. Cuando hayas apuntado tu primer sueño, y antes de que te duermas de nuevo (si te despertaste en medio de la noche), apunta en tu diario *Sueño 2* con la finalidad de marcar expectativas para un segundo sueño.

Cuando escribas, observa los sentimientos que tuviste durante el sueño. Es fundamental que escribas estos recuerdos rápidamente porque al cabo de unos segundos el sueño empieza a desvanecerse. Apunta los colores predominantes, símbolos, palabras clave, temas y emociones. No te pares a analizar algún detalle en particular en detrimento del resto de la «película». Si escuchaste un poema o una expresión interesante, deja constancia de ello en tu cuaderno. Después fíjate en los aspectos visuales que recuerdes del sueño. Estas imágenes tendemos a recordarlas más tiempo que los estímulos auditivos y por tanto, conviene apuntar primero lo que *oíste*.

Este es un ejemplo de cómo organizar tu diario

Sueño 1

Fecha:
Hora:
Lugar:

Apunta absolutamente todo lo que recuerdes, cada palabra o imagen. Escribe lo primero que se te ocurra, aunque no parezca propio de un sueño.

Observa tus sentimientos mientras piensas en el sueño.

Apunta cualquier sonido que escuchaste en el sueño.

Apunta los colores, los símbolos, las palabras clave, los temas y las emociones.

Aquí debes escribir tu interpretación del sueño.

(Véase el capítulo sobre el significado de los sueños.)

Este es un ejemplo de cómo introducir la información en tu diario

Sueño 2

Fecha: 7 de diciembre
Hora: 4:20 a.m.
Lugar: casa

Mi coche no funciona. Abro el capó y me doy cuenta de que el radiador está vacío. Le voy añadiendo agua, pero se escapa por un agujero en la base del radiador.

Los sentimientos han sido frustrados.

Interpretación

El radiador es el instrumento que enfría el coche. Si está vacío, el coche se calienta en exceso. El coche parece simbolizar mi cuerpo, o yo. El agua representa espiritualidad, y yo me voy vaciando espiritualmente. Si sigo así, me voy a recalentar y no podré funcionar. Creo que este sueño indica que he de pasar más tiempo relajada y atenta a mi dimensión espiritual. También me recomienda beber más agua. (Luego descubrí que el líquido de frenos goteó durante la noche, eso significa que el sueño también escondía un aspecto psíquico).

Si tienes dificultades en recuperar la suficiente conciencia para encender la luz o apretar el botón de la grabadora puedes recurrir a la *técnica de los ojos cerrados*. Mientras te despiertas, busca con las manos el cuaderno que tengas a tu lado. Con los ojos cerrados, el sueño aún fresco en la mente, empieza a escribir. ¡Tendrás que buscar la manera de no sobrescribir! Una forma de evitarlo es extender el dedo meñique de la mano con la que redactas, de manera que toque el borde el cuaderno y te sirva de orientación. Puedes tomar como guía el borde superior de la página o un costado, lo que prefieras. Como a mí me cuesta entender mi escritura cuando estoy despierta, no es una técnica que me sirva. No leo más que garabatos que no me ofrecen ninguna pista sobre el sueño. Pero a algunas personas les puede servir esta técnica, por eso la incluyo. Después tendrás que pasar a limpio tus apuntes en el cuaderno con dos secciones, y añadir tu interpretación del sueño.

La grabadora

La ventaja de la grabadora es que normalmente puedes conservar una mayor profundidad mental y tener un contacto más vivo con las imágenes del sueño. A todo aquél que le cueste mucho dormirse de nuevo después de redactar un sueño, la grabadora es excelente. Te permitirá registrar más detalles en menos tiempo. El inconveniente de emplear la grabadora es que después deberás transcribir el sueño a un papel si deseas analizar tus sueños durante un periodo largo de tiempo. Otra pega es que muchas veces, por la noche, nos parece que estamos hablando con claridad, pero al día siguiente nos damos cuenta de que no entendemos nuestros desvaríos nocturnos. Tu voz a menudo sonará como si vinieras de otra dimensión, y en realidad es así. Si utilizas el método de la grabadora, es mejor recurrir a una pequeña que te quepa en la mano porque son más manejables a oscuras.

Luz

La linterna es necesaria cuando redactas un diario. Las linternas con pilas (evitar las de mano grandes) que venden en tiendas de deporte, por ejemplo, funcionan estupendamente. Este tipo de linternas te permitirá tener las manos libres para escribir.

Reloj

Es muy importante apuntar la hora en que soñaste, para que así puedas apreciar tus ritmos y pautas de sueño, especialmente si trabajas con mi sistema meridiano de sueños chino.

Para empezar a grabar tus sueños

● Deja tu grabadora o cuaderno junto a tu cama (por ejemplo en la mesita de noche), junto con la linterna, el bolígrafo y el reloj.

● Descansa en una posición en la que tu columna vertebral quede recta, mientras te programas para recordar sueños.

● Elige una de las técnicas «antes de dormir» que se describen más adelante.

● ¡Felices sueños!

Técnicas antes de dormir

Estas son las técnicas que puedes seguir antes de dormir para incitar la memoria de los sueños.

1. Meditación tibetana

Cuando te acuestes, *concéntrate en tu deseo de recordar los sueños*. Después enfoca esa intención como si estuviera situada detrás de tu garganta. Puedes imaginarte una esfera azul resplandeciente en la zona del cuello, e imagina que colocas en el interior de esa órbita azul tu deseo de recordar sueños. Visualiza esta imagen un rato, hasta que te duermas. Esta técnica te permite recordar los sueños con mayor facilidad. Cabe destacar que este antiguo método tibetano guarda un paralelismo fisiológico interesante. Las investigaciones han demostrado que esta zona detrás de la garganta (el tallo cerebral) controla la activación durante los estados de sueño. Así pues, al conectar con esta zona tan poderosa antes de dormir, se inicia la estimulación de la actividad onírica y el recuerdo de los sueños.

2. Técnica del agua

Bebe la mitad de un vaso lleno de agua antes de acostarte y mientras la bebes, piensa concentradamente: «Esta noche recordará mis sueños.» Cuando te levantes a la mañana siguiente, si no te acuerdas de ninguna imagen onírica, bebe la otra mitad y piensa: «Recuerdo mis sueños, ahora y a lo largo del día.» En muchos casos, beber esa segunda mitad estimula el recuerdo de los sueños. A veces te acordarás de ellos espontáneamente durante la jornada.

3. La técnica del tercer ojo

Ésta es otra técnica con agua que sirve para estimular el recuerdo de los sueños.

Coloca una taza o un cuenco con agua junto a tu cama. Justo antes de dormirte, sumerge dos dedos en el agua y roza suavemente tu cuello. Luego tócate la frente con los dos dedos en la zona del tercer ojo (la región superior que queda exactamente entre los dos ojos). Mientras la rozas, piensa con contundencia que vas a recordar tus sueños. A la mañana siguiente toca de nuevo estas dos zonas con el agua. Suele facilitar el recuerdo de tus noches.

4. Ayuda espiritual

Relaja tu cuerpo y procura que tu columna vertebral esté recta. Tu mente debe permanecer tranquila (libérala de preocupaciones) y receptiva. Reza a dios o pídele ayuda a tu guía de los sueños para que te facilite la memoria (véase también el capítulo 5). Piensa concentradamente que recordarás los sueños, y repite esta afirmación varias veces antes de dormirte.

5. Visualización creativa

Cuando notes que empiezas a dormirte, visualiza que te despiertas, miras el reloj, anotas la hora y escribes concienzudamente tus recuerdos sobre el sueño. Después, continúa con esta visualización hasta verte despierto por la mañana y escribiendo otro sueño. Visualiza también tu satisfacción porque has podido recuperar tus sueños.

6. Técnica del gran espíritu

Esta técnica consta de varias partes y es un método excelente para recordar y también para recibir un sueño visionario.

a. Antes de acostarte, impregna tu habitación con savia, cedro, enebro o hierbas aromáticas. Debes quemar las hierbas y sostenerlas a modo de ofrenda para que el humo de las hojas penetre en los cuatro puntos cardinales sagrados —norte, sur, este y oeste— así como en la Madre Tierra y en el Padre Cielo (abajo y arriba). Recorre la habitación porque esto la purificará. Este ritual del humo es un método muy antiguo de dedicación y purificación. Se creía que, a través del fuego, existía una comunicación con el Gran Espíritu. Nuestras oraciones han de subir con el humo para que el Gran Espíritu envíe oraciones a la persona a través del fuego.

b. Cuando estés en la cama, reproduce mentalmente cada acción del día, paso a paso hacia atrás en el tiempo y hasta el momento en que te levantaste por la mañana. Empieza el día nuevamente en tu cabeza, y repite cada acción desde la mañana hacia delante, cambiando tu respuesta a una situación si deseas haberla abordado de otra forma. Por ejemplo, si juzgaste mal a una persona, repasa esa situación…, pero esta vez con comprensión y bondad en tu corazón.

c. Reza una oración y agradece la bondad de cada día; afirma tu intención de llevar una vida equilibrada y compasiva.

d. Imagínate una doble hélice de energía ascendente y en espiral. Esta energía te envuelve mientras cuentas de diez a uno y afirmas recordar tus sueños. Tus últimos pensamientos antes de dormirte son lo que normalmente afectan a tus sueños.

e. Pide la orientación del Gran Espíritu en tus sueños. Pide una revelación sobre el sendero que debes seguir.

f. Agradece por la mañana todo lo que has recibido.

Técnicas para recordar después de dormir

1. Darse la vuelta

Según diversas investigaciones y estudios, las personas nos damos la vuelta o cambiamos de postura inmediatamente después de un sueño. Se cree que esto facilita al cerebro desplazarse a un tipo distinto de onda cerebral. Si no hay forma de que recuerdes los sueños, cambia de posición corporal cuando estés en la cama, ya que a veces este gesto permite generar imágenes de sueño. Es posible que el sueño estuviera codificado en la posición que estabas mientras lo desarrollabas, de modo que cambiar de bando puede contribuir a recordarlo.

2. Conversación

Inmediatamente después de despertarte, cuéntale a alguien lo que recuerdes del sueño. A medida que hablas te irás acordando de más detalles, ya que permitirías que éstos afloren a tu conciencia.

3. Escribir

Cuando escribas tu sueño en tu diario apunta lo que recuerdes, aunque sólo sea una palabra o sentimiento. Si no te acuerdas, entonces escribe las palabras, «no me acuerdo de mi sueño» porque esta frase suele estimular precisamente tu recuerdo. También puedes escribir qué sentimientos albergas sobre el hecho de *no* recordar nada, ya que esta actitud puede ayudar.

4. Imaginación

Imagínate que es de noche y te preparas para ir a dormir, te lavas los dientes y te acuestas en la cama. Observa las imágenes y sentimientos que se te ocurren, y no te olvides de dar rienda suelta a tu imaginación (¿de dónde crees que viene, si no?)

5. Garabatos

Si no te acordaste de tu sueño, empieza a dibujar garabatos sobre tu diario de sueños. Es una técnica que acostumbra a incitar asociaciones y despierta tu memoria.

6. Técnica del color

Trata de acorarte de qué color *sentiste* tu sueño y empieza a imaginarte ese color para incitar el recuerdo.

7. Gestalt

Coge dos almohadas. Siéntate en una de ellas y dile a la otra: «A ver, sueños ¿por qué no venís a mi memoria?» Luego siéntate en la otra almohada y responde. Un ejemplo sería: «porque siempre tienes tantas prisas por la mañana que nunca me da tiempo a venir.» Pasa de una almohada a otra durante ese diálogo. Observa las distintas voces y posiciones corporales de las dos almohadas. Este ejercicio también puede hacerse por escrito.

8. Estado de ánimo

¿Así que no recuerdas tu sueño, verdad? Con los ojos cerrados, fíjate en tu estado de ánimo. Saborea ese estado como si fuera un vino de primera categoría. Sumérgete en esa emoción e increméntala. Esta técnica suele facilitarte la clave mental para recordar.

Consejos para recordar los sueños

1. **Escríbelo**. No importa que creas que vas a recordar tu sueño, porque probablemente no te acordarás. Escríbelo.

2. **No te muevas**. Cuando escribas en tu diario de sueños trata de moverte lo menos posible. Distintas investigaciones han demostrado que el movimiento suele impedir la memoria. También se ha descubierto en los laboratorios de sueño que cuando las personas cambian de posición en la cama después de soñar, eso dificulta su recuerdo. (Utiliza únicamente la técnica de cambiar de posición si no te acuerdas de nada.).

3. **Fíjate en esos destellos**. En muchas ocasiones no recordamos el sueño, pero nos queda una vaga sensación de que lo tenemos en la cabeza. Es como si colgara suavemente en el extremo de nuestra conciencia, esperando a que un elemento conocido de nuestra vida de vigilia lo estimule. Estas imágenes pueden ser tan fugaces que requieran hacerse sutilmente conscientes en los destellos visuales que emerjan a tu mente. Fíjate en esas imágenes que te vengan a la cabeza durante el día.

4. **¡Cuidado con los detalles!** Aunque sea sólo una pequeña escena de tu sueño, grábalo. Puede ser un eslabón perdido que ayude el conocimiento de ti mismo.

5. **Graba cada sueño en el momento oportuno**. Es muy difícil registrar, con la grabadora o por escrito, todos los sueños cuando te levantas por la mañana. Las pruebas de laboratorio han confirmado que, aunque una persona recuerde todos los sueños al levantarse, ese recuerdo es menos vívido y detallado que si se registran poco después de tenerlos. Imagínate que ves cuatro o cinco películas en ocho horas y que debes recordarlas todas a la vez. Tu memoria gana precisión si recuerdas y registras esas imágenes cuando acaban de pasar.

6. **Duerme en períodos breves**, pero duerme dos o tres veces al día. Si puedes variar tus pautas de sueño y dormir cinco horas por la noche y luego una o dos siestas durante el día te sentirás más lúcido porque te regeneras constantemente y a la vez recordarás los sueños con mayor facilidad.

7. **Lee y estudia** lo máximo posible sobre los sueños. Allí donde diriges tu intención fluye energía, y cuando aumenta tu conciencia sobre los sueños también lo hará su recuerdo.

8. **¡Ponle un nombre!** Cuando escribas en tu diario de sueños ponle un título descriptivo a cada uno. Te servirán como guía de referencia cuando repases tu diario.

9. **Despiértate de forma natural**. Debes aprender a despertarte antes de que suene el despertador, ya que el sonido estridente suele alterar la cualidad de tus sueños.

10. **¿Pesado?** Si has probado de todo y sigues sin recordar los sueños, busca la manera de aligerar tu sueño. Bebe abundante agua antes de acostarte para que tengas que ir al baño durante la noche. Duerme en una silla. Lo que sea, con tal de que tu sueño sea más ligero, ya que esto facilita el recuerdo de los sueños.

11. **¡Incluso las pesadillas!** Escribe todos tus sueños, incluso las pesadillas y los sueños que no te gusten, no sólo los «buenos». Nosotros no somos siempre

«buenos». Somos una totalidad... un equilibrio entre luz y oscuridad, ying y yang, «bueno» y «malo». Somos seres totalmente infinitos, y es importante honrar y aceptar todos los aspectos de nuestro ser. Cada uno de nuestros sueños es importante. Cuando lo describas, acuérdate de que este sueño es *realmente* importante.

12. **¡Resiste la tentación!** Resiste el querer explicar el sueño relacionándolo con el tentempié de última hora que tomaste, un programa de televisión o un libro en los que te sumergiste antes de acostarte. Estos pasatiempos estimulan tu contacto con una parte más profunda de tu psique. Cincuenta personas que vean ese mismo programa de televisión tendrán cincuenta sueños totalmente distintos. Del mismo modo, si te despierta el ladrido de un perro y después sueñas que te acosa una manada de perros con malas intenciones, otra persona, bajo las mismas circunstancias, puede soñar sobre el perro favorito de su infancia. Aunque cada sueño se relaciona con los ladridos, cada sueño conlleva símbolos importantes para cada persona.

13. **No te sientas culpable** si no aciertas a recordar un sueño. La culpa sólo impedirá tus avances en un futuro. Y si te sientes culpable, no te sientas culpable por ello.

14. **¿Significado?** No tienes por qué hallar el significado de todos y cada uno de los sueños. A veces, con sólo hacer repaso de un sueño varias veces te servirá para realzar tu equilibrio interno. Debes querer y disfrutar tus sueños, aunque no los logres interpretar.

15. **¡A divertirse!** No tienes por qué describir todos tus sueños. Si no tienes ganas no lo hagas. ¡Recordar los sueños debe ser algo divertido!

7
Ayuda durante los sueños

«El Sol lanza sus cálidos destellos sobre las olas
yo floto sobre la playa, me muevo sobre un pensamiento...
Hay un sonido que me atrae al puente...
¡apago el despertador!
¡Rápido! De vuelta al puente a... a...
¿dónde?
Debí de estar soñando...»

Karl Bettinger

Las pócimas, los tótems, los ritmos y ciclos de la naturaleza han sido una parte integral del arte sanador y visionario del chamán, el kahuna, el visionario, los magos, los druidas, los hombres y mujeres sanadores de una tribu. En todo el saber popular y la historia convencional siempre se ha hecho referencia a los objetos de poder utilizados para facilitar las artes adivinatorias y el conocimiento interno. Estas herramientas de exploración interior también pueden emplearse para revelar más aspectos de universo onírico.

Piedras

Las piedras siempre se han considerado, desde tiempos muy remotos, objetos de gran valor. Los pueblos aborígenes de todas partes del mundo y las sociedades místicas secretas han transmitido el uso tan especial de las piedras para que éstas nos ayuden a comprender los reinos invisibles.

Las piedras que se mencionan a continuación pueden ayudarte con los sueños. Debes recordar que estas piedras, por sí mismas, no pueden hacer nada. Es tu intención lo que las activa.

Feldespato

El feldespato, con su aspecto tan lunar y sus vetas onduladas de un blanco plateado, es una piedra sagrada en la India. Se cree que atrae la buena suerte. Se suele regalar a las parejas para despertar en ellos una tierna pasión y facilitarles la capacidad de predecir el futuro.

En muchas culturas, se considera que esta piedra se carga con las fases de la Luna. Como los ciclos lunares están relacionados con los ciclos de sueño, el feldespato nos une más profundamente con nuestros estados interiores.

El feldespato también tranquiliza las emociones. Contribuye al equilibrio físico y emocional de las mujeres durante la menstruación. Los ciclos de la Luna están íntimamente relacionados con los ciclos del sueño, y el feldespato nos conecta hasta lo más hondo de nuestros estados de sueño. Duerme con un feldespato cerca de ti o pega uno pequeño en la zona de tu tercer ojo. Es importante dedicar tu feldespato a la vida de los sueños.

Selenita

Este cristal tan translúcido está regido por la Luna. Su nombre proviene de Selene, la diosa griega de la Luna. Esta piedra tan poderosa se utiliza para lograr una mayor comprensión de la verdad en cada uno de nosotros. Favorece la relajación y la consecución de profundos estados de interiorización. Simboliza el espíritu puro y puede utilizarse para el avance espiritual. La selenita también es un elemento alquímico clave para revelarnos el futuro y el pasado.

La selenita guarda un alineamiento especial con nuestro chakra coronario y constituye una herramienta muy eficaz para desarrollar la intuición y las facultades telepáticas a través de los sueños. Utilízala para estimular sueños de lucidez mental y espiritual. También puede ser una piedra excelente para la comunicación telepática durante la noche. Deberías dedicarle atención antes de dormir para que te ayude a recordar los sueños y a lograr una mayor comprensión espiritual.

Perlas

Las perlas no son técnicamente una piedra, pero son excelentes para el trabajo con los sueños.

Las perlas también están regidas por la Luna, y se originan en las ostras. La Luna no sólo afecta a las mareas y a las criaturas del mar, sino que también incide en nuestros estados de sueño. La formación de la perla en sí favorece los estados de sueño, y crece a base de unas capas que se van depositando en anillos concéntricos. Su configuración esférica, el suave color luminoso y las distintas capas simbolizan la naturaleza no lineal de los sueños. El perfil concéntrico que van tejiendo en nuestra conciencia simboliza el estado de sueño. Las perlas vienen del mar, aunque en la tierra conservan su relación con los fluidos, el flujo y reflujo de las mareas, así como la naturaleza intuitiva del agua y del mar.

Las perlas del océano son más aptas y poderosas para los sueños que las perlas de río, ya que el agua salada es mejor conductora de la energía eléctrica. El hecho de que las perlas de agua salada se originen en el océano significa que están eternamente conectadas con él. Ese alineamiento permite una mejor relación intuitiva con tus flujos bioeléctricos. Cuanto mayor sea el flujo bioeléctrico en tu cuerpo, más intensos y vívidos serán tus sueños. Tener perlas cerca del lugar donde duermes te ayudará a experimentar sueños de naturaleza intuitiva.

Cristal de cuarzo

Los cristales de cuarzo siempre han sido objetos de admiración y una fuente de comprensión y visión de mundos invisibles. Su cualidad mística supera el tiempo y las distintas culturas. El cetro de las insignias escocesas está coronado por una esfera de cuarzo. Sir Walter Scott dijo que entre los montañeses escoceses, los cristales de cuarzo se llamaban «piedras de poder». Se tiene constancia del poder de estas piedras en los escritos de la antigua Grecia y Roma. Los antiguos egipcios de la XII dinastía utilizaron cristales de cuarzo para vislumbrar dimensiones internas. También se sabe que los chamanes de Australia, Nueva Guinea, África, y las poblaciones Mayas utilizaron estas sorprendentes piedras. En la antigua China y en Japón se creía que los cristales de roca eran el aliento congelado de los dragones. El dragón era un emblema de los poderes superiores de la creación, lo cual indica que los orientales valoraban muchísimo a esta piedra. Las principales culturas mayoritarias con tradición esotérica utilizan el cuarzo para realzar la capacidad visionaria. [1]

Los indios nativos norteamericanos eran especialmente adeptos en el uso de los cuarzos en su trabajo con los sueños. Los chamanes apaches los utilizaban para inducir visiones y encontrar objetos perdidos. Los chamanes Cherokee recurrían a los cuarzos para obtener visiones, curación y visión «interna». Se sentaban con su piedra amiga, quemaban madera de cedro y ofrecían sus oraciones pidiendo un sueño o una visión que los guiara.

Muchos metafísicos creen que los cristales también se utilizaron en el antiguo continente de la Atlántida, precisamente en su trabajo con los sueños; también consideran que mediante el uso de los cristales la persona puede viajar a través del tiempo y el espacio durante los sueños.

Fundamentalmente, los cristales son amplificadores y transmisores. Se utilizan en las radios. El silicio, un mineral de la misma familia, constituye la base de la tecnología informática actual. Permite procesar una enorme cantidad de información gracias a la transmisión de corriente eléctrica a través de su estructura de cristal. Al igual que existe una corriente biológica en los seres humanos, podemos, literalmente, disponer del poder de los cristales para «transmitir» o realzar los estados de sueño transmitiendo nuestra intención a la estructura cristalina.

Cómo utilizar el cristal de cuarzo para ampliar tus estados de sueño

1. **El cristal correcto.** Elige intuitivamente un cristal para utilizar en tu trabajo con los sueños. Esto significa que intuitivamente sabes que esta piedra es para ti y tus sueños. Se recomienda no dar otros usos a tu cristal de sueños.

2. **Limpieza.** La mejor forma de limpiar un cristal dedicado a los sueños es dejarlo en el exterior durante una noche despejada cuando sea luna llena. Coloca la piedra de tal forma que la luz de la luna brille directamente sobre ella. Si esto no es posible hay alternativas:

   a. Frota el cristal con aceite de eucalipto.
   b. Empapa el cristal en agua y sal marina.
   c. Deja el cristal fuera a la luz del sol, durante al menos cinco horas.
   d. Sumérgelo en el mar o en un río durante una hora.

3. **Dedicar el cristal.** Para dedicar tu cristal, debes colocártelo sobre el tercer ojo y pronunciar la dedicatoria, en voz baja o en voz alta. Debes programar el cristal para una sola dedicatoria a la vez. Por ejemplo:

Te dedico, cristal de los sueños, a los sueños que permitan elevar mi espíritu para que mi vida de vigilia sea plena y feliz.

Te dedico, cristal de los sueños, a los sueños que me otorgarán una visión positiva sobre mí y una creencia firme en mi autoestima.

Te dedico, cristal de los sueños, a los sueños que me permitan desarrollar mis aptitudes creativas.

Te dedico, cristal de los sueños, a los sueños que permitan sanar mis relaciones.

Te dedico, cristal de los sueños, a los sueños que me darán revelaciones profundas sobre mi futuro.

Te dedico, cristal de los sueños, a los sueños que me ayuden en mi curación y en la de los demás.

Te dedico, cristal de los sueños, a los sueños que ahondarán en mi relación con el espíritu y Dios.

No es necesario repetir la dedicatoria. Pero si vas a cambiar la programación del cristal es mejor limpiarlo y volver a pronunciar la dedicatoria.

4. **Puerta de los sueños.** Coloca tu cristal de los sueños en un lugar especial cuando no lo uses. Puedes cubrirlo de un paño de seda negro para que conserve la energía, o dejarlo en un lugar especial donde puedas admirarlo todo el día.
Por la noche, coloca el cristal cerca de tu zona de sueño. Antes de dormir, acércate el cristal al tercer ojo e imagínate que tu conciencia se mezcla en su estructura fluida y ligera. Imagínate que en su órbita titubeante de luz satinada se encuentra la Puerta Mística que conduce a tus sueños. Fíjate cómo se abre la puerta. Sé consciente de que has abierto la puerta misteriosa a los reinos internos. Luego deja el cristal cerca de ti cuando duermas.

Amatista

La amatista también pertenece a la familia del cristal de cuarzo. Su color púrpura intenso refleja la capacidad de trasladarse de una realidad a otra. El color asociado al tercer ojo es precisamente el púrpura y esta piedra mágica sirve para abrir la región del tercer ojo con la finalidad de obtener sueños espirituales. Es una piedra que induce a la relajación y al equilibrio emocional. Ya que calma la mente y las emociones, nuestra naturaleza interna tiene el terreno abonado para emerger en nuestros sueños.

También es un mineral excelente para quienes suelen tener pesadillas. Para este fin, coloca la amatista en tu frente, en la región del tercer ojo, y prográmala para que te dé un sueño profundo y tranquilo. Resulta una piedra excelente para colocarla debajo de la almohada, ya que te facilita «dulces sueños».

Almohadas de sueño

No se sabe a ciencia cierta si existe un ingrediente especial en las hierbas que facilita el sueño, o si se trata de una respuesta conductista que relaciona tu deseo del sueño con el aroma que es un recordatorio constante durante la noche. En aromaterapia, se considera que inhalando el aroma de la hierba artemisa se abre el tercer ojo (la puerta de los sueños). Al parecer, si se respira al dormir, no solo facilita el recuerdo de los sueños, sino que revela los sueños del futuro. Cuando duermes con una almohada llena de artemisa se establece una relación entre la fragancia de las hierbas y tu deseo de un sueño especial. Es muy importante utilizar una de estas almohadas de sueños que realmente funcionen. Se puede utilizar otras hierbas como la borraja y milenrama.

Ésta es la mejor manera de preparar una almohada para los sueños:

1. Asegúrate de que las hierbas son de muy buena calidad y no contienen pesticidas.

2. Procura que la almohada sea de tela natural. La seda es la mejor, ya que es excelente conductora de la energía bioeléctrica. La lana también es muy recomendable. Muchos meditadores y yoguis meditan sobre lana o piel de cordero porque les ayuda a alinearse con los flujos de energía bioeléctrica del planeta. Si usas lana o seda en tu almohada podrás experimentar sueños más intensos y poderosos porque tú estarás más equilibrado a nivel bioeléctrico.
   Sugiero utilizar lavanda o materiales de color púrpura ya que son los colores del portal de los sueños y realzan la efectividad de la almohada.

3. Usa tu almohada de los sueños sólo por la noche, de manera que sólo asocies esa almohada a los sueños. Lo mejor es guardarla en una caja especial y sacarla por las noches. Su fragancia será un íntimo recordatorio del alineamiento entre tú y tus sueños.

4. Acércate la almohada a la nariz cuando estés a punto de dormirte. Debes mantener siempre tu deseo de recibir un sueño. Por la mañana, inspira profundamente la fragancia de tu almohada, ya que en muchos casos ayuda a revivir el recuerdo de un sueño.

El reloj chino

Tradicionalmente, las culturas china, japonesa e india siempre han creído que el tiempo es un proceso circular, es decir no lineal (en contraposición con el concepto occidental del tiempo lineal). En la medicina china, el día se divide en horas asociadas a distintos órganos del cuerpo.

La hora de la vesícula biliar es entre las once de la noche y la una de la madrugada. Es interesante observar que dos de las hierbas que más favorecen el sueño, la milenrama y la hierba de San Juan, son también unas hierbas muy útiles para estimular la producción de bilis en la vesícula. No es casualidad que las mismas hierbas utilizadas para inducir sueños sean las relacionadas con la vesícula. Muchas personas tienen el primer sueño de la noche entre la hora de la vesícula biliar (entre las once de la noche y la una de la madrugada). Aparte de las cualidades innatas de estas hierbas, inhalar sus aromas o beberlas en infusión estimula el órgano rector (vesícula biliar) que permite a tu cuerpo estar en armonía con los ritmos naturales del universo. Cuando tu cuerpo mantiene esa armonía con la cadencia natural del universo, tus sueños ganarán intensidad y poder.

Si te duermes a la hora del meridiano de la vesícula, poco antes de acostarte frota suavemente tus dedos en la zona de la sien para estimular aún más ese meridiano.

Fíjate en qué hora te acuestas, y después infunde vida a tus estados de sueño estimulando los puntos del meridiano correspondiente antes de dormirte.

Hora de acostarse	Estimula
9:00 – 11:00 pm Punto Triple Calentador	*Frota suavemente la zona detrás de las orejas.*
11:00 pm – 1:00 am Vesícula biliar	*Frota suavemente la zona por encima de las orejas.*
1:00 – 3:00 am Hígado	*Frota suavemente la zona por encima del hígado.*
3:00 – 5:00 am Pulmones	*Frota suavemente el espacio comprendido entre las costillas superiores y los hombros.*
5:00 – 7:00 am Intestino grueso	*Frota suavemente la parte carnosa entre el dedo índice y el pulgar.*
7:00 – 9:00 am Estómago	*Da unos suaves golpecitos en la zona debajo de los ojos.*
9:00 – 11:00 am Bazo	*Presión circular sobre el bazo.*
11:00 am – 1:00 pm Corazón	*Frota suavemente la zona de las axilas.*
1:00 – 3:00 pm Intestino delgado	*Presiona fuerte entorno a la base exterior de los dedos meñiques*
3:00 – 5:00 pm Vejiga	*Frota suavemente la zona donde las gafas se apoyan en la nariz.*
5:00 – 7:00 pm Riñones	*Frota suavemente el centro de la planta debajo del dedo gordo del pie.*
7:00 – 9:00 pm Circulación / Sexo	*Masajea los dedos corazón de la mano.*

Para más información sobre cómo interpretar los sueños utilizando el método del reloj chino, véase también el capítulo 23.

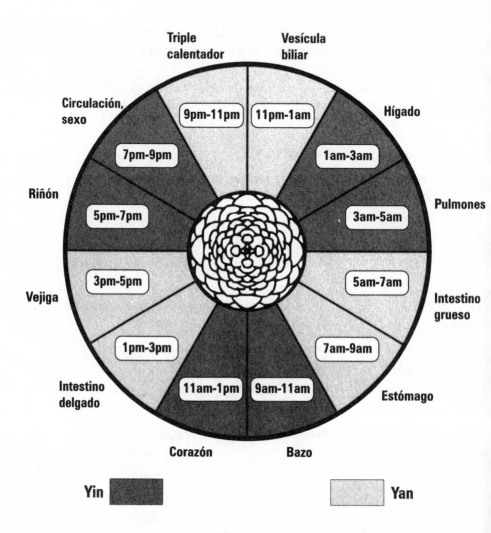

El reloj chino

Alineamiento corporal

Cuando sea posible, duerme con la cabeza de cara al norte magnético, ya que esto te ayudará a alinear y equilibrar tus líneas de energía bioeléctrica, lo cual contribuye a un mejor estado de sueño.

Alimentación y bebida

Los alimentos que ingieras pueden afectar bastante el estado de tu sueño. Si tomas comida difícil de digerir, tus sueños también serán «difíciles de asimilar». Estos sueños pueden parecer fragmentados, y no fluirán de manera normal.

Los estudios modernos sobre este tema demuestran que la presión en el sistema digestivo crea desasosiego y que al despertar sólo nos acordamos muy vagamente de algunos pasajes oníricos.

Si estás digiriendo y asimilando tu comida, entonces tendrás sueños que podrás «asimilar». Cuando se trabaja en la exploración de los sueños, lo mejor es no comer inmediatamente antes de acostarse.

Melones: parece ser que los melones facilitan experimentar estados de sueño vívidos. Su elevado contenido en agua y su forma redonda apuntan a un alineamiento con la Luna y los reinos de sueño interiores. Probablemente los melones facilitan los sueños porque son diuréticos, por eso el sueño es más ligero y te permite recordarlo más fácilmente. Aunque también puede ser que los melones posean ciertas propiedades intrínsecas que favorezcan el recuerdo de los sueños. Para fines digestivos, come melón solo, sin otros alimentos antes o después.

Vitamina B6: tomar una dosis de vitamina B6 poco antes de acostarte no sólo contribuirá a un sueño reparador y tranquilo, sino que también te ayudará a recordar tus vivencias oníricas.

Alcohol y drogas: el alcohol y las drogas reprimen los sueños. La persona que normalmente se acuesta intoxicada se niega la posibilidad de dormir bien y soñar. Los antiguos griegos, maestros en el arte de la interpretación de los sueños, decían que quienes desearan adentrarse en el templo del sueño debían abstenerse de beber alcohol durante los tres días anteriores al sueño. Creían que los sueños lúcidos eran difíciles de recibir si la persona dormía bajo los efectos del alcohol.

Agua de luna: bebe el vaso de agua que hayas dejado fuera a la luz de la luna. Asegúrate de que ésa luz se proyecte directamente en el agua, no por encima y a través del cristal. Bebe el agua de luna antes de dormirte para favorecer la recepción de sueños.

8
Incubación de sueños

«Los sueños concebidos en la matriz de nuestro conocimiento,
percibidos al principio como un latido profundo,
luego te envuelve una vaga sensación de movimiento
cada vez más acentuado hasta que al final nacen.»

M. Anne Sweet

La grulla madre mira con cautela entre los juncos mientras los fríos vientos canadienses soplan en el lago, creando con su potencia unas olas rebeldes y desiguales. Debajo de ella hay tres huevos perfectamente formados, calientes y acurrucados junto a su madre mientras ésta los protege de la fuerza de los elementos. Los rayos de sol penetran en una nube espesa, llueve a cántaros..., pero los huevos están a salvo. La tarde se oscurece. El reflejo de la luz de la luna en el agua se rompe una y otra vez, pero sigue ahí. Los huevos se incuban a lo largo de esa noche larga y oscura. El cielo amortecido del amanecer acentúa el murmullo del agua goteando en los pantanos. Debajo de la grulla madre... hay tres pajaritos débiles pero alegres.

De la misma manera que la grulla incuba sus huevos para que nazcan, tú puedes incubar tus sueños. Puedes dirigirlos conscientemente, haciendo florecer la semilla que se plantó. En realidad se trata de una idea comúnmente aceptada. A alguien que está «encallado» en un problema le decimos que duerma y decida al día siguiente. Al despertarse por la mañana, como por arte de magia, tiene la repuesta a su dilema.

La incubación de sueños consiste en guiar conscientemente el curso de tus propios sueños desde el estado de vigilia. Por ejemplo, un problema que se presenta durante las horas de vigilia puede resolverse durante las horas de sueño, simplemente con una elección consciente.

Por ejemplo cuando tengas un dilema con tus hijos, puedes pensar: «sueños, dadme información que me ayude a resolver las dificultades que tengo con mi hijo». O: «sueños, ¿qué giro beneficioso debería dar a mi carrera?» O bien, «necesito información en relación a mi peso. ¿Por qué me cuesta tanto perder kilos, y qué puedo hacer para ayudarme en este sentido?» También puedes preguntar: «sueños, últimamente no me siento bien. ¿Tenéis algún consejo nutricional que me permita mejorar la salud?» Todos estos casos son ejemplos de incubación de sueños. Puedes preguntar incluso sobre los sueños que experimentaste la noche anterior en relación a un conocimiento concreto: «sueños, ¿por qué aparecieron canguros en mi sueño de la pasada noche? ¿Cuál era el significado de ese sueño?»

Quizás hayas oído la expresión «deja pasar la noche» aplicada a la resolución de problemas. A veces, cuando aparentemente dejamos a un lado el problema y dormimos bien por la noche, la solución a ese conflicto aparece en un sueño. Desarrollar esta comunicación con tus sueños puede aportarte respuestas a muchas preguntas de tu vida.

Casi todos los estudiosos del sueño coinciden en que, precisamente los sueños nos permiten entrar en contacto con la faceta oculta de nosotros mismos, accediendo a una sabiduría mucho más profunda que la que conocemos en el plano de la conciencia normal. Sin embargo, los expertos difieren acerca del significado de la información que nos llega. Algunos creen que procede de una fuente externa, que podríamos llamar «guías» o Dios. Otros expertos están convencidos de que se trata de nuestro ser superior. Algunos científicos consideran que se trata simplemente de una faceta de nuestra constitución psicológica con la que no mantenemos ningún contacto durante nuestras horas de vigilia. Sin embargo, gracias a la incubación de sueños, se ha demostrado en repetidas ocasiones que podemos recibir información que nos será de ayuda durante el estado de vigilia.

Como creadores de sueños, nuestra meta es traducir estas expresiones no físicas y no materiales en imágenes que tienen sentido en nuestra conciencia tridimensional y lineal. El objetivo de la incubación de sueños es ser capaz de crear un sueño que tenga sentido, que sea muy claro y entendible. Por tanto, se trata de un sueño que demuestra el valor de la incubación de sueños.

También se pueden incubar sueños con el fin de probar posibles probabilidades futuras. Al imaginarse conclusiones posibles, la persona puede examinar acciones futuras y contar los desenlaces. Esto le permite experimentar ese desenlace sin llegar realmente a formarse una idea de ello en la vida de vigilia. Cuando incubas sueños, es muy probable que experimentes emociones profundas cuando sueñas y en tu vida cotidiana. Disfruta de esas emociones como si se tratara de una sinfonía, y debes tener cierta predisposición a experimentar la gama entera de tus emociones. Deja que tus sentimientos acompañen los altibajos que se te presenten al soñar. Respira hondo cuando sientas emoción al escuchar el *crescendo* y *decrescen-*

do de tu majestuosa sinfonía de creación propia. Goza también de las sensaciones de ira, acaricia la tristeza, vive el aburrimiento, celebra cada detalle y variación a medida que se sucedan estos sentimientos. Debes disfrutar de todo y cada uno de los aspectos de tus sueños, incluida la humillación, el miedo y la ira. Cada sentimiento es un hilo integral que conforma el tejido de la vida.

Los sueños también se pueden incubar por simple disfrute, como si fuera el estreno de una película, un vídeo o tu programa de televisión favorito. ¡Incuba sueños por puro placer y diversión! No siempre tienen que someterse a escrutinio para descubrir en ellos un significado crucial.

Si hay algún aspecto de tu experiencia vital que te gustaría explorar, o si deseas obtener una percepción psíquica de ti mismo, en estos casos la incubación de sueños merece la pena. Para lograrlo, sigue estas sencillas indicaciones:

1. Elige un momento del día donde no te abrume el cansancio. Asegúrate de que dispones de tiempo por la mañana para procesar la información recibida durante la noche. En ese momento no tomes alcohol ni medicación.

2. Si hay alguna cuestión que deseas incubar, empieza primero por contemplar esa cuestión. Reflexiona sobre las posibles soluciones que ya se te hayan ocurrido, y hazte consciente de los sentimientos y emociones que surgen cuando piensas en el problema. Piensa en lo que tendrás que desprenderte si se solucionara. Pregúntate, «¿Estoy dispuesto a resolver esto? ¿Estoy dispuesto a abandonar esta dificultad?» Ten en cuenta lo distinta que sería tu vida si se resolviera el problema. Cuando hayas evaluado el tema desde la perspectiva de tus emociones, tus pensamientos, tus actitudes, quizá tus sensaciones corporales; pregúntale a tu guía de los sueños una o más de las siguientes cuestiones (ver el capítulo 17): «Querido guía de los sueños, ayúdame a entender la dificultad que estoy teniendo con esta persona. Muéstrame una solución a este problema en particular.» O: «Ayúdame a entender por qué tengo miedo de hablar delante de una multitud, y qué debería hacer para resolverlo?» O bien: «Guía de los sueños, dame una idea para escribir un artículo en una revista.»

3. Coloca tu diario o tu grabadora junto a tu cama (ver tamnién el capítulo 6). Asegúrate de que tu espalda está bien recta. Mientras notes que te vas durmiendo profundamente, repite tu pregunta varias veces: «ayúdame a entender mi temor a la oscuridad, etc.». Al dormirte, imagínate que liberas todos los pensamientos, actitudes y sentimientos que has experimentado entorno a ese problema. Simplemente concéntrate en tu pregunta, repitiéndola una y otra vez. Si percibes pensamientos que te distraen, deja que entren y salgan de tu conciencia de manera que siempre regreses a tu pregunta: «sueños, ayudadme a comprender mi miedo a volar. Esta noche, me libero de este miedo». Piensa en estas palabras hasta que caigas en un profundo sueño.

4. Ahora, simplemente duerme. Normalmente los sueños incubados emergen la misma noche que los pides. De vez en cuando, te vienen a la noche siguiente. Confía en cualquier información que se revele, aunque en ese momento no parezca tener sentido para ti. Escribe todo lo que recuerdes inmediatamente después de despertarte. Sé paciente y espera hasta que finalmente entiendas los mensajes. Muy a menudo no es hasta el día o incluso a la semana siguiente que puedes trazar asociaciones entre ese sueño y la cuestión por la que incubaste. De todos modos, en ese sueño se esconde la respuesta al problema o al dilema al que te estás enfrentando. Cualquier esfuerzo de incubación que tu percibiste como fracaso, al final resulta ser muy valioso. Sigue adelante... ¡dale a tu guía de los sueños el beneficio de la duda! Confía en que existe una parte superior en tu ser y que ya ha resuelto tu dilema.

La incubación de sueños acostumbra a ser una herramienta valiosa para aligerar dificultades en temas de relaciones. Por ejemplo, el padre de una mujer llamada Alice le regaló un caballo, algo que a ella le pareció simbólico. A raíz de ello, Alice incubó un sueño que la ayudaría a entender lo que representaba el caballo. El sueño le reveló una existencia pasada en la que Alice vivió con su padre (puede consultar el capítulo 12 sobre los recuerdos de vidas pasadas). En esta encarnación anterior él la había dejado y huyó montado a caballo. Alice se dio cuenta de que el caballo simbolizaba un abandono doloroso para ella. Pudo saber todo esto gracias a un único sueño, y por ello fue capaz de soltar la profunda ira que sentía hacia su padre y crear lo que ahora es una relación más estrecha y cariñosa hacia él.

La incubación también puede emplearse para recibir información desconocida hasta la fecha. Un ejemplo de ello fue cuando me estaba preparando para impartir un curso sobre el tema de la manifestación onírica. La semana anterior al curso había estado muy ocupada y no tuve demasiado tiempo para preparar el taller. Uno de esos días, muy temprano por la mañana, se me apareció el seminario durante un sueño en el que yo aún estaba consciente; me levanté de la cama de un salto y escribí frenéticamente todos los detalles que recordaba. La información proporcionada era tan amplia que resultó imposible impartir tanta materia en un día de clase. La idea de la incubación de sueños se originó en la antigua Grecia. Las investigaciones sobre el tema indican que existían de entre trescientos a cuatrocientos templos construidos en honor al dios Asclepio. Estos templos estuvieron en activo durante casi un milenio, se inauguraron a finales del siglo sexto a. C. y culminaron sus funciones al acabar el siglo quinto d. C. [1] Las personas que deseaban soñar se dirigían a un lugar sagrado, el templo de los sueños, para dormir con el fin de recibir un sueño útil de un dios. Se creía que al dormir en lugares sagrados e invocar a un dios, los humanos podrían recibir respuestas sabias a sus preguntas internas. Para participar en la incubación de sueños moderna no es necesario dormir en un lugar sagrado ni invocar a un dios concreto. De todos modos, me he dado cuenta de que si rindo honor por un momento a mi dormitorio como si se tratara de un templo interior, y si invoco al espíritu de todas las cosas, esto me ayuda a discernir con mayor viveza la claridad y el contenido de mi incubación. Si es posible, busca un lugar bello de la naturaleza, como se hacía antiguamente, y crea un dormitorio sagrado. Quizás te apetezca realizar un ritual lunar (véase también el capítulo 24). Después de seleccionar tu forma de ritual y purificación, invoca al Gran Espíritu, Dios o a tu Guía de Sueños para que te guíe en las horas nocturnas pidiendo el sueño que deseas recibir. Los antiguos hindúes, chinos, japoneses, egipcios, hebreos y musulmanes practicaban la incubación de sueños en lugares naturales de belleza original. [2]

En cuanto a la incubación de sueños, anticipa el hecho de que se cumplan todas las expectativas. Antiguamente, el soñador participaba en ritos de purificación, en sacrificios, rituales y ceremonias. No obstante, puede producirse el mismo efecto si tu intención es firme y clara cuando te dispones a incubar el sueño. La manera en que pronuncias tu frase invocatoria de incubación de sueños es sumamente importante. En vez de: «espero que esta noche entienda por qué mi relación con mi tía está atravesando dificultades», di: «esta noche, entenderé las relaciones con mi tía». Tus sueños responderán con una claridad proporcional a tu intención.

9
Sueños lúcidos

*«Un sendero angosto y parecido a un desfiladero
es tan nítido y brillante como el río,
serpentea y sigue su curso entre
la tierra rocosa de la vigilia y los
suaves pastos del sueño.»*

M. Anne Sweet

¿Te ha pasado alguna vez que, mientras duermes, te das cuenta de que estás soñando? En un sueño lúcido, la persona es consciente de que sueña. Probablemente tú también has experimentado cierto grado de lucidez. Quizás te has visto involucrado en un sueño aterrador y te ves pensando, «todo va bien, ¡si es sólo un sueño!» Cuando la persona se da cuenta de que parte del sueño es precisamente eso, un sueño, la experiencia se denomina «sueño prelúcido». En el sueño completamente lúcido la persona reconoce sin lugar a dudas que está soñando. Estas experiencias tienden a parecer más reales y vívidas que la realidad normal de vigilia. Asimismo, los sentidos del sonido, la vista, el gusto y el olfato parecen intensificarse.

A pesar de que en los últimos años el sueño lúcido ha recibido mucha atención por parte de la comunidad metafísica, no es en absoluto una idea nueva. En las culturas orientales, el sueño lúcido siempre ha constituido un elemento esotérico de las prácticas espirituales del taoísmo, el budismo y el hinduismo.

Los budistas tibetanos han ampliado la práctica del sueño lúcido y la han convertido en toda una manifestación artística. Los budistas tibetanos creen que soñar es una forma de conectar más profundamente con el alma. A su parecer, cada vez que soñamos experimentamos la condición y el estado de nuestra esencia como almas. Si fallecemos mientras dormimos, el sueño continuará independientemente de nuestra existencia. En el texto antiguo *El libro tibetano de los muertos*, se dan instrucciones sobre cómo atravesar las distintas dimensiones del sueño que emergen después de la muerte. Estas dimensiones se denominan estados de Bardo. Si la persona es incapaz de maniobrar su conciencia hasta llegar a los estados Bardo, se la obliga a reencarnarse en otra vida. Pero si eres capaz de superar con éxito estos estados de sueño, sin duda alguna regresarás a Dios y a la unidad total. Evidentemente, el sueño lúcido es una actividad de suma importancia para el budismo tibetano. Se considera una forma de liberarse de lo que ellos consideran un mundo de sufrimiento. [1]

El valor que atesora el sueño lúcido es inmenso. Cuando alguien empieza a experimentar esa actividad lúcida, se expande la verdad de su identidad y su realidad personal. Se siente mucho más expansivo, como ocurre cuando se inspira una bocanada de aire fresco y sano, lo cual incide también en otros aspectos de la vida. Desaparecen las limitaciones personales y se tiene la sensación de mantener el control del destino. Se realza e intensifica la intuición y la imaginación durante las horas de vigilia.

Uno de los objetivos del sueño lúcido es transportar tu conciencia despierta al mundo de los sueños, y la conciencia onírica a tu vida de vigilia sin notar un cambio brusco entre dos mundos. El propósito de esta continuidad de conciencia es que permite a la persona reconocer que el mundo del ser despierto es también un sueño autocreado. Si trabajas con sueños lúcidos, una afirmación excelente que debes recordar es, **«todo lo que veo es un sueño, todo lo que sueño lo puedo ver, y soy consciente de todos mis sueños»**.

Los sueños lúcidos pueden considerarse un proceso evolutivo espiritual, un paso hacia el recuerdo de lo que somos y de cuál es nuestro destino. Un místico árabe dijo: «Una persona debe controlar sus pensamientos durante el sueño. Entrenar esta conciencia producirá grandes beneficios para el individuo. Todo el mundo debería aplicarse en la consecución de esta capacidad.»

Cultiva la aptitud del sueño lúcido como harías con cualquier otro conocimiento que deseas adquirir. Del mismo modo que las dotes para escribir a máquina, nadar o pintar se adquieren por medio de la práctica adecuada y constante, también se aprende a soñar lúcidamente Al principio requiere disciplina, pero con el tiempo se vuelve más fácil y casi no notarás el esfuerzo que realizas.

1. **Técnicas de sueño lúcido.** Cuando vayas a dormir, di en voz alta: «esta noche soy consciente de lo que voy a soñar». Utiliza las técnicas del capítulo 6 para recordar tus sueños, y cuando te acuerdes de uno durante la noche, pronuncia mientras vuelves a dormirte: «Durante mi próximo sueño, recordaré lo que sueñe». A veces repetir la oración, «estoy soñando... estoy soñando... estoy soñando» cuando estés a punto de dormirte facilitará la experiencia de sueños

lúcidos. Cuando hayas elegido conscientemente recibir un sueño lúcido, sé coherente con lo que has pedido y permanece alerta porque en el plazo de unas semanas esos sueños te vendrán.

2. **Aplicaciones.** Cuando ya seas todo un experto en reconocer lo que sueñas mientras duermes, empieza a alterar las circunstancias de tu sueño. Elige a propósito una acción que puedas asumir, empezando por algo sencillo. El místico mexicano, Don Juan, le dijo a Carlos Castaneda que tratara de mirar sus manos cuando soñara. Otras acciones oníricas sencillas pueden ser arrancar una flor o abrir tus brazos al cielo o abrazar un árbol. Sé un héroe o heroína en tus sueños. No tienes que forzar una visualización, sino simplemente permanecer en tu sueño con plena conciencia.

El psicólogo de la universidad de Stanford, Stephen LaBerge, defensor de los sueños lúcidos, ha creado unos sensores que detectan los movimientos oculares que acompañan a los sueños vívidos. Se activa una luz roja intermitente que sirve de señal para recordar a la persona de que está soñando. Aunque los investigadores típicos del sueño se muestran escépticos con esta técnica controvertida, demuestra una vez más el interés que despierta llegar a una comprensión de nuestra identidad como seres oníricos. [2]

10
Visión en sueños

*«Cierro los ojos y camino por un sendero bello y ondulante
hasta llegar al valle de mi universo interno, un lugar sereno para
soñar despierto, una bola de cristal a través de la cual
puedo verme caminar, preguntar y recibir respuestas.»*

M. Anne Sweet

«Visión en sueños» es algo parecido a soñar despierto, aunque con una dimensión añadida... consiste en soñar despierto con disciplina. Constituye una manera de acceder al mundo místico de los sueños mediante tu conciencia de vigilia. Mientras te deslizas profundamente al reino interno, el mundo de los sueños empieza a mezclarse sutilmente con la dimensión de la existencia cotidiana. Del mismo modo que es posible alterar tu vida de vigilia con los sueños durante la noche, también se pueden utilizar las técnicas de visión en sueños de día como forma de facilitar tu vida.

Durante una entrevista, el autor Richard Bach reveló el proceso al que se vio sometido cuando escribió el libro mágico *Juan salvador gaviota*. Bach describió estar en una especie de estado de sueño cuando era de día, momentos en los que él presenciaba una imagen vívida de una pequeña gaviota que volaba entre la luz del sol. Esa ráfaga de inspiración que recibió de pronto a partir de esta visión se convirtió en las magníficas fotos y texto de su libro. Bach dijo que él transcribía las imágenes que se le revelaban mientras permanecía en estado de sueño de vigilia. [1]

Bach se refería a la capacidad de soñar despierto, a lo que yo denomino «sueño despierto» o «visión en sueños». Para ver en sueños, primero debes adoptar una actitud relajada. Aléjate de tus pensamientos habituales. Soltarlos libera tu mente y cuerpo por igual con el fin de eliminar cualquier tensión. Luego simplemente imagínate un sueño. Crea cualquier sueño que te apetezca, y deja que sea igual de impredecible como ocurriría al dormir por la noche.

Empieza quizás con un sueño muy breve de un minuto. Después, escribe exactamente el contenido del sueño. Esto es especialmente útil si no has recordado tus sueños nocturnos. Te irás familiarizando con el mundo onírico si practicas el sueño en horas de vigilia.

Otra ventaja de la visión en sueños es que facilita la manera en que la persona aborda un problema en su vida de vigilia. Puedes crear o imaginar un sueño simplemente pronunciando, «en cuanto a esa situación o dificultad, ahora me dispongo a crear un sueño». Deja que tu mente divague libremente mientras creas ese sueño. Observa con esmero los símbolos y sentimientos que emerjan en tu mente. Esto te ayudará a resolver tus cargas apremiantes. (Véanse también los capítulos en la sección sobre el significado de los sueños.)

Por ejemplo, supongamos que te duele mucho el codo debido a un accidente o a una enfermedad. En consecuencia, imagina un sueño donde te veas abriéndote paso en una selva. Sientes miedo porque una enorme pantera negra corre detrás de ti. Saltas buscando la seguridad del bosque espeso y cuando alzas la vista ves ¡los ojos dorados de la pantera! Sin previo aviso, la pantera brinca y te agarra el codo con sus afilados dientes. Sientes cómo ese hueso frágil se parte en dos. El dolor es insoportable. Eres consciente de una sensación abrumadora de terror y de abandono que colma todo tu ser. Te das cuenta de que estás totalmente sola y que nadie te ayudará. Nadie.

Para visualizar este sueño de vigilia, escribe los detalles que recuerdes y fíjate en los distintos aspectos de la escena. Primero estás en la selva. La selva puede representar tu naturaleza primitiva, tu ser primordial. La pantera te persigue. ¿Qué simboliza ese animal? Tal vez el aspecto inconsciente de la existencia, el lado oscuro de ti o una simple sombra. Está el miedo a encontrarte con tu sombra, el reflejo primordial de ti mismo. Cuando la pantera ataca tu codo, éste se queda inmovilizado. También percibes que eres incapaz de moverte. Tal vez tu «sueño de vigilia» represente el miedo que sientes hacia esa parte primordial de ti misma y que te impide avanzar en tu vida. Quizá te sientes limitada en tu vida por ese temor. Mientras acaricias tu codo, te invade una sensación horrorosa de soledad porque nadie acude en tu ayuda. Al empezar a entender las causas subyacentes a tu sueño de vigilia, es más que probable que tu problema se vaya aliviando.

Al explorar tu sueño despierto más de cerca y al entender su simbolismo, tal vez descubras que el temor en el sueño representa la aprensión de adentrarse en zonas que te resultan desconocidas. Luego, cuando comienzas a afirmar y fortalecer tu creencia en ti misma, por ejemplo repitiéndote algo como «soy capaz de adentrarme fácilmente en lo desconocido y hacerlo sin esfuerzo», descubrirás que tu codo ha adquirido una mayor capacidad y libertad de movimientos. La visión en sueños es la técnica onírica más poderosa y útil que yo utilizo. Me permite penetrar en el núcleo de cualquier dificultad y facilita de inmediato su rápida resolución.

Trabajadores del sueño

Aprendices del sutil arte,
hemos aprendido mucho en lo que sigue
a este sendero tan hollado:
jornaleros de los maestros del destino,
tejemos el tapiz,
la odisea pictórica,
las visiones cristalizadas,
los diseños amorosos del corazón.

M. Anne Sweet

11
Sueños para ver

«*Ventana de los sueños, levanta las persianas para que entre la luz del amanecer,
una vista de un camino lejano que recorrer, un suceso muy, muy distante; pero algo me dice que debo permanecer en casa, ya que debo cuidar el jardín.*»

M. Anne Sweet

Iba corriendo por la playa, los guijarros cortaban mis pies, las lágrimas se deslizaban por mi rostro y el viento se pegaba contra mi ropa. Un trueno distante llenó el cielo de unas cicatrices dentadas en todas las nubes llorosas. Al final caí al suelo, y los sollozos de angustia e ira arrebataban mi ser. Como si quisiera suavizar el torbellino, me agarré a una roca fría y dura, cada vez más fuerte hasta que su superficie afilada se clavó en mi mano. Con cada aliento pesado, lo único que deseaba era morirme. Traicionada... había sido traicionada. Ojalá la muerte me abrazara con sus solemnes alas negras.

Estuve llorando hasta que mis lágrimas se secaron. Vacía, sin nada en mi interior, me levanté y me fui a casa. Mientras permanecía tendida en la cama, una densa neblina de pura soledad sofocó todo mi ser. Nunca en la vida me había sentido tan sola. Poco a poco la fuerte tensión aminoró y a regañadientes caí en un profundo sueño muy agitado.

Las sombras oscuras y brumosas entraban y salían de mi sueño...espectros sin hogar que vagaban sin rumbo alguno... eternamente en el abismo de la noche. A lo lejos, pude ver una luz brillante. Mientras me sentía atraída con su plácido res-

plandor, unos seres sin forma me agarraron del brazo. Yo me aparté de su tacto huesudo y me dirigí lentamente hacia la luz, su faro era como una cálida bienvenida a mi apenado corazón. No recuerdo ni su rostro ni su perfil, pero mi conciencia se quedó con su sensación y... con su voz. «No debes llorar más. Has atravesado la segunda barrera y nunca tendrás que volver a esto. Yo estoy contigo... yo estoy contigo... yo estoy contigo.» El sonido de su voz resonó en mi interior, era un eco con poder y energía que iba cobrando fuerza como si se tratara de una amenazadora tormenta.

Lentamente la imagen se desvaneció, y yo caí en un sueño profundo y delicioso. Me desperté como nueva. La tormenta de la noche había despejado el cielo y una luz dorada se filtraba suavemente por la ventana de mi dormitorio. Estiré los brazos hasta que alcancé la luz... acariciando su calor líquido con mis dedos. Me sentía renovada, algo había desaparecido durante la noche. Mi temor se había desvanecido y era consciente del inicio de un nuevo día. Algo místico había ocurrido a medianoche. Alguien se había acercado a mí y apaciguó mi dolida alma. Cuando me encontraba en una encrucijada de mi vida, un visitante, que me resultaba vagamente familiar, me había mostrado el camino... y fue algo de suma importancia para mí.

Muchas personas son capaces de relatar al menos un sueño que les haya facilitado una nueva comprensión de la vida o que les ayudó durante una etapa especialmente crucial. Estos sueños parecen superar las fronteras normales que establecen los analistas del sueño. Son monolitos que nos hablan de una antigua sabiduría y una magia profunda. Eran los sueños proféticos o visionarios de antaño. Se originan en lo más hondo de nuestro ser, donde mora Dios. Estos sueños no son necesariamente una orden, sino que los recibimos en momentos de necesidad. Otorgan seguridad y orientación gracias a la «noche oscura del alma». El requisito previo para seguir el hilo que nos conduce a la visión y a la profecía es tener un corazón abierto y la disposición a preguntar... y a escuchar.

Los sueños visionarios son de naturaleza distinta a los precognitivos. Un sueño precognitivo te permite vislumbrar el futuro. Los expertos sobre el tema afirman que los sueños que previenen son muy habituales. Incluso Freud reconoció la existencia de los sueños precognitivos. Un caso ampliamente documentado de sueño precognitivo es la historia de Clinton H. Elliott.

A mediados de los años cincuenta, Elliott soñó que su hermana moriría en el plazo de seis semanas, y de hecho así fue. No se trataría de una historia especialmente sorprendente salvo por el hecho de que sus afirmaciones ganaron credibilidad porque también soñó que pronto moriría. Cuando recibió este mensaje, informó de ello a su familia y amigos y empezó a poner en orden sus asuntos. Hizo planes con toda tranquilidad para el futuro de su familia pensando en su muerte. Incluso le dijo a su esposa el tipo de funeral que deseaba. Tenía 66 años de edad y su muerte era posible, pero en su caso era un hombre de salud robusta. Habló con sus amigos de su muerte inminente, incluidos sus compañeros de trabajo. Estaba empleado en la construcción del túnel que se estaba levantando en el puerto de Boston. Cabe suponer que su convicción en su muerte temprana contribuiría a una muerte lenta y que lo consumía; pero no fue así. Elliott murió de accidente... y fue muy extraño. Se encontraba en su lugar de trabajo comentando su muerte inminente con otros obreros, quienes, dicho sea de paso, eran bastante escépticos al respecto. Cuando Alliott salió de su turno, una enorme grúa que había sido revisada completamente hacía apenas una hora por los inspectores de seguridad de pronto se vino abajo y atrapó a Elliott entre el amasijo de hierros, lo cual le provocó la muerte inmediata. Fue un accidente totalmente impredecible que cogió de sorpresa a todos excepto a Elliott. Él había predicho su muerte a través del sueño. [1]

A pesar de que casi todos los sueños relacionados con la muerte indican una descarga psicológica o la desaparición de antiguas creencias en vez de una muerte física, en el caso de Elliott éste fue capaz de vislumbrar el futuro a través de sus sueños. Los sueños cargados de un significado profético a menudo acarrean consecuencias históricas. El Duque de Wellington recibió inspiración para restaurar la Alambra de Granada como resultado de un sueño en el que veía cómo este magnífico palacio árabe se desintegraba. El ex presidente norteamericano Roosevelt declaró que Washington necesitaba un nuevo aeropuerto porque había tenido una pesadilla en la que se le anunciaba un accidente provocado por las condiciones insuficientes del aeropuerto existente hasta esa época. Cornelia, esposa de César, recibió un sueño premonitorio sobre la muerte de su marido y trató de evitar que él asistiera al encuentro fatal del senado romano.

En muchas ocasiones nuestros guías personales nos facilitarán información en nuestros sueños. Pero también están los Guías Diseminadores que, en vez de trabajar con una sola persona, sirven un propósito parecido al de los repetidores de radio. Cuando aparece una idea que debe darse a conocer en cierto momento, estos guías empiezan a emitir esa información.

Las personas que tienen su antena psíquica sintonizada con esa «emisora» recibirán la información de los guías. Esta es la razón por la cual los inventos o descubrimientos suceden al mismo tiempo y en partes separadas del mundo, a veces en el plazo de unos días. Cuando dormimos estamos mentalmente a la defensiva, de modo que somos más receptivos a la información que se emite de los reinos psíquicos. Por eso se han hecho muchos descubrimientos por casualidad y durante el sueño.

Los sueños suelen ser el medio del que disponen los muertos para comunicarse con nosotros. Al parecer nos resulta más sencillo oírles a través del vehículo de nuestros sueños, y normalmente esto es para nuestro bien en vez del suyo. En muchos casos hay algo que todavía no hemos acabado en relación con esa persona o tal vez algo que no logramos decirle y que ha supuesto casi un trauma para nosotros. Su visita en sueños suele romper esos bloqueos. En algunos casos, no obstante, esos seres queridos nos desean enviar un mensaje o una advertencia que necesitamos oír. Ten siempre en cuenta que simplemente por el hecho de haber muerto ésa persona no es necesariamente más sabia. Si alguien es testarudo y poco brillante lo será también de muerto. Así pues, aunque en tu sueño verdaderamente te visite alguien que ha fallecido, recuerda que debes reflexionar sobre su consejo cuando éste se contradice con tu buen juicio.

Si tienes que resolver un asunto con alguien que ha muerto, o sientes la necesidad de su consuelo, «llámale» antes de dormirte. El modo de hacerlo es sentir que estás palpando su esencia. Déjate experimentar de nuevo la relación que tenías con esa persona cuando vivía. Cuando vayas a dormir piensa intensamente en su esencia, y pídele que te visite durante la noche. Esta práctica puede ayudarte a superar la soledad cuando alguien parte.

Algunas personas viven experiencias extraordinarias con visitas de extraterrestres durante la noche. Cuando se incrementa la intensidad vibratoria del planeta, el número de avistamientos de OVNIS aumenta espectacularmente. Incluso actualmente, muchos libros superventas y películas taquilleras tratan el tema de los extraterrestres. O somos más receptivos a sus posibles incursiones terrestres, o sus avistamientos son más comunes. En cualquier caso, el fenómeno OVNI no desaparecerá. Será cada vez más habitual en nuestras vidas y desempeñará un papel significativo en nuestros sueños. Mayoritariamente, los extraterrestres son seres benévolos que nos ofrecen ayuda y orientación valiosa. Recuerda que simplemente por el hecho de que alguien sea de otro planeta no significa que sabe lo que es mejor para ti. Puede comunicarte mensajes encantadores y nobles, pero debes asegurarte de que siempre sigues tu propia guía interior.

Existen unos métodos muy concretos que puedes utilizar para incrementar tu capacidad de recibir sueños psíquicos. El primer paso es incubar tus sueños. (Véase también el capítulo 8 sobre incubación.) Es decir, decide qué área del reino psíquico deseas explorar, y luego prográmate antes de acostarte. Puedes incubar la comunicación extraterrestre o incluso visitar otra «dimensión». Las otras dimensiones son universos coexistentes a los que podemos acceder con sintonizar adecuadamente el dial de nuestra radio de la realidad. (Un aspecto interesante del viaje dimensional es el parecido que guardan las distintas descripciones sobre viajes a estas dimensiones en estados de sueños. He descubierto que incluso personas que viven en países distintos pueden describir coherentemente experiencias dimensionales parecidas.) También puedes incubar sueños para explorar vidas pasadas, viajes astrales o entrar en el reino de las hadas, las sílfides, los gnomos y los ángeles.

Si estos personajes son «reales» o producto de una conciencia mitológica colectiva es un dato irrelevante. El valor de todo ello proviene de las experiencias que se obtienen durante la noche. La prueba que puedes hacer es:

1. ¿Son de algún valor los mensajes obtenidos durante la noche?
2. ¿Te facilitan la vida de vigilia?
3. ¿Te ayudan a expandir nuevos horizontes?

Quizás Einstein reflexionaba sobre esta expansión de conciencia en sus comentarios:

Un ser humano es una parte de una totalidad, que nosotros llamamos el «universo», una parte limitada en tiempo y espacio. Nosotros nos experimentamos a nosotros mismos, nuestros pensamientos y nuestros sentimientos como algo separado del resto, una especie de ilusión óptica de nuestra conciencia. Esta ilusión es una especie de cárcel para nosotros. Nos limita a nuestros deseos personales y a la afección por quienes nos rodean... nuestra labor, tal vez, sea liberarnos de esta cárcel ampliando nuestro círculo de compasión para abrazar a todas las criaturas vivas y a la naturaleza entera en su belleza eterna e infinita.

Muchas personas me preguntan cómo diferenciar un sueño precognitivo de un simple balance psicológico de inquietudes internas. Los siguientes criterios me han ayudado enormemente a trazar esta distinción.

1. El sueño es en color o los colores son excepcionalmente vivos. Un sueño precognitivo no siempre es en color, pero eso puede ser uno de los factores determinantes.

2. Puedes recibir el mensaje de tres modos distintos durante el sueño. El mensaje aparecerá de tres maneras independientes y definidas durante un mismo sueño.

3. Normalmente en el sueño aparecerá un objeto redondo o circular. Puede ser como una pelota o un plato redondo, o un espejo circular, etc.

Si un sueño, que parece cognitivo, encaja en los tres criterios, significa que hay muchas probabilidades de que sea un sueño predictivo. Es posible recibir un sueño predictivo con todos esos criterios, pero interpretarlo incorrectamente. La siguiente carta es buen ejemplo de ello:

Estimada Denise,

Lo que contaré a continuación creo que es un sueño profético. Utilicé tu método de interpretación de sueños para descifrar éste en particular y coincidía con todos los requisitos de un sueño profético. Constaba de tres partes, sus colores eran muy vívidos y en él destacaba un objeto redondo. Semanas antes de este sueño fui entrevistado por una empresa para conseguir un trabajo, y yo esperaba noticias de ellos. Este es el sueño, que constaba de tres partes:

Primero, soñé que recibía noticias sobre un trabajo. Yo estaba entusiasmado, aunque luego se produjo un cambio repentino. En la segunda parte del sueño yo me encontraba en una oficina. Un par de hombres, mis nuevos je-

fes, hablaban entre ellos. Yo bajé la mirada y me di cuenta de que llevaba unos pantalones horrorosos. Eran acampanados y con un estampado de tiras blancas, negras y verdes. Me sentía muy incómodo y traté de pasar desapercibido. Quería cambiarme los pantalones sin que los hombres me vieran. En la tercera parte del sueño yo me encontraba en un gimnasio enorme. Un trozo de papel también inmenso cubría todo el suelo. Mi nuevo trabajo consistía en plegar y desplegar el papel en distintos diseños como si fuera origami, el arte japonés del papel. Mis compañeros de trabajo y yo creamos varias formas. Una de ellas era un aro o anillo inmenso.

Me desperté cuando sonó el teléfono. Era mi madre informándome de que la empresa quería hacerme una segunda entrevista. Había llamado varias veces, pero yo no había oído el teléfono.

Mientras conducía hacia la entrevista, estaba convencido de que era pan comido, de que el trabajo sería mío porque me lo había comunicado ese sueño profético. La entrevista fue difícil. El entrevistador formuló preguntas técnicas que yo fui incapaz de contestar, y él me interrumpía cada vez que trataba de contarle cosas sobre mí. Me sentía incómodo con toda esa situación.

Al cabo de una semana me comunicaron que no me habían aceptado en ese trabajo. Cuando lo supe pensé que el sueño que había tenido quizás no era profético, aunque después me di cuenta de que el problema era que no lo había interpretado correctamente. En la primera parte del sueño recibía noticias sobre ese trabajo, lo cual ocurrió. Me llamaron para una segunda entrevista. En la segunda parte del sueño me sentía incómodo y era consciente de mí mismo, exactamente como me sentí en la entrevista porque no supe contestar a todas las preguntas técnicas. Lo de doblar papeles era más difícil de interpretar, pero también se trataba un dato profético. Buscar otro trabajo es una tarea ardua y convulsa. No paro de pensar en ofertas, las separo o las uno, como si estuviera doblando papel.

Lo que aprendí de este sueño es que la interpretación más evidente no es siempre la correcta, especialmente cuando estoy demasiado apegado a la interpretación. Estaba tan entusiasmado con la entrevista que me precipité en mis conclusiones y no me detuve a prestar atención a mis sentimientos o a estudiar el sueño. Pensé que te interesaría saber lo que me ocurrió.

Que la luz te acompañe,
Karl

El modo en que Karl aprendió de este sueño, incluido el darse cuenta de que trataba de hacer encajar ese sueño a sus expectativas en vez de fijarse en lo que el sueño le comunicaba sin añadidos, fue una lección muy valiosa. Los sueños para «ver» te permitirán expandir tus horizontes internos, y al expandirse tus limitaciones externas se alejarán más.

12
Sueños para recordar vidas pasadas

«*Compañeros de antaño,*
Hemos recorrido durante mucho
tiempo caminos separados,
sabiendo que nuestros espíritus
se encontrarían, y gracias al recuerdo,
estamos de nuevo juntos.»

M. Anne Sweet

La góndola se balanceaba suavemente por las serenas aguas del adriático cerca de la costa de Venecia. Los remeros canturreaban unas arias desafinadas mientras navegábamos de una isla a otra. Especialmente una de ellas parecía brillar más que las demás en la niebla lejana. Mientras yo le señalaba la isla a mi amable anfitrión musical, viró la góndola poco a poco hacia esa dirección. La seductora piedra en el mar parecía llamarme misteriosamente. Con gestos de la mano, le dije al remero que quería salir de la barca y explorar el terreno.

Cuando entré en el muelle, un monje franciscano con entradas en la frente y de rostro redondo, se acercó corriendo a nosotros para darnos la bienvenida. Hablaba algo de inglés y se ofreció a enseñarme toda la isla, en la que no había más que un monasterio franciscano y unas parcelas. Seguí a ese monje tan alegre, a la vez que me invadía una abrumadora sensación de *déja vu*. En esa isla me sentía sumamente cómoda, y tenía la sensación de saber exactamente lo que se escondía en cada rincón de ella, incluso antes de verlo. Las imágenes y recuerdos olvidados me asaltaron la conciencia. ¿Cómo era posible que conociera ese lugar? Jamás en la vida había oído hablar de esa isla. De pronto, al torcer en una esquina, presencié una escena muy distinta a la que había estado «recordando» hasta ese momento.

Sin poder contenerme, exclamé: «¡Vaya, si esto es nuevo!» Muy sorprendido, el monje contestó: «Es nuevo en cuanto a su estructura original..., pero tiene más de seiscientos años.» Yo me quedé un tanto perpleja al oír sus palabras, porque había desenterrado recuerdos de mi vida como monje en esta maravillosa isla seiscientos años atrás. Así empezó mi exploración de vidas pasadas.

¿No has experimentado nunca la extraña sensación de estar en una ciudad extranjera y percibir una familiaridad tan intensa que no puedes describir? O, ¿has escuchado alguna canción y de repente te ves transportado a otra época y lugar? Tal vez te has encontrado con un completo desconocido y sin embargo percibes una comunicación instantánea con él que no aciertas a comprender lógicamente, o bien sientes una aversión total hacia esa persona. Quizás has tenido un sueño en el que te ves en un país extranjero, vestido con ropas extrañas, y sientes una enorme sensación de familiaridad. En ese caso es posible que estés recordando a alguien o algún lugar de tu infancia olvidado hace mucho tiempo, o que sencillamente estés recordando un espacio en el que viviste con anterioridad. Podría ser que vivieras en esa ciudad extranjera en un cuerpo ajeno al actual, en una época remota, o que ese desconocido que tanto te agrada o te disgusta lo conocieras en otra existencia... tal vez en otra encarnación. Los sueños pueden resultar herramientas claves para explorar vidas pasadas.

El concepto de reencarnación existía mucho antes de la historia escrita. En realidad, dos tercios de la población mundial hoy en día creen en la reencarnación. La reencarnación implica que nuestra alma es eterna, y como tal, regresa al plano de la tierra una y otra vez reencarnándose en varios cuerpos sucesivamente con el fin de crecer y aprender. Cada vida ofrece multitud de experiencias que le permiten a la persona, a su espíritu, crecer en fuerza, en equilibrio y amor hasta que al final logra unirse con el espíritu que todo lo impregna, conocido como Dios.

En una vida, es posible que vivas en la pobreza absoluta y aprendas la lección de la humildad y el ingenio. En otra vida quizás eres sumamente rico y debas aprender a administrar el dinero con justicia y amor. En otra reencarnación quizás naces ciego para aprender a desarrollar la visión interna, en otro que seas atleta, lo que te permitirá comprender y experimentar del todo la fortaleza física. En una vida serás mujer y en otra hombre, occidental u oriental. Las vidas pasadas no son como los ladrillos de un edificio, sino un rompecabezas desordenado en el que cada pieza, cada vida, se añade a nuestra evolución como seres más íntegros, completos y equilibrados.

«Lo que siembres, cosecharás», ésta es la ley del karma. El karma es el destino que nos creamos como resultado de nuestras acciones en esta vida así como en otras existencias anteriores. La idea del karma nos permite entender con claridad por qué una persona vive con la adversidad y otra recorre una camino de rosas a lo largo de su vida.

La reencarnación y el karma nos ofrecen una imagen definida sobre nuestro propósito y misión en el presente mediante una mejor comprensión de nuestro destino en el universo. La vida no se vive una sola vez, ni tampoco es una sucesión de experiencias sin sentido que se encadenan unas a otras al azar. La vida es un viaje místico y continuo que nos permite emerger como seres conscientes y amorosos. La búsqueda de tu alma puede convertirse en el viaje más importante que jamás hayas emprendido.

A lo largo de la historia, los filósofos más célebres han reflexionado sobre los misterios insondables de nuestra vida, el nacimiento y el renacimiento. La primera evidencia histórica que se tiene sobre la reencarnación se descubrió en el antiguo Egipto. Esta civilización milenaria creía que alma era inmortal; cuando el cuerpo perece, el alma entra en otro cuerpo humano.

Los hindúes de antaño y los de hoy en día son otro ejemplo de comunidad humana que cree que el alma es inmortal y mora en un cuerpo tras otro en busca de su naturaleza divina y verdadera. En los siglos antes de Cristo, Buda dio a conocer unos conocimientos relativos al ciclo de la reencarnación, la gran rueda de la vida y la muerte. Los budistas, como los hindúes, luchan por liberarse del ciclo de muerte y renacimiento alcanzando el estado de Nirvana, o la unidad con Dios. Por lo visto, los esenios, una antigua secta judía, también creían en la reencarnación.

El filósofo griego Pitágoras, que vivió en el año 500 a. C, escribió sobre el tema de la reencarnación y, de hecho, ofreció descripciones de sus recuerdos personales en sus diversas vidas pasadas. Platón también creía en la reencarnación y en la evolución continua del alma. Napoleón Bonaparte admitió en una ocasión que había sido Carlomagno en una encarnación anterior. Voltaire, el filósofo francés, observó que «no es de extrañar que nazcamos dos veces en vez de una». Y el pintor español Salvador Dalí confesó que había sido el gran místico español San Juan de la Cruz. Incluso personalidades tan diversas del nuevo mundo como son Benjamín Franklin, Ralph Waldo Emerson, Henry Ford, Walt Whitman, Henyr Longfellow, Henry David Thoreau, Thomas Edison y el General George Patton, defendieron las enseñanzas de la reencarnación. [1]

De hecho, Benjamín Franklin, en una referencia a las vidas pasadas, escribió su propio epitafio que desde ese momento se ha considerado «el epitafio norteamericano más famoso de todos los tiempos». Dice así:

El cuerpo de B. Franklin, impresor,
como la cubierta de un libro viejo,
su contenido rasgado y
sin páginas ni lomo,
reposa aquí, preso de gusanos, aunque
la obra no se perderá
porque aparecerá una vez más
en una nueva y elegante edición,
revisada y corregida por el
autor

Hay una abundante y excelente bibliografía sobre el tema de la reencarnación, para quienes deseen profundizar en el tema o busquen pruebas de su existencia. Sin embargo, mi intención en este libro no es refutar cualquier duda sobre la existencia de vidas pasadas, porque creo en ellas firmemente. Simplemente deseo ilustrar al lector que sus sueños pueden servir como puerta a su pasado. Atravesándola, podrás mejorar y ampliar la calidad de la vida más allá de tus expectativas.

Convencerse de que algunas imágenes que recibimos en sueños y que parecen ser del pasado son, en realidad, recuerdos de vidas anteriores, no me parece tan importante como los resultados producidos cuando alguien experimenta espontáneamente estas contundentes imágenes. Quienes tienen miedo de ser engañados pierden un tiempo valioso, porque no reconocen esas imágenes como una asombrosa capacidad de la mente humana.

Descubrir tus vidas pasadas tiene un valor incalculable. Explorar espiritualmente esas vidas y otras dimensiones son formas de sintonizar con la orientación y guía interna de cada uno. La práctica de explorar el pasado lejano facilita la integración personal e incluso una unificación armoniosa con el vaivén del universo. Verás que siempre te encuentras en el lugar apropiado en el momento oportuno. Algunas personas desarrollan una estrecha relación con sus guías mientras que otras experimentan un despertar espiritual repentino.

En términos terapéuticos, liberar los problemas psicológicos sin explorar el origen debajo de los síntomas superficiales es como tratar de cortar mala hierba con un cortacésped. Esos problemas surgirán una y otra vez hasta que no se disuelvan las raíces que crearon el conflicto. Alguien que come de manera compulsiva, por ejemplo, quizá descubre que en otra vida se murió de hambre y esa angustia ha emergido y creado un deseo desafortunado de comer a todas horas. Experimentar imágenes de una vida pasada, sea en estado de vigilia o de sueño, fomenta la recuperación de las decisiones que tomaste en el pasado y que todavía te afectan hoy en día.

Los niños son especialmente hábiles en recordar sus vidas pasadas en estado de sueño. Cuando mi hija tenía sólo ocho años me contó un sueño extraordinario que tuvo y en el que ella se veía como un hombre negro en Estados Unidos en tiempos de la esclavitud. Me describió, con todo lujo de detalles, lo rotos que estaban sus pantalones y cómo cultivaba el suelo con una azada desvencijada. Me confesó que algunos de sus amigos actuales fueron también esclavos en esa época. Tal vez uno de los factores más curiosos de esta experiencia es que una de sus amigas, a quien describió en su sueño, también tuvo un sueño parecido (sin que mi hija lo supiera) en el que se veía como un esclavo negro en el sur de Estados Unidos.

Para conectar con nuestras vidas pasadas durante el sueño, es importante utilizar la variedad de técnicas descritas en los capítulos dedicados al recuerdo de los sueños. Cada noche repite antes de acostarte: «Esta noche soñaré con una vida pasada.» Esta noche soñaré con una vida pasada. Esta noche soñaré con una vida pasada. Sigue repitiendo esta oración hasta que te duermas. Cuando te inicies en esta práctica te darás cuenta de que sólo te acuerdas de un atisbo de lo que podía ser el pasado. Para clarificar mejor lo que recibas en cuanto a esta vida anterior, recurre a tu imaginación en las horas de vigilia para ampliar el horizonte de lo que hayas recibido, independientemente de cuán insignificante te parezca. Por ejemplo, supongamos que en uno de tus sueños ves a un casco con ornamentos. Cuando te despiertes, imagínate qué clase de persona utilizaría un casco así. Piensa dónde lo llevaría y cuáles serían las circunstancias de su vida. La imaginación es un recurso inestimable a la hora de desvelar tu pasado.

Imagínate una vida pasada que guarde relación con tus imágenes oníricas, y en muchos casos empezarás a descubrir quién fuiste alguna vez. En muchos casos, la persona que ha tenido experiencias oníricas muy vívidas que se corresponden con una vida anterior viaja en realidad a uno o más lugares que recuerda en su sueño. Luego la persona descubre que sus percepciones en sueños eran exactas. Recordar vidas pasadas puede resultar muy divertido en el estado de sueño así como muy gratificante en tu vida de vigilia.

13
Sueños y viajes astrales

«El cuerpo se alza llevándose consigo mi espíritu
para ser atrapado y atraído por una corriente de pensamiento;
corazón y espíritu surcan el aire como las alas de un águila,
se sumergen en el agua, y luego remontan el cielo con la cálida brisa.»

M. Anne Sweet

Me alzo en vuelo juguetonamente y galopo extasiada hasta el noble techo de mi dormitorio, para luego sumergirme en el confort de mi suave osito de peluche. Con un estallido de felicidad, dando vueltas y saltos, subo hasta el techo una vez más con un aire de abandono imprudente, y me tomo un instante para quedar suspendida sobre la cuna de mi muñeca de trapo. Mi madre abre la puerta del dormitorio, «¿Denise, qué estás haciendo?» me pregunta. Inocentemente, respondo, «nada, mamá». «Muy bien», murmura mientras cierra la puerta. Una vez más, sólo interrumpida por un instante, vuelvo a saltar de la cama con los brazos extendidos, y mi cuerpo vuela a toda velocidad.

De niña me encantaba saltar desde un extremo de la cama, dando una voltereta en el aire. Creía a pies juntillas que era capaz de volar, aunque desconocía el significado de «viaje astral». A medida que crecía, me iba olvidando de mi capacidad de volar conscientemente. En mis sueños, sin embargo, quedaban reliquias de este recuerdo abandonado. De vez en cuando, al soñar, me descubría volando hasta tocar los tejados y las estrellas. Cuando tenía veinte años me apunté a un curso de una semana dedicado al viaje astral. En ese taller pude recuperar hasta cierto punto esa capacidad de viajar que tanta felicidad me había ofrecido de pequeña.

Hay una categoría de experiencia onírica no incluida en las definiciones del sueño, sea lúcido o no. Se la conoce comúnmente como una experiencia «fuera del cuerpo». Significa que la conciencia de tu alma está literalmente separada de tu cuerpo físico, algo que normalmente ocurre cuando dormimos. Numerosas religiones y filosofías esotéricas están fundadas en esta experiencia. Aparte de una sensación de separación del cuerpo físico, también se produce una intensa conciencia de uno mismo. La experiencia es muy distinta de un sueño, aunque los viajes astrales no son infrecuentes. De hecho, durante el sueño, la sensación de sacudida puede ser indicativa de una reentrada dificultosa al cuerpo físico. Es habitual tener experiencias fuera del cuerpo y que la persona no lo recuerde.

Los sueños que tratan con un tema relacionado con el hecho de volar suelen acompañar a las experiencias fuera del cuerpo. Asimismo, las personas que son pilotos en la vida de vigilia son más propensas a estas experiencias. Las distintas investigaciones indican que las personas, que de niños creían que podían volar, o pasaban mucho tiempo saltando desde los árboles o de objetos parecidos, tienen una tendencia a las experiencias fuera del cuerpo.

La historia también nos deja constancia de experiencias fuera del cuerpo. Las descripciones de estas vivencias son parecidas entre sí a pesar de que se registran en lugares tan dispares como la India, Egipto, Sudamérica o incluso en los estados del oeste de Estados Unidos. Estas experiencias extracorporales tan vívidas suelen provocarlas un incidente o una experiencia en el umbral de la muerte.

En casos muy concretos, estas experiencias vienen dadas por un intento consciente de abandonar el cuerpo. Muchas personas creen que estas vivencias han cambiado radicalmente su parecer sobre la naturaleza de la realidad personal. También acostumbran a ser experiencias muy satisfactorias y felices. Su autenticidad puede verificarse, porque no son raras. De hecho, algunos estudios concretos sobre el tema reflejan que al menos un veinticinco por ciento de los humanos recuerdan haber tenido al menos una experiencia fuera del cuerpo a lo largo de su vida. Muchas personas no se dieron cuenta de ello hasta que alguien les definió el fenómeno.

Por lo visto, ningún estudio indica que abandonar el cuerpo conscientemente pueda entrañar peligros o efectos secundarios. En realidad se trata de una vivencia muy natural. Un fenómeno muy interesante relacionado con las experiencias fuera del cuerpo es que, cuando te encuentras en esa dimensión, no percibes el tiempo y el espacio como es habitual. Otra cuestión atractiva es que puedes darte cuenta de cuándo abandonas el cuerpo por primera vez, y pareces estar en una sustancia muy parecida a tu forma física actual. Sin embargo, cuanto más tiempo pasas separado de tu cuerpo físico, más débil será el recuerdo, y tu «ser» parece trascender un vapor nebuloso o algún tipo de forma amorfa.

Existen ciertas variables que al parecer inciden en la experiencia fuera del cuerpo. El alcohol, por ejemplo, es un claro elemento disuasorio para experimentar este fenómeno. Algo que parece incrementar la capacidad de abandonar el cuerpo es tu posición, especialmente si reposas en el eje magnético norte/sur con tu cabeza de cara al norte. Este alineamiento norte/sur beneficia el sueño profundo y reparador. Si realmente deseas descansar esa noche, dormir con la cabeza en dirección al norte magnético es ideal. Pero si deseas despertarte al día siguiente con mucha energía, lo mejor es situar la cabeza hacia el sur. Para los viajes astrales, la cabeza debe estar al norte.

En un libro de Carlos Castaneda, Don Juan, el maestro espiritual de Castaneda, le enseña las artes del sueño lúcido y el viaje astral. Don Juan afirmaba que cuando una persona domina las técnicas del sueño lúcido, entonces ya no se aprecia una diferencia entre las acciones de vigilia y las de sueño. En estado de sueño lúcido, la persona puede viajar a cualquier parte del mundo. [1]

Oliver Fox viajó astralmente muy a menudo y escribió sobre sus experiencias. Dijo que las escenas con las que se encontraba al viajar eran más bellas, espléndidas y místicas que cualquier otro paisaje de la vida de vigilia. Describió las sensaciones como exquisitamente satisfactorias, y comentó que su estado mental era muy claro y lúcido, lleno de poder y libertad. [2]

Cuando empecé a practicar el viaje astral, siempre me quedaba cerca de casa. Me observaba a mí misma deambulando por las distintas estancias. Curiosamente, mi viaje solía ocurrir en un marco temporal distinto; por ejemplo, sucedía de día en vez de por la noche. La dimensión astral es un escenario que permanece al margen del flujo continuo espacio/tiempo. Cuando me hube familiarizado con el viaje astral, empecé a percibir que flotaba y que podía volar. Al principio sólo me atrevía a levantarme unos cuantos centímetros del suelo porque seguía sintiendo miedo a que mi cuerpo físico se desplomara. Pero a medida que ganaba confianza con el tema, tenía la sensación de extender mis alas y de estar trascendiendo la tierra inmersa en un éxtasis de luz.

Mi primer recuerdo adulto de viaje astral fue aterrador. Sucedió en una noche tropical y húmeda de Hawai. Esa tarde estuve con una amiga mía hablando sobre el arte del viaje astral. Ésta era una actividad en la que ninguna de las dos había participado. Medio en broma comentamos que nos encontraríamos a las tres de la madrugada y que seleccionaríamos un lugar predeterminado. Antes de acostarme, me dije: «esta noche me reuniré con Susan a las tres de la madrugada en la cascada del valle superior de Manoa.» Era un lugar óptimo que ambas conocíamos.

Cerca de las tres de la madrugada, me desperté consciente de percibir una sensación muy extraña. A pesar de que el dormitorio estaba a oscuras, sentí como si me estuvieran balanceando o flotara, parecida a estar descansando en una colchoneta sobre una piscina. Me quedé perpleja. El techo, que normalmente quedaba a un metro ochenta de la cama, ahora estaba a unos pocos centímetros de mi cuerpo. Era liviana... sin sustancia. ¿Qué estaba ocurriendo? No podía entender por qué quedaba suspendida cerca del techo. ¿Se trataría de un sueño? No, estaba plenamente consciente, aunque parecía muy real. Me sentía tan ligera, tan libre. Luego, como si se tratara de un segundo pensamiento, me di suavemente la vuelta, y noté que mi cama estaba debajo... y yo tumbada en ella. El susto de observar mi propio cuerpo fue tan aterrador que volví de inmediato a él con un salto brusco. El impacto había sido tan intenso que tardé mucho tiempo en atreverme de nuevo a viajar astralmente. Parecía dividida en dos personas. La parte de mí que identifico con «quien soy» andaba libre, ligera y flotaba. El otro «yo», la parte que asocio al cuerpo físico, era de alguna manera yo, pero no exactamente, alguien que estaba estirada en la cama, un mero cascarón físico. Esta experiencia marcó el inicio de numerosas exploraciones a la naturaleza del viaje astral y las aventuras fuera del cuerpo.

La historia nos ha facilitado muchos ejemplos de viaje astral. En el primer siglo de la era cristiana, el escritor Plutarco narró la historia de un soldado en Asia que, en un estado plenamente consciente, estuvo vagando durante tres días en otra dimensión. Las tribus nativas siempre han dado por sentado que las experiencias fuera del cuerpo existen. Los chamanes, los indios norteamericanos y los brujos médicos africanos han practicado rituales que les permiten salir de sus cuerpos físicos. Los aborígenes australianos entraban en trance y se adentraban en viajes astrales siempre que sus tribus necesitaban orientación. Esta práctica quedó plasmada en la película *The Right Stuff*, donde los aborígenes ayudaban a un astronauta mientras éste atravesaba todo tipo de dificultades con su cápsula espacial. Las leyendas sobre la prehistoria comparten los secretos de quienes abandonaron sus cuerpos y se comunicaban con los dioses. [3]

Incluso la iglesia, a lo largo del tiempo, ha dejado constancia de estas experiencias fuera del cuerpo. Santos como Antonio de Padua y Alfonso Liguori se vieron en varios lugares a pesar de que sus cuerpos físicos permanecían en la iglesia o monasterio. El místico científico Emanuel Swedenborg visitó muchas dimensiones, y después describió con todo lujo de detalles lo que había visto. Al parecer, Thomas De Quincey abandonó su cuerpo mientras fumaba opio. [4]

Se dice que Napoleón, poco antes de su muerte, viajó astralmente desde la isla de Santa Helena hasta Roma para informar a su madre de que se estaba muriendo. [5]

La Sociedad Británica de Investigaciones Psíquicas, fundada en 1882, estudió el viaje astral, así como otros fenómenos psíquicos. Richard Hodgson, William James y Sir Olivier Lodge, miembros de esa sociedad, investigaron muchos casos sobre este tema. Varias universidades en todo el mundo también investigan el viaje astral, algo que puede resultar muy beneficioso para comprender el fenómeno. Los estudios más recientes diseñan experimentos fuera del cuerpo en el que la persona que duerme se proyecta astralmente a otro edificio y luego describe lo que ha visto durante su visita. [6]

Los soldados en guerra cuentan haber tenido muchas experiencias fuera del cuerpo, en las que literalmente saltan de sus cuerpos para huir del horror del fuego cruzado o el dolor insoportable de los explosivos. De vez en cuando, las personas abandonan sus cuerpos para visitar a un amigo o a una persona amada. Una madre viajará para ver a su hija, un padre para ver a su hijo. San Agustín contó la historia de un hombre, tumbado en la cama, quien de repente miró hacia el techo y vio a un amigo suyo filósofo plantado en su habitación. Empezaron a hablar sobre Platón.

Cuando se encontraron al día siguiente, el hombre le preguntó sobre la experiencia. El filósofo simplemente respondió: «yo no fui, pero soñé que hablábamos.» [7]

En el siglo VI a.C. el filósofo Hermotimo, de Clazomena, al igual que todos los filósofos griegos, sentía curiosidad sobre la muerte, de modo que recurrió al viaje astral para investigar. Solía caer en trance y abandonaba su cuerpo hasta tal punto que éste parecía entrar en un estado catatónico parecido a la muerte. En una de estas ocasiones, su esposa, disgustada por semejantes aventuras astrales, simplemente lo declaró muerto e hizo incinerar su cuerpo. Según César de Vesme, en *History of Experimental Spiritualism*, las médiums aseguraron años después que Hermotimo estaba muy enfadado cuando regresó y descubrió que su cuerpo había desaparecido. [8]

En un tono más ligero, en su obra *Sobre el retraso de la justicia divina*, Plutarco nos cuenta sobre Arideo de Asia cuando cae inconsciente y sale inmediatamente de su cuerpo. Mientras permanecía fuera de él, pudo ver a su tío que había fallecido años atrás. Su tío le saludó, asegurándole de que no estaba muerto y que su alma permanecía firmemente unida a su cuerpo. «El resto de su alma», explicó el tío muerto, «era un cordón unido a su cuerpo, siempre que el cordón siguiera unido, Arideo estaría vivo». Arideo también pudo apreciar una gran diferencia entre su doble o cuerpo astral, y el cuerpo astral de su tío fallecido. El suyo presentaba un tenue perfil oscuro mientras que el de su tío era totalmente transparente. Mientras observaba este fenómeno, Arideo se hizo consciente de ser «absorbido por un tubo como si fuera un aliento brusco», y al despertar vio que se encontraba en su cuerpo físico. [9]

Este tubo es parecido al túnel que muchos proyectores astrales experimentan cuando abandonan y regresan a sus cuerpos físicos. El cuerpo astral recibe nombres distintos según la cultura. Los hebreos lo denominan «ruach». En Egipto se conoce como «ka», y los griegos aluden a este cuerpo como «eidolon». Los romanos lo llaman «larva». En Tíbet, la gente lo conoce como «cuerpo bardo». En Alemania es «jüdel» o «doppelgänger», aunque a veces se denomina «fylgja». Los antiguos británicos se referían al cuerpo astral con distintos sustantivos: «fetch, waft, tisk, fye». En China lo llamaban «thankhi». El «thankhi» abandonaba el cuerpo durante el sueño, y todos los textos indican que el cuerpo astral podía ser visto por otras personas. Los antiguos chinos meditaban con el fin de lograr la proyección astral. Creen que el segundo cuerpo se formaba alrededor de la zona del plexo solar por acción del espíritu, y que luego abandonaba el cuerpo por la cabeza. Muchas de estas enseñanzas chinas estaban inscritas en unas tablillas de madera del siglo XVIII, en las que describía el fenómeno de las experiencias fuera del cuerpo. Los antiguos hindúes definían a este segundo cuerpo, el cuerpo astral, como «pranamayakosha». Los budistas se refirieron a ello como «rupa». [10]

Los antropólogos que estudian las tribus nativas de todo el mundo saben que este viaje del cuerpo astral es un denominador común en muchas culturas. Las creencias culturales del viajero astral determinan la naturaleza de esa experiencia. En el Perú oriental, el chamán imagina que abandona el cuerpo en forma de pájaro. Los jefes de tribus asiáticas ven el hilo o cordón de plata, al que se refieren los metafísicos actuales, como si fuera la tira de un lazo o un arco iris. Los africanos la perciben como una cuerda y los nativos de Borneo como una escalera. Al margen de cómo se defina el término, es una experiencia común entre los viajeros astrales que ese cordón de plata sirva como vínculo de unión entre los cuerpos físico y astral.

La opinión científica acerca de estos sueños es que son memorias ancestrales heredadas de la época en que, según la teoría de Darwin, nuestros predecesores eran acuáticos y aéreos. Los psicólogos se refieren a ello como una especie de despersonalización, o una manera de evitar quedar anclado en la realidad cotidiana.

Condiciones del viaje

Antes de emprender un viaje astral, debes tener en cuenta dos cuestiones muy importantes. La primera es que creas y aprecies la existencia de un cuerpo astral, nuestro segundo cuerpo. La segunda condición es creer que eres capaz de viajar astralmente y centrar tu deseo de abandonar tu cuerpo físico. Ahora bien, si emprender un viaje astral de manera consciente fuera fácil, lo haríamos a diario. Sin embargo, según mi experiencia, cualquier persona con voluntad puede experimentar el cuerpo astral. El viaje astral es algo que hacemos de todos modos, aunque no nos acordemos de ello. Puede ser una experiencia aterradora si nos identificamos en exceso con nuestro cuerpo físico en vez de el astral. La mayor barrera es el miedo.

Miedo

Incluso las personas más intrépidas descubrirán, tras una profunda introspección, que en algún momento debemos enfrentarnos al muro del miedo. En primer lugar está el miedo de la muerte, temer que al separarnos de nuestro cuerpo físico tal vez moriremos. Nuestra reacción automática será regresar al cuerpo físico antes de fallecer, que ahí está nuestra vida, en el plano físico. Tendemos a sentir estas emociones a pesar de nuestra actitud emocional general y nuestro proceso intelectual de pensamiento. Sólo después de repetir la experiencia una y otra vez podemos librarnos del miedo a la muerte. Es algo muy parecido a cuando al principio aprendes a nadar, al final te das cuenta de que tu cuerpo flota y que no se hundirá.

Otro temor muy habitual es el de si volveremos de nuevo a nuestro cuerpo. En este sentido, puedo asegurar que el viajero astral siempre regresará a su cuerpo físico. Existen muchas pruebas que corroboran esta afirmación, recurriendo a distintos argumentos. El miedo a lo desconocido también es algo que deben afrontar las personas que viajan astralmente. No hay un libro de rutas. La manera más sana que conozco de erradicar ese temor es dejar que esté ahí, no combatirlo, y al mismo tiempo explorar lo desconocido.

Ayudas astrales

A continuación ofrezco unas pautas que te ayudarán en tus viajes astrales. Lo primero que debes hacer es relajarte, y si no estás acostumbrada a ello puedes apuntarte a un curso que te enseñe a combatir el estrés o leer sobre visualización creativa. Estas técnicas contribuirán a relajar completamente tu cuerpo. También puedes probar con la autohipnosis o las sugestiones posthipnóticas que te facilitarán el viaje astral. Convendrá acudir a un especialista en hipnotismo para que te determine una sugestión post hipnótica. Asimismo, la meditación permite entrar en un estado muy profundo de relajación. También es muy importante tumbarse en la cama con la cabeza orientaa al norte y estirar bien el cuerpo.

Después debes pasar a ese espacio vacío que existe entre la conciencia de vigilia y de sueño, lo cual requiere un difícil equilibrio. Es un estado donde no estás dormido, pero tampoco despierto. Puedes centrarte en una imagen o un símbolo que tenga un significado especial y único para ti. Mientras entras en un estado de relajación cada vez más profundo, empieza a observar el tipo de imágenes mentales o de luz que se te aparezcan al azar. Estos fenómenos se suelen denominar «descargas neuronales». No las busques ni las niegues, simplemente deja que surjan y reconoce que te encuentras en un estado muy profundo de relajación mientras mantienes la conciencia consciente. Es posible que percibas un estado más profundo de conciencia porque tu cuerpo empezarás a notarlo muy pesado o extremadamente ligero. Tus sentidos del tacto, olfato y gusto empezarán a desvanecerse. En algunos casos también desaparecen las señales auditivas.

Mientras te encuentras en este estado tan sereno, en un lugar relajado y con los ojos cerrados, centra tu conciencia fuera de tu cuerpo. Empieza a imaginarte que te encuentras en algún lugar fuera de tu cuerpo. Si se trata de una esquina de tu dormitorio, imagínate que tocas la pared. Sé consciente del suelo y de los objetos que te rodean. Imagínate que te encuentras en ese lugar. Es normal que al empezar a abandonar tu cuerpo sientas un cosquilleo o escuches una vibración. Llegados a este punto, es fundamental dejar que esas vibraciones vayan aumentando de frecuencia. Esto sucederá hasta que la frecuencia sea tan elevada que no podrás percibirla. Algunas personas sienten que su cuerpo aumenta ligeramente de temperatura.

El siguiente paso es imaginar que mueves tu mano izquierda o derecha. Visualiza cómo extiendes la mano y tocas cualquier objeto cercano mientras recuerdas que ese no es tu cuerpo físico, sino tu vehículo astral.

Otra manera de realzar la percepción de lo que estás haciendo es imaginar que tocas la pared y que empujas suavemente. Luego ves incrementando paulatinamente la presión manual. Llegará un momento en que parecerá que tu mano o brazo atraviesan la pared. Retira lentamente tu mano.

Los antiguos etruscos solían practicar una técnica que consistía en dar vueltas, gracias a la cual entraban en un estado profundo de relajación. Se imaginaban que hacían rodar su cuerpo para así abandonarlo y emprender un viaje astral. Algunos viajeros prefieren un método más lento de despegue. Lo más importante es que experimentes, que descubras qué métodos te van bien. Debes ser paciente. A veces, tras largos períodos de práctica sin lograr resultados aparentes, en ese instante, cuando menos te lo imaginas, emprendes tu primer viaje fuera del cuerpo.

Regresar al cuerpo

Cuando ya has aprendido a salir del cuerpo eres libre para explorar y examinar cualquier cosa en cualquier lugar. Cuando desees regresar a tu cuerpo, simplemente imagina que mueves los dedos de la mano o de los pies en el cuerpo físico. Por lo general, esto facilita el regreso de inmediato de tu espíritu a tu cuerpo. También puedes tragar o mover la mandíbula. El más mínimo movimiento activará tus cinco sentidos.

Una vez te acostumbres a viajar por tu entorno, una forma de asegurarse una buena experiencia astral es imaginarse estar con un ser querido del que disfrutes con su compañía. En la mayoría de casos se percibe una energía y unión psíquicas muy intensas entre tú y tus seres queridos. Simplemente imagínate con una de esas personas y espera a ver que pasa.

¡Buena suerte!

14
Sueños de curación

«Llantos de sueño,
cabalgan por la cresta de las olas
de los pensamientos antaño perdidos,
y curo mi corazón maltrecho.»

Denise Linn

Mi fino vestido de algodón ondeaba en la cálida brisa mientras yo permanecía por encima del enorme mar azul que me quedaba a los pies. Me sentía tan feliz de extender mis brazos hacia el cielo. Me dirigí a los acantilados de roca coloreada que se perdían en el mar y caminé descalza por la alfombra dorada de hierba pisada. Una gaviota solitaria sobrevolaba en círculo perezosamente. Su sombra lenta parecía murmurarle a la hierba que se movía a modo de respuesta uniforme a las órdenes de la brisa marina. A lo lejos se distinguía una casita negra. Como el calor que irradia de una carretera de campo soleada, su imagen parecía ondear como un espejismo en el horizonte. Mientras me acercaba a la casita, fui consciente de que había alguien en su interior. ¡Sue! ¡Sue estaba dentro! «Sue, sal fuera, ¡el paisaje es tan bonito!» Pero de dentro salía una respuesta tímida y débil. «No puedo salir.»

«Por favor, Sue», insistí. «Ahí está muy oscuro, debes salir a la luz.» No hubo respuesta, sólo el sonido lejano del mar rompiendo las olas que daban la bienvenida a las rocas erosionadas bajo los acantilados de color.

Me desperté del sueño. ¿Pero fue verdaderamente un sueño? Parecía real. Me sentía un poco cansada, yo diría que agotada. Era el décimo día que había soñado lo mismo en el plazo de varias semanas.

Sue era una mujer alegre de treinta y pocos años, pero se estaba muriendo de cáncer. Al principio, cuando me pidieron que ayudara en el proceso de curación de Sue, me quedé sorprendida al ver a una mujer tan joven que pesaba cuarenta y cuatro kilos. Parecía un esqueleto demacrado y débil de piel tirante y huesos prominentes, aparte de tener los ojos y las mejillas hundidas. Cada día pasaba un rato sentada junto a la cama de Sue para ayudarla en el proceso de curación, y cada noche ella aparecía en mis sueños. Supuse que mi intención fundamental durante esas veladas curativas era alentar a Sue para que ella misma se curara.

Estoy frente a la casa negra. Como ya es habitual, los rayos radiantes del sol bañan la hierba con una luz fluida dorada. Coloco mis manos sobre la pintura negra desconchada de la casita. «Sue, por favor, sal.» Una voz solemne, hueca y ligeramente nerviosa, me contestó: «no puedo salir, mi marido está aquí.»

Supuse que ella trataba de decirme, por medio de la dimensión interna de los sueños, que existía una emoción sumergida en cuanto a su marido que en última instancia le prohibía curarse. Me di cuenta de que posiblemente había dado con la fuente emocional que generó el cáncer. Empecé a trabajar con Sue en temas de comunicación con su esposo, ya que pensaba que sería el sendero a seguir en cuanto a su curación. Trabajamos intensamente con cualquier dificultad sin resolver en su relación con su marido.

Pero el estado de Sue empeoraba y se debilitaba. Fue un hecho difícil de aceptar para mí porque todas las personas a las que había tratado mejoraron visiblemente la salud hasta recuperarla. Normalmente ayudaba a la curación de enfermos que según la profesión médica eran incurables, y en todos los pacientes había logrado resultados milagrosos. ¿Qué estaría haciendo mal?

Me quedé en el acantilado de color respirando la esencia del mar durmiente que quedaba abajo. Mientras atravesaba los campos dorados, pude sentir el calor de la tierra rozar las plantas de mis pies descalzos. La casita negra parecía temblar con la luz del sol como si fuera un espejismo en el oasis de un desierto. Una vez más, insistí para que Sue saliera a la luz. Pero ella respondió: «no estoy del todo preparada, mi marido me retiene aquí.»

El esposo de Sue estaba constantemente a su lado. Nunca la dejaba, ni siquiera por un instante. Sue empezó a contar los días que faltaban para la Navidad. Tenía dos hijos adolescentes maravillosos y deseaba con todas sus fuerzas celebrar la Navidad con ellos... tenía que vivir hasta entonces. El día después de la Navidad, la enfermera le pidió al marido de Sue que abandonara la habitación para poder cambiar las sábanas de la cama. En ese momento... cuando él se fue del dormitorio, el espíritu de Sue se elevó... y su cuerpo falleció. Esa noche volví a soñar con ella.

Yo estaba descalza, de pie sobre un majestuoso acantilado alto. El océano nunca había estado tan radiante... ni mágico. Parecía contener la esencia misma de la vida... la matriz de todo el ser. Unos diamantes trémulos de luz bailaban sobre la superficie del océano. El aire estaba cargado con la fragancia marina y su espuma. Fui consciente de una presencia serena que se colocó a mi lado. Me di la vuelta, y me saludó una suave luz divina y arremolinada. «¿Sue?» Me fijé en la casita negra, aunque ahora sólo se veía la amplia línea del horizonte. Conocí a Sue cuando estaba enferma y demacrada, pero la mujer que ahora estaba junto a mí se notaba completamente íntegra e irradiaba una belleza exquisita. Esta encantadora mujer dijo: «creen que estoy muerta, pero estoy tan viva, si lo supieran, ves, Denise, la muerte también puede ser curativa, estoy curada, y me encuentro bien.»

En ese momento, me di cuenta de que tan curativo puede ser ayudar a morir como ayudar a vivir. En mis llamadas nocturnas a Sue para que ésta saliera a la luz, le facilité su liberación de la forma física. Había acabado su encarnación en el plano físico y estaba lista para seguir adelante. El apego que su marido tenía por ella la había retenido. Cuando él abandonó la habitación, ella partió hacia la luz, dejando atrás a su esposo.

Gracias a Sue pude entender un aspecto más profundo de la curación mediante el sueño... un aspecto que también benefició a mis prácticas curativas de vigilia. Muchas personas practican cada noche la curación mediante el sueño. La mayoría de ellas no saben que están curando. A menudo, quienes se han encarnado para participar en esta práctica de curación se reencarnan en zonas cercanas a campos de batalla o en zonas donde hay necesidad de curación. Estos seres ayudarán a los soldados a morir en la batalla o facilitarán la transición hacia el espíritu. En zonas europeas arrasadas por la guerra, había un gran número de trabajadores del sueño que se reencarnaron durante las guerras mundiales. Estas almas, desde lo más hondo de sus sueños, ayudaron a los heridos y moribundos a adentrarse en la luz, facilitando así esa transición.

La curación mediante el sueño no es sólo una manera de ayudar a los moribundos, sino que puede ayudar a los vivos. En muchos casos, el conocimiento relativo a nuestra cura yace enterrado en nuestra psique, a un nivel muy profundo al que cuesta acceder en pleno día. Un curador que utilice los sueños puede facilitar la sanación de otras personas simplemente accediendo a esa psique durante el sueño. Las mismas normas que se aplican de día sirven para la curación nocturna. Comprender este principio básico de la curación realzará tu intención de unirte a las filas de los Sanadores de la Noche.

Se decía que Asclepio, padre de la medicina moderna, realizaba sus curaciones durante el sueño. Se aparecía en los sueños de sus pacientes, preparaba pócimas, aplicaba vendas, y, en algunos casos, reunía a serpientes para que lamieran las heridas o las zonas infectadas. El símbolo de la medicina moderna lo conforma dos serpientes enroscadas. La curación mediante el sueño es una manera muy poderosa de curar, a ti y a tus seres queridos. Sin embargo, antes de aprender técnicas de sueños curativos conviene recordar unos puntos muy importantes sobre la curación.

1. Todos somos sanadores

En el interior de cada uno mora nuestra capacidad para curar. Cuando eliminamos las dudas y las consideraciones innecesarias, cada uno de nosotros puede acceder a esa facultad. Una de las inquietudes más comunes entre quienes se incorporan al campo de la curación y el sueño es dudar de si saben lo suficiente o tienen experiencia para curar a una persona. Mi viejo maestro chino solía decir, con mucho acierto, que una persona atraerá hacia sí a quienes desean lo que ésa persona tiene que ofrecer. Así pues, sea cual sea tu nivel, quienquiera que venga a ti sabe al nivel de su yo superior lo que tú ofreces. Y lo que ofreces es lo que la persona necesita en ese momento. No dudes de la veracidad de esta afirmación. Posees en tu interior, en este momento, todo lo necesario para curar. Ya sabes lo suficiente.

2. No somos nuestros cuerpos

Aunque muchas personas encuentran muy obvia esta afirmación, hay algunos que no se dan cuenta de que es sobre esta premisa que puede tener lugar la curación. El cuerpo físico es una ilusión. Recuerda que no estás trabajando sobre el *cuerpo* y tampoco en la red astral o de emociones, sino que tomas conciencia de la verdadera naturaleza de la otra persona.

Aunque es posible curar detectando lo que está mal y «arreglarlo», un método de curación más fiable es ser consciente de que no somos cuerpos; todos los seres humanos son infinitos, inmortales, eternos y universales. Encuentra ese espacio universal en la persona que pretendes curar. Supera la idea de la separación y encuentra ese espacio de unidad para incorporarte a él. Recuerda quienes sois realmente en ese momento. Ahí es donde se produce la curación, ya que la esencia de la curación es la unidad.

3. El sistema de creencias cura

No es el método o la técnica lo que en sí cura. Todas las técnicas pueden funcionar. Lo que cura es tu creencia o tu fe en la técnica que utilizas. Por ejemplo, algo habitual en las culturas occidentales de hoy en día es «creer» en la práctica de la medicina que ejerce la profesión médica. Muchas personas creen a pies juntillas «en su médico» y de esta manera han ubicado un espacio donde mejor pueden curarse a ellos mismos.

4. Hay dos tipos de curación: la causal y la sintomática

En la curación sintomática, el sanador puede ayudar a la hora de aliviar o centrarse en los síntomas. Sin embargo, a menos que se aborde la causa verdadera de la enfermedad, la persona que tratas de curar verá que sus problemas son recurrentes o que desembocan en otra complicación. Por ejemplo, si un joven sufre artritis en la mano derecha, tal vez la causa subyacente de su dolencia pueda remontarse a sus experiencias tempranas con su padre. Si, cuando era niño, su padre le pegaba en las palmas de las manos cuando hacía alguna travesura, hay que tener en cuenta la gama de emociones que sentiría el niño. Aunque se sentía enfadado, el niño también quería a su padre, auque le profesaba miedo. Quizás al tratar con todas estas emociones, el niño empezó a negar sus sentimientos y cayó en un estado abrumador de sentirse indefenso. Es posible que tuviera la sensación de que no podía hacer nada con lo que le estaba ocurriendo. Ahora, de adulto, cuando se enfrenta a una situación ante la que se siente indefenso, cuando no puede «manejar el asunto», sus manos enferman.

Un sanador sintomático, mediante el estado de sueño y diversas técnicas del sueño, puede facilitar la capacidad de movimiento de la mano del paciente. Sin embargo, a menos que ese joven pueda deshacerse de la sensación subyacente de impotencia, la artritis volverá o se manifestará otra dolencia en alguna otra parte del cuerpo. Es decir, que es importante no pensar en que hay algo «malo» con alguien y tratar de arreglarlo. Un modo más efectivo de curar es ver la divinidad en cada persona, recordar el esplendor de cada ser con el que trabajas. El sanador que trabaja a partir de ver al individuo tal y como verdaderamente es, puede abordar la causa del problema y ofrecer curación.

5. El cuerpo refleja conciencia

Cada emoción o pensamiento que una persona tiene y ha tenido a lo largo de su vida queda almacenado en el cuerpo. Todas las emociones que fueron negadas o eliminadas quedan encerradas en el cuerpo y, como tales, inciden en la salud y el bienestar del organismo.

Normalmente, mientras una persona recorre el camino de su vida, surgen situaciones que lo pueden hacer enfadar, entristecer, le causan felicidad y otras muchas emociones. Cuando esa persona decide que no es adecuado mostrar una respuesta emocional (ya la está experimentando), puede volverse insensible o negar lo que le está ocurriendo a su cuerpo. Encontrará la manera de *no sentir lo que le pase*.

Cada una de estas emociones no registradas crea dificultades en el cuerpo físico, y son la manera en que el cuerpo llama la atención de lo que necesita superarse. Cuando hay un problema de salud, las emociones y situaciones que lo causaron no suelen ser las que se han experimentado o sentido. Por el contrario, surgen de situaciones que no se han experimentado, esas situaciones donde la persona se vuelve insensible, o no se deja sentir el dolor, el sufrimiento y la ira. En esos casos el individuo tiende a recrear esas circunstancias parecidas una y otra vez, de vida en vida hasta que al final logra experimentar lo que se ha evitado.

6. Toda curación es autocuración

El cuerpo siempre desea sanarse a sí mismo. Ninguna técnica ni método curó a alguien por ese método en cuestión. Es la respuesta del organismo a ése método lo que sana. Dos personas con exactamente el mismo problema físico y la misma técnica de sanación pueden curarse o no. Esto sucede porque toda curación es básicamente autocuración. La persona a la que tratas se cura a sí misma.

7. La única persona que curas es a ti

Como sanador, debes enfocarte en ti mismo. La verdadera esencia de la curación es la unidad, y los mejores sanadores saben en su fuero interno que es a ellos a quien curan. Toda persona a la que trates es parte de ti. Eres «tú» en un cuerpo distinto. Ésta es una ley universal. Debes saber que toda persona a la que atraes para curación es un aspecto distinto de tu ser.

Por ejemplo, si alguien cercano a ti padece de cáncer, una forma útil de empezar el proceso de curación es fijarse primero en tu interior y tratar de descubrir si escondes algún sentimiento que te corroa por dentro.

Cuando comienzas a sanar las emociones que te están «corroyendo», esto afecta a la persona a la que deseas curar, porque esos sentimientos se transmitirán al paciente. Es muy importante recordar que *tú* no estás curando a la persona, sino que ésta deja que la sanes prestando atención a ciertos aspectos de ti.

Mi maestro hawaiano Kahuna me contó que era algo sagrado y un gran honor dejar que te permitan participar en la curación de una persona. El honor es para ti, es tuyo. Si deseas ayudar en el proceso curativo de una persona, y te das cuenta de que le cuesta recibir esa ayuda, en ese caso debes fijarte en tu interior. Primero debes saber que mereces amor y abrirte a una mayor comprensión de este amor. Cuando creas este contexto curativo, también te curas a ti mismo.

Como sanador, y uno que sana a través de los sueños, es imperativo no tener la sensación de estar sacrificándote. Debes saber que no eres mejor que las personas a quienes curas. En cualquier clase de curación, es fundamental ir más allá del dualismo, de la sensación de separación. Por eso conviene alcanzar ese exquisito nivel de conciencia. Elimina el muro que percibas entre tú y otras personas, hasta que sientas la unidad que existe entre ese ser y tú.

8. La enfermedad y/o los problemas físicos pueden ser un regalo

Los problemas físicos pueden ser un camino de aprendizaje. Si el sanador elimina prematuramente cualquier bloqueo antes de que el ser superior o el enfermo haya aprendido lo que debe aprender de ese desequilibrio, el problema volverá a aparecer. En el campo de la curación es esencial facilitar al enfermo un espacio propio para que elija su propio camino. No concierne al sanador elegir arbitrariamente por el enfermo. En última instancia, como sanador, desconoces lo que conviene o no a una persona. Por eso se desaconseja decidir lo que anda mal con una persona y tratar de arreglarlo. Este modo de actuar se asienta en la ilusión de que una persona es simplemente un cuerpo. Nosotros no somos nuestras enfermedades.

9. El amor es el mayor sanador

Un aspecto de la definición de amor es la aceptación incondicional de la realidad del otro. Esta aceptación se encuentra a un nivel más profundo que la personalidad. Se trata de aceptar la esencia de los demás, por eso no debes añadir nada para estimular la curación del paciente. ¡Tu presencia es suficiente!

10. La salud es una función del servicio

El servicio no consiste en ver que alguien se siente mal y decidas «arreglarlo». Esta idea de arreglarlo implica que se olvida la divinidad del paciente y que se encuentra en el proceso de elegir su propia realidad. También te coloca en una situación en la que te sientes mejor que los demás. Da a entender que ayudarás a alguien a recuperarse, pero que no llegará al nivel tan «alto» en el que te encuentras. Cuando permites que la gente supere niveles a los tuyos, tú también creces.

Mi maestro chino solía decir: «Serás un mal estudiante si no superas a tu maestro.» Hanuman, el dios mono de la India, afirmó: «Cuando no sé quién soy, te sirvo. Cuando sé quien soy, soy tú.»

Haz lo que puedas para ayudar al mundo y que éste sea un lugar mejor —no para bien del mundo, ya que es perfecto tal y como es ahora— sino por tu bien. También haz todo lo posible por los demás, de nuevo por tu bien, y recuerda que la persona es perfecta tal y como es. No te sacrifiques, nunca. Por tanto, el servicio no es sacrificio.

11. Un sanador es compasivo

Como sanador, es importante que mantengas el equilibrio teniendo bien asentados los pies en cada realidad —un pie en la realidad del mundo físico, y otro en el reino del espíritu—. En el reino del espiritu sabes que el mundo es perfecto. Sabes que en él no ocurren accidentes y toda persona se genera su enfermedad y es completamente responsable de su vida. Sin embargo, si vives centrado exclusivamente en lo espiritual corres el riesgo de volverte una persona fría y sin compasión hacia el sufrimiento de los demás. En cambio, si te centras sólo en el mundo físico, te conviertes en un actor del gran drama mundial. En esta realidad la mayoría de personas se ven engullidas por la miseria del mundo y empiezan a sentir algo de compasión por los demás. Nos olvidemos de que los demás no son sus cuerpos ni sus problemas. Es muy fácil entrar en este contexto mental y no ver más allá del sufrimiento. Pero, si lo haces, te habrás olvidado de quién eres.

Es importante ser compasivo y entender el dolor de otras personas, sin dejar de recordar su verdadera esencia. Esa persona no está enferma, sólo su cuerpo. Encuentra este equilibrio y serás un magnífico sanador o sanadora.

Intención

Tras comprender mejor estos temas de curación, puedes empezar a entrar en el reino de los sanadores del sueño. Lo más importante de una curación nocturna es tu intención. Cuando te prepares para acostarte, debes sentirte relajado y cómodo. Utiliza tu técnica *Guía de Sueños* o la técnica de *Escudo de Sueño* (ver también los capítulos 17 y 18). Toda tu intención y propósito debe ser ayudar a la curación de la persona en la que piensas. Por eso debes visualizar claramente a esa persona. Si no puedes imaginártela o visualizarla, piensa la sensación que te produce en ti. (Cada persona emana una sensación, una aura propia.) Entra en contacto con esa sensación y, conserva por un momento su esencia. Pronuncia en voz baja el nombre de esta persona, y si quieres visualízala en una situación en la que se sienta feliz. Debes verla corriendo, saltando, en un estado verdaderamente gozoso. Luego ves a dormir. Ahí donde se dirige la intención fluye la energía. Probablemente durante la noche no recordarás el bien que le has ofrecido a esa persona, pero aunque no lo recuerdes ya te estás introduciendo en el reino de la curación nocturna.

En muchas ocasiones mis clientes me dicen que se han dado cuenta de que yo trabajé con ellos en mis sueños, y que al despertar su dolor se había aliviado. De vez en cuando no recuerdo en absoluto haberlos visitado durante la noche, o guardo un tenue recuerdo de ello. En algunos casos le aviso al paciente que trabajaré con él durante la noche y antes de acostarme me olvido de programarme, aunque luego al día siguiente el paciente me cuenta lo efectiva que ha sido la curación nocturna. Así pues, no vale la pena desanimarse. Es probable que toda tu vida hayas sido un sanador nocturno.

Si quieres curarte a ti mismo, di cuando vayas a dormir: «Esta noche estoy curado. Esta noche estoy curado.» Tu cuerpo reflejará tus sueños y tus sueños reflejarán tu cuerpo. Tu cuerpo se curará gracias a tus sueños. Tus afirmaciones facilitarán el proceso curativo. No es necesariamente cierto que tú te creas la enfermedad; pero es posible que tu alma trate de comunicarte un mensaje trascendental a través de esa dolencia. Recurre a tus estados de sueño como talleres en los que puedas recibir estas comunicaciones.

15
Sueños para el amor y el sexo

«*Nos encontramos como almas,
el amor teje sus hilos entre nosotros,
lloro, la belleza del tapiz me roza
y ya no me siento sola.*»

M. Anne Sweet

Sus nalgas, firmes y maduras como mangos, se mueven con gracia y seguridad mientras pasea por la playa. Los músculos de su espalda se levantan con una seguridad felina al tiempo que sus pasos son largos y lánguidos. Él duda... y se gira para mirarme. Ya no somos dos desconocidos que por casualidad recorren una playa interminable en la misma dirección. Hemos entrado en la conspiración de la atracción. La mirada es breve, en realidad es una asomo de mirada. Aun así, en ese silencioso instante, una corriente tangible me colma de su alma. Camino... y sonrío.

Me desperté sintiendo una especie de misterioso destello interior. El encuentro con mi amante de los sueños había sido tan corto y a la vez tan satisfactorio. Me pasé el día cantando.

Los sueños pueden ser un sendero hacia el éxtasis. Pueden ser una forma de expandir el amor hacia los demás y hacia ti, y también pueden servir para resolver disfunciones sexuales de la vida de vigilia. Incluso pueden ser una forma maravillosa de entretenimiento nocturno.

La sexualidad es un aspecto que aparece con regularidad en estado de sueño. En términos psicológicos, los hombres suelen experimentar erecciones durante las etapas de sueño REM, y las zonas vaginales de las mujeres se humedecen en esas mismas etapas. Es un fenómeno normal y natural propio de nuestro estado de sueño. En las culturas antiguas se entendía mejor esta anécdota natural. De hecho, la comprensión de la sexualidad y la sensualidad se consideraba algo básico en la expresión de toda vida. En Oriente se tenía por un modo de expresar la Unidad con el Espiritu. La sexualidad se consideraba un sendero de experiencia mística. Un texto hindú antiguo afirma que «la unión sexual es un Yoga auspicioso que supone el disfrute de todos los placeres sensuales y aporta descarga. Es un sendero de liberación.»

En Oriente se creía que la realidad subyacente a toda la vida constaba de dos energías dinámicas, denominadas yin y yang. El yin era el principio femenino receptivo y yang la energía masculina o proyectora. Cada una de ellas se consideraba necesaria para la armonía vital. El yin queda representado por la energía proyectora de la luna, en cambio el yang simboliza la energía que emana del Sol. Todas las cosas se consideraban yin o yang, y toda la vida era un intercambio entre estas dos fuerzas.

Las personas atesoran energías yin y yang, por eso a los seres humanos se les tenía por la expresión suprema de estas dos energías poderosas. Una unión sexual saludable era una forma de romper la ilusión de la dualidad, un modo de alcanzar la liberación y realzar la salud y el bienestar de las personas. La unión sexual se consideraba un modo de acercarse a Dios. No hay poder más intenso en el universo que la unión divina de dos personas dedicadas a la expresión de sus seres superiores. Tú puedes acceder a este poder mediante los sueños.

Culpa

Una reacción muy común cuando alguien tiene un sueño erótico es sentirse culpable por semejantes experiencias nocturnas. Es muy importante recordar que en estas relaciones de sueños no hay motivo para la culpa. En todas las culturas antiguas con base metafísica, el sexo no era una actividad contraria a la espiritualidad o a la religión. El sexo era una manifestación artística equiparable a otras. Era una parte normal de la educación de las personas, y en ella se enseñaba a no mezclar sentimientos de culpa en la sexualidad.

Debes dejar a un lado cualquier autocensura. En sueños no existe el incesto o la promiscuidad. Tus amantes oníricos son simplemente aspectos distintos de ti mismo que adoptan un aspecto erótico.

Además de no sentir culpa en cuanto a tu sexualidad en sueños, también es importante librarse de cualquier complejo de culpabilidad relativa a actividades sexuales de tu pasado. Esta culpa puede activarse a nivel subconsciente cada vez que tengas un encuentro sexual. La culpa es un sentimiento nocivo. Para experimentar una unión sexual total en el presente es fundamental olvidar lo que hiciste en un pasado. Cuando piensas que eres culpable y el origen de esa culpa reside en el pasado, no estás mirando en tu interior. Observar tu interior es saber que todo lo que has experimentado hasta la fecha fue necesario para tu crecimiento y comprensión de la vida. Fue necesario para que llegaras a ser lo que eres hoy. Incluso los pensamientos y actos de los que te sientas avergonzado contribuyen a crear el ser que eres ahora. Por muy desagradable que te resulten los recuerdos de tu pasado, es importante observarlos y liberarlos. Perdónate. Cualquier residuo de culpa al que todavía te aferres puede estar levantando barreras en tu vida. Esta culpa suele procesarse y eliminarse en tus sueños.

Cuando el dolor de la culpa parezca atraerte, recuerda esto: si te rindes a él en vez de perdonarte estás tomando una decisión que perjudica a tu paz interior. Por tanto, pronuncia lentamente, pero con convicción: «acepto quien soy y lo que he hecho hasta ahora así como lo que los demás me han hecho a mí. Lo acepto y me perdono.»

Una técnica muy útil es escribir todos los sentimientos de culpa sexual que guardes en tu interior. Después de escribirlos, quémalos mientras dices: «me libro ahora y para siempre de estos apegos a mi culpa. Que así sea.» Tus sueños reforzarán la liberación que se produzca en tu vida de vigilia a raíz de este proceso de desapego.

Abrir el canal del sueño sexual

Otro aspecto importante de la sexualidad es entender cómo la energía fluye a través del cuerpo. En el interior del organismo hay unos centros energéticos llamados chakras. Con el fin de mantener la salud de tu cuerpo es muy importante que las energías vitales circulen armoniosamente. Cuando estas energías se bloquean, baja la autoestima, sobreviene una enfermedad y disminuye la vitalidad. En este flujo energético básico corre el flujo de nuestra energía sexual, que a su vez puede compararse a nuestra energía creativa. En muchos casos, las personas que se sienten identificadas con el movimiento espiritual se niegan esta energía vital. A veces adoptan una actitud tan celestial que se vuelven personas ineficaces en su trabajo.

Debemos mantener un equilibrio en todos nuestros chakras o centros de energía para que recibamos la dosis de energía necesaria en nuestra vida cotidiana. El primer chakra, el centro del sexo, es fundamental para el mantenimiento del resto. Es nuestra conexión con la tierra, el núcleo de la kundalini; esa fuerza misteriosa que mora en la base de la columna vertebral es lo que los yoguis tratan de despertar. En Oriente se denomina el «espíritu luchador». Esto no significa que uno deba pelearse todo el día. Significa vitalidad y afán por la vida. Cuando este chakra se abre, las mujeres descubren que sus ciclos menstruales son regulares, las hormonas están vitalizadas, su piel es más blanca, tersa y se nota rejuvenecida. Todos hemos visto alguna vez a una mujer que parece brillar con sus propios destellos, y eso se debe a que es una mujer cuyo primer chakra está abierto y funciona correctamente. Cuando un hombre tiene el primer chakra abierto siente un mayor poder en su vida y funcionará desde una perspectiva de mayor lucidez y firmeza en sus actividades.

Repito que cada uno de nuestros chakras representa una faceta distinta de nosotros mismos a desarrollarse y abrirse, y ninguna excluye a las demás. Sin embargo, el primer chakra suele ser ignorado por quienes recorren el camino espiritual debido a la sensación de culpa o abnegación. Esta zona es parte de tu herencia legada por Dios. Utilízala. Ábrela, así como tu sexualidad, y aumentará tu pasión por vivir. Uno de los métodos de preparación para el sexo en sueños es canalizar la energía sexual hacia arriba por medio de los chakras hasta la parte superior de la cabeza, que en la India se conoce como la abertura de Brama. La respiración facilita este proceso. Las enseñanzas místicas orientales insisten en la importancia de la respiración como forma de alinear y canalizar la energía sexual creativa. Tu respiración debe ser lenta y profunda; un resuello que llene tu abdomen inferior cuando expiras y se contraiga cuando inspiras. Esta es la forma natural de respirar, y es lo que hacemos cuando estamos dormidos. Sin embargo, muchas personas respiran precisamente al revés, es decir, que su pecho se expande en la inspiración. Cuando ya hayas dominado esta respiración tan profunda imagina un flujo enorme de energía brillante que te entra por los pies, atraviesa todo tu cuerpo y sale por encima de la cabeza. Este ejercicio empezará a abrirte tus chakras, algo que a menudo conduce a la iluminación, a experiencias transformadoras durante el sueño. A veces los sueños sexuales pueden representar la apertura de la kundalini, y pueden suscitar magníficas experiencias de iluminación durante el sueño como resultado del chakra sexual.

Cuando percibas esta energía que atraviesa todo tu cuerpo, quizá te apetezca realizar la meditación que describo en el capítulo diecinueve sobre amantes oníricos. También es posible que te duermas al ir repitiendo expresiones como: «esta noche enséñame el potencial más elevado de la sexualidad. Esta noche, déjame soñar con una intimidad divina con mi pareja.» Debes saber que cualquier amante en sueños te ayudará a ser una persona más integrada y creativa.

Sexo en sueños y creatividad

Una vida sexual activa en sueños no sólo contribuye a una mejora de la vida sensual de vigilia, sino que también indica una toma de conciencia y de seguridad en uno mismo. Abraham Maslow, el famoso psicólogo humanista estadounidense que presentó la idea de la autorealización, afirmó que las personas con vidas oníricas intensas son mucho más seguras, independientes, íntegras y competentes que el resto. Los sueños de las personas más débiles suelen ser de carácter simbólico en vez de los sueños abiertamente sexuales que experimenta la persona con una mayor autoestima.[1]

Un investigador del tema descubrió una elevada correlación entre los sueños sexuales y la creatividad. En una clase de escritura creativa, el profesor dividió a los estudiantes en grupos según el nivel de creatividad demostrado en sus trabajos. Después investigó sobre ambos grupos de estudio. Los estudiantes no creativos tenían sueños sexualmente pasivos o en los que se notaba una ausencia total de sexualidad. En cambio, los estudiantes más creativos registraban una proporción más elevada de sueños abiertamente sexuales. Los investigadores llegaron a la conclusión de que la libertad en cuanto a actividad sexual en sueños estaba relacionada con la libertad de pensamiento creativo en todas las facetas de la vida.[2]

Interpretación de los sueños sexuales

De vez en cuando, las mujeres sueñan que tienen un pene. Los psicólogos freudianos lo tildan de «envidia del pene», y creen que estos sueños esconden un deseo secreto por parte de la mujer de tener pene. En vez de envidia, estos sueños pueden significar el deseo de la mujer que sueña en alcanzar algunas características tradicionalmente masculinas, algo que el pene simboliza.

Ciertos sueños sexuales implican un deseo de satisfacción, especialmente los que representan encuentros sexuales muy placenteros cuando la persona hace mucho tiempo que no tiene actividad sexual. De manera excepcional, uno de estos sueños puede revolucionar literalmente la vida sexual de la persona. En algunos sueños, la persona puede soñar que hace el amor con un individuo del mismo sexo, o del sexo opuesto si es homosexual. Esto no significa necesariamente que existe una homosexualidad o heterosexualidad latente. Lo más probable es que represente un deseo de obtener las cualidades que simboliza el amante. Por ejemplo, si una mujer sueña que hace el amor con otra mujer que es muy fuerte, esto puede reflejar su deseo de incorporar cualidades de fuerza a su carácter.

A la hora de analizar tu sueño, observa dónde tiene lugar tu encuentro sexual. No es infrecuente que los sueños sexuales tengan por escenario una casa victoriana, lo cual simboliza actitudes victorianas. Si el sexo se realiza en un sótano, posiblemente atravieses sentimientos subconscientes en tu actitud hacia el sexo, o bien tu sueño apunta a algún aspecto de la sexualidad que tu percibes como baja. Si tu encuentro en sueños se produce en el centro de un huracán, suele indicar que vives emociones poderosas en cuanto a tu sexualidad.

Compartir sueños

Un aspecto particular del sueño sexual es que se puede compartir. Puedes, literalmente, compartir un sueño con tu ser amado. Este ejercicio sale mejor si dormís juntos porque vuestras auras se mezclan, y por tanto es más fácil entrar en el sueño del otro. Pero también se puede compartir un sueño a distancia. Si estás separada de tu ser querido, el sueño compartido puede ser una manera de seguir vuestra intimidad, y siempre es más efectivo hablarlo de antemano con la persona. Podéis acordar entrar en el sueño del otro. Cuando vayas a dormir, afirma con intención que tú y tu pareja estaréis juntos en sueños. Lo más habitual es que este compartir de sueños se produzca espontáneamente sin una programación previa. Es posible que hayas tenido la experiencia de compartir un sueño con tu amante. A la mañana siguiente descubres que ambos habéis soñado lo mismo. Compartir un sueño es un recurso excelente para reforzar tu intimidad con esa persona y desarrollar una comprensión más profunda en las relaciones.

Antes de empezar a compartir un sueño, conviene meditar unos minutos. La siguiente meditación se basa en una técnica budista tántrica.

Primero, siéntate en una postura cómoda y mira directamente a tu pareja. La columna vertebral debe estar recta. Esto es muy importante en esta meditación. Ahora participa en el tipo natural de respiración descrita anteriormente. Recuerda, mientras inspiras tu abdomen se expande y cuando expiras tu abdomen se contrae. Si percibes que tu pecho, no tu abdomen, se expande y se contrae, imagínate la presencia de un globo en el centro de tu abdomen. El globo se expande y se contrae con cada respiración. Costará un poco acostumbrarse a esta clase de respiración, aunque los resultados merecerán el esfuerzo. Se trata de una forma muy natural de respirar; es el modo en que respiras cuando duermes. Recuerda estar muy relajado. Luego, imagina una corriente de energía que surja del centro de la tierra y que atraviese tu columna vertebral hasta colmar tu cuerpo. Esto te une a la tierra. Imagina que esta energía sale de la parte superior de tu cabeza como si se tratara de un géiser, cayendo en cascada a modo de fuente. Observa el ojo izquierdo de tu pareja e imagina un rayo de energía saliendo del chakra de tu corazón (el centro energético en el centro del pecho) y se dirige al chakra del corazón de tu pareja. Luego imagina que esta misma energía baja por su columna vertebral y entra en el chakra del sexo. Esta energía tan poderosa recorre la zona sexual de tu pareja y llega hasta la tuya, para después asentarse en tu chakra del corazón una vez más. Esta técnica se conoce como «el círculo de oro».

También puedes invertir el flujo de energía. Cuando lo hagas, percibe la relación tan profunda con tu pareja. Cuando hayas acabado el ejercicio, debes permanecer un rato en silencio y acostarte de inmediato, programándote para una relación aún más estrecha durante la noche.

16
Sueños para niños

*«Los niños, todavía cercanos al conocimiento de sus almas,
juegan a la charranca en el patio del colegio,
saltan por encima de dragones y atraviesan mazmorras, con un pie,
con dos, y salen victoriosos e ilesos de cada batalla.»*

M. Anne Sweet

Un charco dorado de lo que antes era mantequilla flota en mi taza matutina de cereales. Mi dedo, que alcanza un trozo de maíz en la taza de arcilla, juguetea con sus cantos ásperos. Mi hija de diez años está en plena conversación sobre sus aventuras de la última noche. Yo disfruto de la manera en que compartimos los sueños durante este desayuno familiar. Meadow nos lo cuenta, y su rostro adquiere un aire nebuloso cuando recuerda vivamente los detalles más íntimos. Sus sueños acostumbran a ser auténticas sagas repletas de complicados detalles. A veces parecen abarcar generaciones enteras. Pero Meadow también presta atención a los detalles en su vida de vigilia. Los sueños de David suelen ser sucintos y van al grano, igual que su personalidad. Los míos acostumbran a ser activos y fantásticos.

Cuando tenemos tiempo de compartir nuestros sueños y nos ayudamos unos a otros a comprender sus mensajes secretos, el día nos resulta más equilibrado a los tres. Para cada uno de nosotros, compartir los sueños es sumamente importante para la consolidación de nuestra energía familiar. Le aporta a Meadow una sensación de aceptación y un mayor entendimiento de sí misma. Meadow asegura tener una mayor predisposición a recordar sus sueños y a aprender de sus mensajes cuando, durante el desayuno, nos explicamos nuestras experiencias nocturnas.

Cuando un niño cuenta un sueño es habitual que el adulto que lo escucha comunique de forma no verbal la creencia de que los sueños no deben tomarse en serio. Cuando un niño ha sufrido una pesadilla, nos apresuramos a decirle que es simplemente un sueño. Que no se preocupe porque no significa nada.

Escuchar los sueños de tus hijos, aunque sea en plena noche, cuando lo único que deseas es volver a la cama, es un acto que puede tener un efecto inspirador y transformador en la vida del niño o niña.

La importancia de los sueños

El primer paso que debes seguir al trabajar con tus hijos y sus sueños es comunicarles el valor y la importancia de éstos. También conviene incitar el interés del niño en los sueños. Nunca corrijas ni critiques el comportamiento del niño en el sueño, ni menosprecies cualquier sentimiento que exprese el pequeño. Dales a entender a tus hijos que disfrutas escuchando la manera en que te explican su sueño exactamente como lo soñaron. Anímales a enfrentarse a los monstruos salvajes o a otros elementos aterradores con los que sueñe. Debes ayudarle a entender que es correcto invocar al guía de sus sueños o a su ángel guardián para que le ayude a salir de una situación aterradora.

Savanna, una de las amigas de mi hija, me contó que tenía miedo de irse a dormir porque temía que unos monstruos horrorosos la asaltaran por la noche. Le di un cristal de cuarzo puntiagudo que previamente había programado para utilizarlo como cristal de sueños. Le dije que, al acostarse, sostuviera el cuarzo en la mano y dijera en voz alta: «ordeno que todos los monstruos del sueño se vayan ahora.» Al cabo de unos días Savanna me confesó que desde que le di el cristal, ya no sufrió más pesadillas y puede descansar tranquila toda la noche.

Para un niño es muy importante, a través de los sueños, sentir controla su vida. Por tanto, tu hijo debe saber que tiene ese control sobre sus sueños. Si tus hijos tienen problemas en sentirse a gusto con los sueños, y han tratado de cambiarlos sin éxito, debes seguir alentándolos. Tus hijos se sentirán más incómodos consigo mismos porque no han podido cambiar un sueño. Si ves que esto ocurre, déjales enfocarse en el sueño escenificándolo teatralmente o dibujándolo con un final más agradable. Debes hacer hincapié en la flexibilidad y la capacidad de cambio del sueño. Tómate tu tiempo para escuchar atentamente y conectar con lo que tu hijo necesita en ese momento.

También debes transmitirles a tus hijos que pueden utilizar los sueños para desarrollar un talento o capacidad que incorporarán en su vida de vigilia. Pueden afirmar antes de acostarse: «Me gustaría ser mejor nadadora, artista, o patinadora. Dame el sueño que me ayude a lograr este objetivo.»

Libros sobre sueños

Para empezar a trabajar con tus hijos y los sueños, primero debes hacerte con unos «libros de los sueños», que servirán para registrarlos. Un libro de sueños puede ser un cuaderno, un diario o incluso varias páginas unidas con un clip. Lo mejor es que tu hijo o hija seleccione el libro que más le guste, y el pequeño debe saber que ese libro sólo debe utilizarse para apuntar los sueños. Ellos mismos pueden escribir los sueños en su libro o, si el niño es muy pequeño, puedes escribírselo tú. En cualquier caso el niño debe dibujar el sueño junto a su relato, ya que es muy probable que desee representar el sentimiento que guarda en cuanto al sueño o el final que hubiera deseado. El libro de sueños también puede emplearse cuando los niños piensan en historias adicionales relativas a sus sueños; pueden escribir o ilustrar esas historias en sus libros. Si tuvieron pesadillas, pueden recordar de nuevo el sueño y rescribir su relato de manera que el niño acabe siendo el héroe. Ayuda al niño a comprender que no hay ningún problema en volver al sueño y rescribirlo según sus gustos, y que pueden cambiar las partes aterradoras.

Interpretación de sueños

Para los adultos es fundamental dar a sus hijos el tiempo y el espacio necesario para interpretar sus sueños. Al principio los niños tendrán dificultades en dilucidar lo que significa un sueño. Pero con dejarles que te lo cuenten, ganarán seguridad en sí mismos en su vida de vigilia. Cuando los adultos hablan sobre la interpretación de sus sueños, el niño normalmente se sentirá a salvo al comentar sus ideas sobre el significado de su sueño. Esta orientación infantil debe ser muy discreta, y los niños nunca deben tener la sensación de que los obligas.

Pesadillas

Los niños que sufren pesadillas, a menudo sienten alivio cuando dibujan el monstruo que tanto les aterra, porque lo encierran en prisión, lo caracterizan como un ser tonto, o bien dibujan un guía de los sueños que sea más poderoso y grande que el monstruo. Con este simple ejercicio, las pesadillas irán desapareciendo gradualmente.

Los campeones de los sueños

Si a tu hijo o hija le cuesta ahuyentar a sus monstruos nocturnos o cambiar el desenlace del sueño, puedes convertirte en todo un «campeón de los sueños» para tu hijo. Eso significa que luchas en las batallas hasta que el pequeño esté seguro de que puede combatir él solo. Por ejemplo: el adulto puede imaginar que sostiene una espada, y el monstruo se retrae. «¡Fíjate qué miedo tiene de esta espada tan brillante! Soy tan poderoso que el monstruo sale corriendo, pero yo no dejaré que lo haga porque la plata mágica de la espada lo va a destruir y nunca más te va a asustar!» Luego le das la espada al niño, si quieres. En mi experiencia, el niño se siente a salvo cuando adquiere cierta sensación de control, y en ese caso cuando te pide la espada para terminar «el trabajo».

Compartir sueños

Una forma encantadora de introducir a los niños en el aprendizaje de sus sueños es que vivan un sueño compartido. Hace poco mi hija invitó a sus amigas, Savanna y Roslyn, para que pasaran la noche con ella. Estas niñas de ocho años nunca habían trabajado con los sueños. Antes de acostarse, les dije: «buenas noches, podéis compartir vuestros sueños. ¿Por qué no entráis en los sueños de las demás?» A la mañana siguiente me contaron lo sucedido.

El sueño de Roslyn

Savanna, Meadow y yo nos dirigíamos a una tienda de minerales. Savanna había comprado su mejor cristal. Yo compraba una piedra naranja que encontré por ahí. Meadow se quedó con un cristal que encontró cerca de casa. Cuando entramos en la tienda, todo el mundo estaba cortando los cristales en monedas de veinticinco centavos. Nos sentamos y empezamos a cortar nuestros cristales. Savanna se puso como loca porque había comprado su cristal favorito, pero lo cortó de todos modos. Al final, cortamos las piedras, pero las tuvimos que pegar de nuevo. Caían pequeñas esquirlas al suelo, que también debíamos pegar. Cuando acabamos, cogimos los cristales, los envolvimos en papel y nos los llevamos a casa. Savanna todavía tenía su piedra, pero no era igual que antes. Tenía unas esquirlas que no había acabado de pegar.

El sueño de Savanna

Meadow y yo éramos hermanas. Un hombre había raptado a una chica, y yo se lo conté a Meadow. Meadow se puso como loca y arrojó al hombre a una piscina. Roslyn estaba observando. Meadow se puso nerviosa porque le gustaba ese hombre y él había intentado ser amable con ella.

El sueño de Meadow

(En versión reducida... los sueños de Meadow son novelas épicas...)

Hace unos días, dos de mis amigas pasaban la noche conmigo y mi madre dijo, «¿por qué no compartís un sueño?» No parecía que fuéramos a compartir el mismo sueño, pero lo cierto es que todas soñamos sobre nosotras tres y os voy a contar uno de los sueños que recuerdo de esa noche:

«Yo me encontraba con mi amiga Savanna, comiendo en su cafetería de la escuela, y empezó a pegar puñetazos al ordenador del director. De pronto me vi que ambas golpeábamos el ordenador. Savanna recordó que el director tenía normas como " moriréis si tocáis el ordenador del director"». Luego se acordó de que debíamos colocar las manos sobre la ventana. Pero cuando trató de sacar la mano, algo la agarró hasta los huesos y tiró de ella. Yo la agarré por los pies y la saqué. El director empezó a perseguirnos, y recorrimos la escuela entera. Teníamos que hacerlo, de lo contrario moriríamos. Al final logramos salir.

Roslyn también estaba allí y las tres llegamos corriendo a la plaza municipal. Les pregunté, «¿alguna de vosotras tenía una moneda de veinticinco centavos?» Y contestaron: «no». Savanna añadió: «¡es mucho dinero!» Subí la colina hasta llegar a la ciudad y llamé a su madre, Sandra, para ver si podía venir a buscarnos. Y por alguna razón, me quedaba sin dinero con toda esta actividad. Al final mi madre vino y le conté la historia del director, cómo nos perseguía. Empecé a grabarlo con la videocámara y nos hicimos amigos. Ella era una especie de heroína de mis sueños porque hizo al director muy feliz y se olvidó de perseguirnos. Luego mi madre me recogió y me preguntó como me había ido el día, a lo cual respondí: «nada del otro mundo». Luego Sandra recogió a Savanna y Roslyn. Todo el mundo estaba a salvo al final del sueño.

(Nota de Meadow: creo que el significado de este sueño es seguir adelante y asumir riesgos, que todo acabará bien. Arriésgate en la vida).

Fue interesante observar cómo cada niña recordó su sueño y cómo en cada sueño había tres niñas. Sin adentrarnos en ninguna interpretación profunda de sueños, también es fascinante observar que en dos de los sueños (el de Roslyn y Meadow) tenían la idea de las monedas de veinticinco centavos, y en dos sueños se recogía la idea de un protagonista masculino y que al final salió todo bien.

Meadow preguntó si podía explicarme un sueño, porque creía que escondía un significado muy especial para ella. Lo he incluido en este capítulo porque demuestra un método de curación positivo a la hora de tratar pesadillas infantiles.

La pesadilla de Meadow

Hace un mes o dos tuve un sueño sobre unos ladrones y un hombre, que era amigo de mi madre, era uno de los ladrones. Yo estaba horrorizada. Ése es mi peor miedo: «miedo a los ladrones que entran en casa y se llevan cosas». Probablemente era el sueño más espantoso que jamás he tenido y me sentía especialmente asustada. Luego, después de hablar con mi madre sobre ese sueño, me asusté mientras se lo contaba. Ella sacó una almohada y me dijo que haría ver que era el ladrón, de manera que empecé a pegarle y a golpearle con mis manos. Después, a la noche siguiente, tuve otro sueño sobre unos ladrones que entraban en casa. Pero esta vez tenía un plan. Si hubiéramos oído a los ladrones llamar a la puerta, al contar tres, habríamos abierto ambas puertas de la casa, la trasera y la delantera. Ya nos lo habíamos figurado. Me desperté un poco asustada y pensé en matar a los ladrones, de modo que ya no tenía tanto miedo. Creo que mejoré mucho, ¿verdad?

Después, tuve un sueño en el que yo y mi madre estábamos donde vive este hombre que había sido el ladrón en el primer sueño, y lo vimos en su maravillosa casa. Y, ahí es donde vivía, a lo cual mi madre dijo: «oh, es fantástico volvernos a ver.» Yo ya no me sentía tan incómoda con esa persona y él ya no era malo. Creo que he cambiado gracias a los sueños.

Al enseñarle a Meadow que podía controlar sus estados de sueño (pegándole a la almohada, por ejemplo), pudo sentirse más fuerte que su enemiga en sueños, y este sentimiento se trasladó a su vida de vigilia. Meadow ya no tenía miedo de los ladrones.

> *«El hombre de la Luna miró desde la Luna
> miró y dijo,
> ya es hora de que todos los niños de la tierra
> piensen en irse a dormir.»*

Madre Oca

Sueños de meditación

*Convertirse en maestro del telar es tejer
con los hilos del universo,
el hilo de un pensamiento,
de un soplo del viento,
sacado de la Tierra
de la Luna y las estrellas,
una tela tan fina,
que es la gasa delicada de nuestras almas.*

M. Anne Sweet

17
Guía de los sueños

«Llega la noche.
Avanzo por unos corredores oscuros del sueño
unas manos suaves me acarician, a mi lado,
el compañero guía que cuida mi alma.»

G. Effort

Las tres meditaciones que se recogen en este libro son viajes interiores que bien puedes leer a un ser amado o grabarlas con tu voz para después oírte antes de acostarte. Esta primera meditación te permitirá acceder a la increíble ayuda de un Guía de los Sueños, un ser sumamente importante para el indio norteamericano. Los guías ayudaban a estos indios durante la noche, especialmente a la hora de comunicarles regalos de sabiduría procedentes del «otro lado». Un Guía de los Sueños es una entidad que puede guiarte con seguridad durante la noche y te facilita una mayor comprensión de ti mismo y de las dimensiones internas. Tu guía puede ser alguien que hayas conocido en una vida pasada o alguien a quien conociste en esta encarnación y murió. Puede ser incluso la superconsciencia de alguien que esté vivo. Si tu guía es alguien vivo, es posible que la ayuda te provenga de un guru o maestro, o la ayuda inconsciente del ser superior de otra persona sin que ésta se dé cuenta.

Meditación para los guías de los sueños

Estás a punto de embarcarte en un viaje emocionante a ese lugar interior que mora dentro de ti. Cuando ya hayas accedido a ese espacio, verás que dispones de una fuente interna de gran fortaleza, poder y paz. Estás emprendiendo un viaje en el que te encontrarás con tu Guía de los Sueños.

Para empezar el viaje, túmbate o siéntate en una posición cómoda. No cruces ni brazos ni piernas porque tu postura debe ser totalmente confortable. Hazlo bien.

Cuando te sientas del todo cómoda, cierra lentamente los ojos. Ahora inspira. Llena completamente los pulmones de aire.... contén la respiración unos tres segundos... cuando expires, te sentirás muy relajada.

Vuelve a respirar... más profundamente que antes... aguanta la respiración... espira hondo... debes sentirte del todo relajada. Ahora, un último y profundo respiro. Aguántalo tres segundos y reláaaaaaajate.

Bien, ahora centra tu atención en el pie izquierdo, y deja que el derecho se relaje del todo. Ahora está totalmente relajada. Centra tu atención en tu pie derecho. Siéntelo relajado. Ahora tu pie derecho está totalmente relajado. Con cada respiro debes sentirte deliciosa y agradablemente relajada.

Ahora céntrate en tu pierna izquierda y siéntela relajada, completamente relajada. Debes ser consciente de tu pierna derecha y sentirla totalmente relajada. Ahora imagínate una ola cálida de relajación que invade tus pies, se extiende por tus piernas, tu abdomen, tu pecho, tus hombros hasta llegar a tus brazos y hasta la punta de los dedos. Imagínate una ola tras otra. Bien.

Imagina que tu abdomen es un globo. Cuando inspiras, el globo se hincha. Cuando espiras, imagínate que sueltas el aire del globo. Mientras este se desinfla poco a poco te vas relajando. Puedes hacerlo ahora mismo. Bien. Todo tu cuerpo, desde el cuello hacia abajo, se siente relajado, cálido y cómodo. Ahora centra tu atención en los músculos del cuello, y deja que éste se relaje. Debes sentir que tu mandíbula y tu rostro se relajan, completamente relajados.

Ahora, imagínate en un entorno bello y natural, envuelto por una noche estrellada. Puede ser junto a la costa del océano o entre los espacios silenciosos de los árboles en un bosque frondoso, o en la cumbre de una noble montaña con la Luna que se refleja en la nieve como si fuera un cristal con vetas. Puedes imaginarte un prado encantado y resplandeciente con hadas, cervatos y unicornios. Quizás es un lugar en el que hayas estado antes, o simplemente un lugar que existe en tu imaginación. Visualiza algo que te resulte bello... algo que te haga sentir feliz y cómoda. Hazlo ahora.

Imagina esta noche iluminada por la Luna y las estrellas con tantos detalles como te sean posibles. Debes verte y experimentarte en este entorno recurriendo a tus cinco sentidos. Escucha los leves sonidos de la noche. Imagínate andando, corriendo, bailando y explorando cada rincón de esa catedral nocturna y resplandeciente. Visualízala de forma tan realista como puedas, de manera que la sientas con todos tus sentidos. Emplea tu sentido del tacto, el olfato y la vista. Bien.

Ahora, en algún lugar de este entorno natural, imagínate una piscina tranquila —serena... profunda... tranquila... cristalina—. Este es un estanque tranquilo con secretos ocultos en sus profundidades y bañados con la luz de la luna... un estanque con fuentes donde ves tu reflejo en la superficie del agua, alterada como si se tratara de un sueño. Su superficie es satinada, y el agua cristalina... agua serena. El agua está dedicada a tu intuición, tu claridad y tus sueños. Tómate un respiro para visualizar realmente el agua. Luego, mientras observas el estanque tranquilo, empiezas a notar una niebla que se forma sobre la superficie. La neblina va creciendo, empieza a enroscarse y a bailar como si tuviera vida propia. Se enrosca, gira y baila, se extiende hasta que al final envuelve al entorno en una niebla mística. Te sientes totalmente cómoda, segura y serena.

Mientras te bañas en la luz de la luna entre el placer de estas nieblas, tu intuición te informa de que alguien se está acerando. Percibes a esa presencia que se acerca, eres consciente de su ingente fortaleza, enorme poder y resplandor. De este ser surge una tranquila serenidad a medida que se aproxima... cada vez más cerca. Esperas con impaciencia su llegada. Experimentas una estrecha relación con este ser mientras tu guía va avanzando hacia ti. Entre la niebla puedes sentir en cada célula de tu ser el amor y aceptación absolutas, incondicionales, que tu guía te brinda.

Tu guía procede de los tiempos antiguos para ofrecerte sabiduría, ayuda a través de la noche para que puedas acceder a tu poder y perfección en las horas de vigilia. Ahora, tu guía está muy cerca de ti, avanzando a cada paso, y tu lo sientes casi al lado. Qué resplandor irradia, y qué poder divino. Este ser te conoce íntimamente y ha esperado tu llamada desde hace siglos. Acógele con tus manos extendidas. Mientras lo haces, sé consciente y percibe su mano mientras acaricia suavemente la tuya. En este momento sientes una relajación tan profunda que toca la esencia de tu ser mientras eres guiada al reino sereno de la noche. Cuando te acuestes cada noche, imagínate la mano de tu guía cuando roza la tuya. Debes saber que este ser está contigo, ahora y para siempre, para guiarte y conducirte a través de los misterios de la noche.

→

Ahora las nieblas empiezan a levantarse, y te permiten ver nítidamente la forma y facciones de tu guía. Si no puedes visualizarlo, entonces trata de percibirlo. Por ejemplo, quizás no ves una cascada, pero puedes sentir su frescor. Ahora pasa un rato con tu guía. Quizá desees preguntarle su nombre o formularle alguna pregunta, o solamente te apetezca sentarte con él, envueltos ambos en el agradable silencio de la luz de la luna.

Si quieres, tu guía de los sueños vendrá contigo noche tras noche para ayudarte a superar las dificultades con las que te debas enfrentar durante el día. Tu guía también puede facilitar el proceso de asimilación de sabiduría para el futuro, a partir del pasado, y te ayudará a explorar otras dimensiones.

Despide a tu guía.

En este momento es muy probable que tengas sueño y desees dormir. Si quieres volver a la conciencia normal de vigilia, sin embargo, simplemente respira hondo y a tu ritmo, y cuando estés lista, abre los ojos lentamente...

18
Escudo de sueños

«Abro mi corazón al conocimiento,
transmitido a lo largo de los años con amor.
Mi alma rebosa felicidad;
giro y bailo y salto y jugueteo,
salto cada vez más alto, y sin límites
porque mi espíritu es libre.
Me deshago de las cuerdas que sujetan a los títeres
que han bailado por mí.»

M. Anne Sweet

Un escudo de sueños es un objeto personal de poder. Es una forma de cultivar el poder y la fuerza interiores. Puede emplearse para experimentar una compresión más profunda de los antiguos misterios y te protegerá, así como a tus seres queridos. Los símbolos que colocas en tu escudo son rudimentos de tu mitología individual y te permitirán estar alienada con el propósito de tu vida. A continuación os muestro una carta que recibí de alguien que accedió al poder del escudo de sueños.

Estimada Denise:

Quería que supieras lo que me ocurrió después de asistir a tu seminario sobre vidas pasadas, en el que practicamos la técnica del escudo de los sueños. Un domingo por la noche, después del seminario, recibí una llamada telefónica comunicándome que mi hermano había muerto esa mañana tras sufrir un ataque al corazón el sábado por la noche. Yo no hablé con su viu-

da directamente porque desde hacía más de veinte años no nos llevábamos muy bien.

Después de la llamada telefónica, hablé con mi buena amiga Gina. Le comenté que posiblemente no asistiría al funeral porque tenía miedo de una nueva confrontación familiar. Ya tuve que sufrir una terrible pelea con mi hermano y su esposa años atrás durante el funeral de mi padre. Gina me indicó que el funeral podría ser la excusa para sanar en este sentido y que esta oportunidad no se volvería a repetir en mucho tiempo. Le dije a Gina que pediría consejo en sueños y que seguiría esa advertencia. Seguimos charlando sobre otros temas y luego me acosté.

No creé a propósito mi «escudo de sueños» cuando apagué la luz. Ahora me doy cuenta de que mi subconsciente ya había programado mi proceso de escudo durante el día, en tu seminario. Dormí muy bien esa noche, aunque me desperté a las 4:30 de la madrugada muy sorprendida. Recordar los sueños es un proceso muy nuevo para mí, como lo son las imágenes visualizadas. Mi almohada estaba húmeda, ya que al parecer había llorado en silencio. Recordé un sueño muy claro en el que yo estaba en el cementerio debajo de un toldo y leía una carta de despedida. Yo me sentía sumamente calmada, curada y tranquila. Supe que todo iría bien. No sentía ansiedad por recordar la carta, ya que «sabía» que podría recordarla en la oficina cuando estuviera en el trabajo. Todo parecía perfecto y sereno.

Esa noche recibí los detalles del funeral y le pregunté a Carol, la viuda de mi hermano, si podría leer mi carta. Ella accedió sin protestar aunque yo percibí un asomo de manipulación por su parte. Era como si estuviera «protegida por el escudo».

El martes, durante el funeral, leí mi carta y tuve una sensación inmediata de una paz muy honda con mis hermanos, con Fred, que acababa de morir, y mis otros hermanos. Al final de la lectura, coloqué un ramo de claveles rojos sobre su tumba. Una vez finalizado el funeral, mientras nos consolábamos unos a otros, percibí una sensación de profunda compasión y de auténtica unión. Su viuda me agradeció las palabras dedicadas a mi hermano y me pidió una copia. El encuentro que tuvimos después fue muy cálido y amistoso para nuestros amigos y familia.

Fue un proceso curativo radical, y yo percibí una sensación de integridad absoluta. Fue una experiencia que jamás pude creer posible.

Muy cordialmente,
Vi Randall

PD. He incluido la dedicatoria que escribí para mi hermano, ya que fue inspirada en sueños.

Elogio a Frederic

El 8 de noviembre de 1987, el espíritu de Frederic volvió a casa. Estamos en otoño, época de muertes, de reunir en casa todas las cosas que alimentarán la vida en todo el invierno durmiente, también conocida como la estación del fuego. Ésa era la estación de Fred y vivió bien su esencia. Él alimentó a su familia, trabajó con sus manos y disfrutaba totalmente de la vida en compañía de los suyos.

Ahora, 12 de noviembre, honro el espíritu de mi hermano, pronuncio palabras de amor y le envío muchos arcoiris para ayudarle a regresar al Gran Espíritu del que procede toda vida. El Padre Cielo y la Madre Tierra están en armonía hoy para facilitarle un viaje seguro. Durante el año pasado, su madre y su hermana mayor emprendieron el mismo viaje y ahora él se une a ellas. Le echaremos en falta, como también notamos la ausencia de Elsia y Rondalyn, pero siempre hay una estación para todas las cosas. Un momento para la tristeza, para el llanto. Un momento para nacer, para morir. Este es el momento de honrar a nuestro hermano, nuestro amigo, nuestro compañero de alma. Es momento de reflexionar, momento de dejar atrás nuestro temor, nuestros celos, ira, odio y desconfianza. Un momento para reconocer que todos somos una única familia en este planeta Tierra. Un momento para unirnos, en espíritu y armonía, para desearnos y concedernos el mismo amor y paz que deseamos a Frederic. A su viuda, le envío comprensión y amor para que la ayuden a superar esta transición. A sus hijos, les envío la certeza de que su padre les enseñó sabiduría y fe. A sus hermanos, fuerza y serenidad. A todos sus amigos y familia, amor incondicional.

Honremos a Frederic, cada uno a su manera, cuando repose definitivamente junto a su padre. Su viaje físico se ha acabado, pero su travesía espiritual continúa. Desde el padre cielo, invoco al viento para que suavemente lleve a este espíritu a casa. Desde la madre tierra, la invoco para recibirle en casa. Que los espíritus del fuego purifiquen todos nuestros pensamientos, y que el espíritu del agua lave y se lleve todas sus heridas, ira y decepción.

Para acabar, concédeme tu perdón por mis pecados. Te quiero, Frederic, hermano mayor y mentor. Gracias por ser mi maestro. Te echaré de menos.

Meditación del escudo de sueños

La meditación del escudo de sueños se basa en unas técnicas oníricas muy antiguas. Es una práctica muy segura y conviene hacerla antes de acostarte. Puedes grabar esta meditación en un casete para reproducirla cada noche. Habla muy despacio y con un tono de voz relajado. Puedes añadirle un fondo musical suave, y leérsela a amigos o clientes.

Para empezar, tu cuerpo debe adoptar una postura cómoda y descansada, asegurándote de que tu columna vertebral esté recta. Hazlo ahora. Bien. Ahora respira muy profundamente... sin esfuerzo y hondo. Inspira y espira. Muy bien. Es casi como si te respiraran a ti. Es como si nada existiera salvo tu respiración. Adentro y afuera. Todos tus pensamientos y esfuerzos se disipan cuando respiras. Con cada aliento, tu estado es más relajado, y notas que llegas a una mayor percepción de ti misma. Imagínate que fluyes con tu cuerpo con el oxígeno que entra en tus pulmones. Después, sales de tu cuerpo cuando este espira el oxígeno. Adentro y afuera, cada respiro es más hondo. Es como si te deslizaras y avanzaras gracias al suave balanceo del aire que respiras. Se nota un ritmo, un equilibrio en el universo y tu respiración te une a ese ritmo, a esa armonía. Respira despacio y regularmente mientras prosigues tu viaje a un estado muy relajado, pero consciente al mismo tiempo. Deja que tu conciencia vaya rebajándose hasta que no percibas ninguna tirantez en tu cuerpo. Simplemente nota el cuerpo. Bien.

Ahora sientes que cualquier tirantez se deshace como si fuera hielo en una cálida tarde de verano. Muy bien. Te deslizas y flotas. Te deslizas y flotas. Te deslizas y flotas, imagínate con el ojo de tu mente una noche iluminada por la luz de la luna. Caminas por la orilla de un océano en una noche cálida y tenue. Todo tu cuerpo está relajado y te mueves con gracia y facilidad. El murmullo sensual del océano te balancean poco a poco hasta que llegas a una calma interior, profunda y brillante. A lo lejos, ves un lugar que resplandece y brilla con temblor sobre la costa del océano. Mientras te acercas, ves a miles y miles de cristales sobre la arena, y se refleja su belleza luminosa gracias a la luz de la luna. Cada piedra parece tener su propio brillo tan mágico... y tan misterioso. Caminas por encima de toda esa multitud de cristales, cada uno brilla, tan efervescente... cada uno parece iluminado por una luz interior. A lo lejos, observas un cristal muy peculiar... que te atrae. Llegas a él y los recoges. En el mismo instante en que lo tocas con la mano, te asalta el impacto de miles de tranquilas corrientes eléctricas que recorren todo tu cuerpo. Respira hondo y siente el poder que te envuelve. Es el poder que te concede el cristal de sueños.

Cuando dejas este cristal en tu bolsillo, empiezas a escuchar un sonido profundo y resonante. Al tocar el cristal has activado una profunda resonancia dentro de ti, y tienes la sensación de que todo tu ser resuena. Ante ti, bañado con la luz de la luna, ves un escudo que al principio parece translúcido. Es sólo un velo de luz y suena, pero cuando te paras a observarlo se vuelve sólido. Mientras miras a este escudo de los sueños, te sorprenden las partes talladas y grabadas de su superficie en forma de símbolo, un símbolo que sólo tú puedes ver. Nadie debe saber, nunca, lo que representa este símbolo. Es exclusivamente tuyo.

Ahora alcanza el escudo con tu mano. Percibe la gran sensación de seguridad que te brinda con solo tocarlo. Cuando sostienes este escudo de los sueños, te quedas sorprendido al ver que tu entorno cambia. Cuando tocas el cristal del escudo de los sueños, activas un antiguo campo de fuerza muy poderoso... un campo de fuerza que ha deseado activarse de generación en generación... un campo de fuerza que te permitirá acceder a los mismos poderes oníricos que los habitantes de hace siglos.

Ahora la tierra debajo de tus pies empieza a temblar. Sientes enormes y poderosos movimientos de la tierra. Cuando caminas sosteniendo tu escudo, observas una espléndida escena que se forma con la tierra. Las colinas se trasladan de lugar y se forman nuevos valles. Las montañas desarrollan unos cantos dentados que parecen tocar el cielo. Observa cómo la sustancia de la tierra se mueve. Mientras te quedas observando semejantes actos de grandeza tienes la sensación de que tú participas de esa creación... formas una unidad con los elementos de la tierra. La tierra es sinónimo de fuerza física. Representa ser parte de la dimensión física. Toca tu escudo y deja que la tierra convierta a tu escudo en un símbolo de poder. Ahora tu escudo ha sido activado con el poder de los elementos de la tierra.

Reemprendes tu camino, y soplan unos vientos. Cada vez con mayor fuerza, los vientos te azotan y te empujan. Agárrate al escudo y deja que el elemento aire brinde su poder y active tu escudo. El elemento aire desata los ideales más elevados. Es el proceso divino de pensamiento. Ahora debes sentirte fortalecida porque te unes al elemento aire.

El viento amansa... no se mueve nada. Pero sientes la humedad en tu entorno, una gota, otra, luego otra. Indican el inicio de lluvias torrenciales. Ponte el escudo por encima de la cabeza cuando la lluvia cae en cascada por encima de ti y tu escudo.

Ten en cuenta que el elemento agua está activando tu escudo. Debes sentir la fuerza del elemento agua. El agua representa la intuición, y es un aspecto espiritual. Es fluido. Debes unirte al elemento agua, y siente cómo activa tu escudo.

→

Ahora, cuando deja de llover, unas ráfagas de luz interrumpen la suavidad del cielo. Cada vez son más potentes y sus truenos reverberan a tu alrededor con sus sacudidas. Levanta tu escudo por encima de tu cabeza y con los pies bien anclados en la Madre Tierra. Debes sentir la energía del rayo cuando pega contra tu escudo. Siente el poder y la fuerza en todo tu escudo, atraviesa tus brazos, recorre tus venas mientras el rayo se detiene a tus pies y el escudo es activado con el poder del elemento fuego. El fuego representa crecimiento interior. Tu escudo de sueños está completo porque ha sido activado por los elementos Tierra, Aire, Agua y Fuego. Ahora estás preparada para explorar los sueños y vivir aventuras oníricas.

En este momento estás junto a una puerta. Observa por un instante esta puerta. ¿Es grande o pequeña? ¿Es nueva, vieja, está decorada o no? Es la puerta mística que te conduce a tus sueños, y debes examinarla un rato. Tu cristal de los sueños y tu escudo son las llaves que abren esta puerta. Decide qué aspecto quieres explorar en tus sueños. ¿Deseas resolver un problema que tienes en tu vida de vigilia? ¿Quieres aventuras y romances? ¿Quieres explorar el reino psíquico? ¿Anhelas curación para ti y los demás? Decide qué quieres explorar en el reino de los sueños. Hazlo ahora. Bien.

Imagina que sostienes el cristal de los sueños con el tercer ojo (la zona que está ligeramente por encima y entre tus ojos). Dedica tu cristal de los sueños a tu viaje onírico. Debes sostener tu escudo con una mano y el cristal con la otra, y tocar suavemente la puerta con tu cristal. La puerta empieza a abrirse. Mientras tanto, tu escudo y tu cristal se vuelven invisibles, pero siguen siendo parte de tu campo energético. Ahora eres bienvenido para entrar en el mundo de los sueños.

Recuerdas que aceptarás incondicionalmente lo que ocurra en ese estado de sueño. Si notas que tu mente juzga, agradece a la mente por su preocupación y sigue adelante. Si ves enemigos en sueños, enfréntate a ellos. Pídeles un regalo. En sueños, siempre debes encaminarte hacia el placer.

Ahora entra en el reino de los sueños. Invierte un poco de tiempo en explorar la dimensión de los sueños. Hazlo ahora. Recurre a tu imaginación para realzar tus sueños, aunque no te queda mucho tiempo. Hazlo ahora. Prepárate para abandonar el reino de los sueños. Es un reino al que puedes regresar cada noche. Empieza tu viaje con una respiración profunda. Voy a contar de uno a diez y cuando acabe debes volver a la conciencia normal de vigilia. O, si lo deseas, puedes dormir un sueño reparador.

Uno: Cada número que oigas ahonda en tu capacidad para recordar tus sueños.

Dos: Tus sueños son válidos y entiendes su significado.

Tres: Cada sueño, tanto si lo recuerdas como si no, mejora sustancialmente tu vida de vigilia.

Cuatro: Te sientes descansada y rejuvenecida.

Cinco: Estás muy descansada, renovada, y tu cuerpo vibra con una excelente salud.

Seis: Tu capacidad para estar en el momento oportuno en el lugar adecuado se ve potenciada gracias a tus sueños.

Siete: Eres uno de los trabajadores de la luz de la noche y contribuyes al bienestar de los demás durante tus sueños, aunque no seas consciente de ello ocurre.

Ocho: Cuando duermes, ese sueño es profundo y sin dificultades.

Nueve: Cada vez estás más despierta; más despierta.

Diez: Si así lo eliges, ahora puedes pasar a la conciencia normal de vigilia.

¡Dulces sueños!

19
Amante de sueños

«En el mecanismo de nuestro sueños,
éstos son los engranajes de nuestra alma;
compartimos las mariposas de nuestros corazones,
los pájaros de nuestra infancia que nos llaman con amor,
las voces internas que cantan armoniosos al son de su melodía.»

M. Anne Sweet

«Deseo una amante en sueños
para que no tenga que soñar solo...»

Bobby Darin

La meditación de amantes de sueños está pensada para facilitarte una mayor conciencia de tu sensualidad y sexualidad. Cuando tu energía sexual y sensual está abierta y es clara, experimentas y disfrutas la vida con mayor plenitud. Puedes utilizar esta meditación en tus horas de vigilia, o antes de dormir para programar la noche hacia un encuentro sensual.

Mis primeros intentos de crear un amante en el país de los sueños no fue el encuentro mágico que yo esperaba. Mi primer amante fue un hombre pálido, retraído e insípido que parecía tener quince años (aunque trató de convencerme, sin lograrlo, de que era mucho mayor). Eso no era lo que yo esperaba. Acabé el sueño. Mi tentativa a la noche siguiente se centró en un hombre robusto y fornido (no era mi tipo, pero suponía una mejora en relación al pipiolo de la noche anterior) con un bulto considerable en sus pantalones. Afortunadamente, con mi mirada de rayos X de los sueños, pude ver la enorme patata que se había puesto en la bragueta para atraerme a la cama. Una vez más, me retiré sin más explicaciones. Mi siguiente tentativa fue una sombra oscura y amenazadora que trataba de llamar mi atención. ¡Otro fracaso!

Por fin, mi cuarto amante fue un éxito. El sueño sucedía en la Italia del siglo XVIII. Este amante no era ni muy viejo ni muy joven, y estaba dotado con todo el equipo físico necesario. Era fuerte, amable, romántico... ¡era perfecto! Conocí a toda su apasionada familia católica. Luego me comunicó que no haríamos el amor hasta que nos casáramos, y que nuestra boda no se celebraría hasta que su hermano mayor se casara.

Al menos este sueño me dio una pista de por qué me costaba tanto conseguir un amante deseable en sueños. Mi educación puritana hacía inaceptable que a nivel subconsciente tuviera un amante (incluido uno en sueños), porque ya estaba casada. Al hablar de este tema con mi marido, David, me reveló que él siempre había tenido amantes en sueños, y que lo consideraba algo muy importante para completar su bienestar como persona. En resumen, que me alentó en mis aventuras nocturnas.

También sabía que las personas con una vida activa sexual en sueños suelen ser más creativas en todos sus aspectos de la vida de vigilia. Así que intensifiqué mis esfuerzos. Tras unos cuantos débiles encuentros, valió la pena esperar. ¡Lo recomiendo! Un beneficio inmediato fue que mis escapadas oníricas mejoraron sustancialmente las relaciones sexuales que tenía con mi marido.

Es normal que un hombre y una mujer deseen tener una aventura amorosa, no necesariamente porque sufra alguna carencia en su relación de pareja, sino porque desea algún cambio o alguna variedad. Un amante en sueños (o muchos) es una manera constructiva de satisfacer ese deseo de diversidad a la vez que se mantiene intacta tu relación estable. También es un recurso ideal para las personas solteras, ya que un amante de sueños puede calmar la ansiedad de tener pareja. Por lo tanto, tú decides a la hora de elegir a un compañero.

Preparación para la meditación

Si utilizas las oraciones que incluyo a continuación para grabarlas o se las lees a otra persona... crea primero un ambiente agradable... descuelga el teléfono, las luces muy tenues. Debes estar en un lugar donde no te distraigas. En esta meditación debes hablar despacio y con una voz muy sensual. Si grabas tus palabras también puedes añadir una música de fondo. Escoge una música que sea sensual y que te resulte de algún modo excitante.

Meditación para atraer a un amante en sueños

Antes de empezar esta meditación, asegúrate de que tu cuerpo está totalmente relajado y en una postura cómoda. Bien. Ahora comprueba que tu columna vertebral esté recta y tus brazos y piernas sin cruzar. Muy bien. Cuando tu cuerpo cae en un estado de profunda relajación, nota que en cada respiración llegas a un estado hondo de conciencia de ti mismo. Observa tu respiración por un momento. No debes forzar tu respiración ni impedirla, simplemente observarla. Dentro y fuera.. día y noche... luz y oscuridad... blanco y negro... hombre y mujer... yin y yang. Existen dos fuerzas opuestas, aunque complementarias, en el universo. En este momento, te alineas y te unes a esas fuerzas. Dentro y fuera... sigue observando tu respiración. Bien. Ahora cada respiración debe hacerse más honda, llena, honda y llena. Respiraciones hondas y agradables. Muy bien.

Ahora deja que tu imaginación remonte el vuelo y debes verte en un prado encantado e iluminado por la luz de la luna. La Luna se derrama por los cielos en cascadas de luz. Una neblina de jazmín perfumado acaricia los helechos durmientes que ya están acurrucados para la noche. Un búho en tus sueños permanece suspendido en el aire, y su reflejo plateado en el riachuelo sólo lo ven las estrellas. Los árboles del entorno murmuran agradables secretos entre las tenues sombras. Se percibe una magia tranquila en el aire.

Ahora debes invertir un tiempo imaginándote en este jardín secreto de la noche. Hazlo tan real como puedas. Imagínate utilizando todos estos sentidos para experimentar este espacio de belleza sosegada, y debes verte paseando por el prado. Si no puedes visualizar, percibe la sensación de estar en ese prado. Tu cuerpo se nota muy ágil, muy sensual, muy relajado y fácil.

Observas que en el centro del prado hay una cama suntuosa. Es francamente lujosa y voluptuosa. Las almohadas son suaves, redondas y firmes. Debes imaginarte esta cama al detalle para que parezca lo más real posible. Tu cama debe ser perfecta. Puede ser una cama grande y de cuatro patas, como la de abuela, o tal vez una cama con dosel y vestida con tela muy fina, una sábana de tonos radiantes que te acaricie con la brisa cálida. ¿Qué clase de cama es? Visualiza la cama. Ahora, lentamente y con sensualidad, métete en la cama. Sé consciente del opulento volumen de las sábanas. Siente la suavidad sedosa de las telas mientras te deslizas bajo las mantas. Se está tan bien en esta cama. Acariciada por la ligera fragancia de la noche, caes en un profundo sueño. Profundo... profundo... profundo... sueeeeeño.

Entre la magia de la noche, te das la vuelta lentamente y te estiras. Tu mano alcanza un cuerpo cálido. Tus ojos permanecen cerrados, y sabes in-

→

tuitivamente que es tu amante de sueños. Mientras exploras sutilmente las curvas y los valles del cuerpo de tu amante, el crepúsculo de la noche baila sobre tus curvas y los cielos son parte de ti. Unas olas deliciosamente cálidas de intimidad bañan tu ser. Acaricias y posees, y experimentas la respiración suave y conmovedora de tu amante mientras éste te acaricia el pelo. Por un momento, imagínate la más exquisita y extraordinaria noche de amor. Siente tu espíritu y tu ser llegar a límites inimaginables.

Se acerca el amanecer. Permaneces entre los brazos de tu amante, percibes una sensación de integridad y te duermes feliz. Cuando abres los ojos, los rayos de luz te envían flechas amarillas que se dirigen a los rincones felices de los bosques. Tu amante de sueños se ha desvanecido entre los susurros callados de la noche. Una espléndida rosa perfuma tu almohada.

Al final de esta meditación puedes caer en un estado de sueño o seguir con la conciencia de vigilia normal. Si deseas volver a esa conciencia, cuenta de uno a diez y con cada número piensa que estás cada vez más despierta.

El significado de los sueños

Al empezar nuestro viaje nocturno,
dudo, y me siento abrumada
por la inmensidad de la travesía,
la sabiduría innata de mi salvia interior
alivia con sus palabras a mi alma infantil.
Respiro y me voy, el viaje
empieza cuando el espíritu está cerca.

M. Anne Sweet

20
Símbolos oníricos de vida

«Las cañerías se obstruyen y atascan la fosa séptica,
yo monto en cólera ante la injusticia de un amigo,
me digo a mí misma que las cañerías están congeladas por el tiempo,
y que mi amigo hace lo que debe, y yo me lo tomo muy a pecho.
Aumentan las temperaturas, y le digo a mi amigo que llame al fontanero.»

M. Anne Sweet

La luz del sol dorada atravesaba la ventana de una mañana congelada. Me senté y observé ese riachuelo alzarse de mi taza de té de menta, me encantaba la forma en que se torcía entre la niebla con sus saltos etéreos que desaparecían. Abby, mi gato rubio, se desperezó y se retorció de nuevo, arrimando su nariz hacia sus patas aterciopeladas. Pasé mis dedos por su pelambre cálido, me levanté y encendí el televisor. Mientras bebía el té a sorbos, miraba un documental sobre un gobernador turco ciego y las dificultades a las que debía enfrentarse en su vida. Esa tarde decidí escuchar las noticias y *casualmente* vi el final de un programa en el que se explicaban las dificultades a las que debía enfrentarse una joven ciega. (*Cuando escuchas los susurros, después no tienes que escuchar los gritos.*)

Al día siguiente, mientras conducía a casa después de dejar a mi hija en la escuela, pasé por delante de una parada de autobuses. Curiosamente, habían dos hombres ciegos que se apoyaban sobre sus bastones blancos. (*Cuando escuchas los susurros, después no tienes que escuchar los gritos*). Posteriormente, mientras conducía hacia el supermercado, ví a un hombre ciego que se interpuso en mi camino. Frené de golpe, las ruedas derraparonn y el vehículo se detuvo antes de atropellar al hombre. Me paré en una curva para recuperar el aliento. No había prestado atención a los susurros y casi escucho los gritos.

Cada día el universo, de cualquier modo, trata de contarte algo, al igual que tus sueños están intentando comunicarte mensajes durante la noche. Si ves a una persona ciega en tu sueño, puedes interpretarlo como símbolo de algo que estás rechazando ver en tu vida. Tus símbolos de vigilia no son menos viables ni significativos. En un momento particular de mi vida cuando estaba «ciega», había algo que no estaba viendo. Mis sueños de vigilia eran la forma que tenía mi Ser Superior de comunicarme información. Desgraciadamente, a veces tengo que darme golpes en la cabeza antes de reducir la marcha y enfocarme en lo que el Ser Superior está diciendo. Cuando me detengo y observo de cerca las experiencias simbólicas que atravieso, debo enfrentarme a lo que no estoy dispuesta a ver o a lo que estaba «ciega».

La vida de vigilia no es menos ilusoria que la vida de sueños. En mi formación Zen, las imágenes de sueño y de vigilia se consideraban ilusiones. Se nos animaba a tocar una relación más profunda. Utiliza los símbolos que adviertes en tu vida de vigilia de la misma manera que utilizas los del sueño. Por ejemplo, al igual que en sueños tu coche puede ser un símbolo de tu persona y tu cuerpo, las experiencias relacionadas con los sueños pueden ser simbólicas durante tus experiencias de vigilia.

Una mañana de septiembre cargada de energía, Meadow, mi hija de diez años y yo conducíamos a casa procedentes de nuestra cabaña en el campo. David iba adelante con nuestro otro vehículo. Los pinos altos parecían acariciar majestuosamente a las nubes bajas mientras atravesábamos la alta montaña y las pistas vacías de esquí. De repente, el motor de mi coche empezó a acelerar descontroladamente. Frené de golpe, pero el coche seguía cobrando impulso y bajaba a toda velocidad por una carretera de montaña muy sinuosa. Me aferré al freno de mano y tiré de él frenéticamente mientras apagaba el motor. Al final el coche patinó y se detuvo. Cuando vino la grúa, el mecánico que me atendió puso en marcha el vehículo sin ningún problema. «A este coche no le pasa nada, señora.» Sin embargo cuando arranqué, el motor sonaba como si alguien lo hubiera estropeado. Remolcaron el coche unos cien kilómetros hasta llegar a la ciudad.

Consulté a otro mecánico, que me ofreció su diagnóstico: «A este vehículo no le pasa nada, señora.» Pero cuando lo puse en marcha, casi atraviesa la pared negra del taller. (*Si escuchas los susurros no tendrás que escuchar los gritos*). Al final di con un mecánico que determinó que la dirección se había roto.

¿Qué simbolizaba o representaba lo que me hizo el coche? ¿Qué me estaba tratando decir? Para mí, el coche es un símbolo de mi cuerpo o mi ser físico. (Véase «coche» en el capítulo 20, sobre los símbolos oníricos.) Mi coche estaba descontrolado, y no respondía al volante. La única forma en que podía funcionar era «dándole cuerda». En ese momento de mi vida, a mí también me estaban dando cuerda. Trabajaba muchísimo con los seminarios e invertía mucho tiempo pensando (o mejor dicho preocupándome) sobre el futuro en vez de sobre el presente. Los problemas de mi coche me decían que debía reducir la marcha y oler las flores para que determinara el curso de mi vida en la dirección correcta y la disfrutara.

Cada día, de cualquier forma posible, el universo trata de decirte algo. Otro ejemplo de este concepto son las tuberías de mi casa. Para mí, las tuberías representan mis emociones. Si las cañerías se atascan o se congelan, suele ser indicativo de que a mis emociones les pasa lo mismo. Si invierto un poco de tiempo para descubrir lo que me está estancando emocionalmente y dejo que mis emociones corran libres, las cañerías volverán a funcionar bien. Asimismo, he notado que cuando el sótano se inunda mis emociones están desbaratadas, debo centrarme y tranquilizarme.

También conviene prestar atención a las conversaciones que oigas al pasar, por la calle o en el transporte público. Un día, cuando un camarero me guiaba hacia nuestra mesa en un restaurante chino, escuché una frase de una conversación: «No sigas adelante con este proyecto.» Al salir del restaurante, prendí la radio y escuché la canción, «Baby, no vayas; Baby, no vayas». El informativo que siguió a la canción anunció que «se ha aconsejado a los ingenieros que no siguieran con el proyecto». ¿Estaba el universo tratando de advertirme de que no siguiera con algo? Había planeado ir a Washington para trabajar en un proyecto, pero al oír las sutiles voces del universo decidí no ir. Fue una decisión afortunada. El avión que tenía previsto tomar fue obligado a aterrizar en Chicago debido a una situación climática adversa y ningún avión voló a Washington. Si hubiera ido, me habría perdido las entrevistas y malgastado mucho dinero.

Las personas a tu alrededor también pueden ser símbolos de tu crecimiento interior. Por ejemplo, me había mudado a una nueva ciudad y empecé a trabajar en el consultorio. Mi primera clienta me dijo que era agorafóbica. Nunca había oído semejante palabra, aunque luego averigüé que literalmente significaba «miedo a los espacios abiertos», y que era un término aplicado a alguien que tiene miedo de salir al mundo. Curiosamente, mi siguiente cliente también era agorafóbico, y ¡el tercero! ¡Tres seguidos!

Cuando un símbolo aparece tres veces en mi vida (o en mis sueños), empiezo a prestarle atención. Yo sabía que no encajaba en la definición clásica de agorafobia. Yo me sentía cómoda entre las multitudes y no tenía ningún problema en salir de casa. Sin embargo, cuando me analicé a fondo detecté unas cuantas verdades desagradables. Durante la mudanza, dejé atrás a muchas amistades queridas. Mi nuevo entorno me parecía frío y hostil, y no tenía ganas de aventurarme emocionalmente en terreno virgen. Los pacientes de agorafobia eran símbolos vivientes de mi negación a mezclarme en ese nuevo ambiente. Cuando fui consciente de estos pensamientos y sentimientos, empecé a asumir riesgos emocionales, y no sólo comencé a disfrutar de mi nueva ciudad sino que atraje a clientes más extrovertidos. Y, *casualmente*, mis clientes de agorafobia empezaron a notar una mejoría. (Véase también el capítulo 14 sobre los sueños de curación.)

Llegó un momento en que la mayoría de mis clientes eran mujeres que no lograban quedarse embarazadas y deseaban concebir. Sabiendo que yo no quería tener más hijos, me sorprendió ese símbolo. Pero, poco a poco empecé a «dar a luz» a una nueva comprensión de mí misma; las mujeres con las que estaba trabajando concibieron, una por una.

Todas las cosas y personas de tu vida, así como tus sueños, tratan de decirte algo. Desde las vallas publicitarias que ves, hasta las formaciones de las nubes, desde las cosas sencillas, como perder tus llaves, hasta los regalos que te dan. Puedes utilizar los símbolos que te ofrezco en este libro como herramientas de vigilia o de sueño.

21
Métodos de sueño

«O sueños; ¡estad a mi lado!
Dejad que mis sombras de pies ligeros me transporten
bailando por tus cielos de medianoche
riéndose del extremo exterior del universo.»

Denise Linn

Cada mañana te despiertas con un ligero bloqueo de la memoria. Los fragmentos fugaces de los sueños desaparecen rápidamente y las nubes se levantan hasta darte cuenta de que estás aquí... ahora... despierta. De vez en cuando el sueño es tan vívido, que tienes la sensación de volver a él sin dificultad. A veces los sueños siguen obstruyendo la conciencia y te preguntas qué significan hoy para ti, o ayer, o mañana.

Existen muchos métodos de interpretación de sueños. Cada uno puede conducirte por un sendero único que te permita comprenderte a ti y a tu alma interna. La manera de interpretar un sueño es menos importante que el significado que tú deduces de él personalmente. Puedes examinar cada sueño como una nueva revelación separada, u observar tus sueños a lo largo de un período de tiempo como si conformaran una unidad.

He aquí algunos métodos tradicionales de la interpretación de sueños. Puedes probar con varios a la vez o de uno en uno. No hay una manera correcta o incorrecta de hacerlo. Recuerda, diviértete y encuentra un método que a ti te funcione.

Método 1: crea un diario de sueños

Registra cada sueño que recuerdes, y guarda esas descripciones al menos tres meses. Fíjate en los temas, personas, lugares, sentimientos o situaciones recurrentes. Los mensajes importantes del inconsciente pueden quedar al descubierto gracias a este método. (Ver el capítulo 6 sobre recuerdo de los sueños.)

Método 2: créate un diccionario de sueños

Créate un diccionario de sueños con los símbolos que te resulten únicos. Cuando te despiertes después de un sueño, escribe los distintos símbolos que se hayan aparecido en él. Luego haz una lista del significado que personalmente asignas a esos símbolos. Cuando empieces a buscar información suficiente sobre tus símbolos oníricos personales, ordénalos a modo de diccionario. Consulta este diccionario cada vez que analices un sueño. Verás que cuanto más utilices el diccionario más aprenderás de los símbolos apuntados, ya que esta práctica es una manera de ganar conciencia sobre uno mismo.

Método 3: observa tus sentimientos

Busca el sentimiento o la emoción que hayas percibido en tu sueño. Ahora recapacita sobre tu vida y recuerda cuál fue la última vez que sentiste eso mismo, y qué situación evocó una emoción parecida. Lo más probable es que esa situación concreta o sus temas subyacentes hayan evocado ese sueño. Observar tus sentimientos puede ser una herramienta muy valiosa que te ayudará a descubrir el significado de tu sueño.

Método 4: habla con tu guía de los sueños

Pídele al guía de tus sueños que te ayude a entender o a interpretar tus sueños. Este es el método que más me funciona. (Véase el capítulo 17 sobre los guías de sueño.)

Método 5: Gestalt y los sueños

Regresa a tus sueños y piensa en el papel de cada personaje. Por ejemplo, tal vez hayas soñado en un «hombre», un «niño» y una «estufa de madera». En este método, puedes decir, «soy la estufa de madera y represento a_____» (puedes decir que te representa a ti, o pueden simbolizar «el calor retenido» o a «la familia y amigos»). En este ejemplo dirías, «soy el niño y represento_____.» Haz lo mismo con cada personaje de tu sueño hasta que quede claramente definido. Una vez definidas las distintas partes de tu sueño, haz que hablen entre ellas. Para facilitar el proceso utiliza tres sillas. Una representa la estufa de madera, la otra el niño y la tercera el hombre. Siéntate en la silla «de la estufa de madera» y háblales a las otras dos sillas; en esta conversación puedes decir, «represento a la familia y amigos, así como al calor interior, y creo que las familias siempre deberían permanecer unidas como cuando se sientan alrededor de un fuego y una estufa de madera». Después, siéntate en la «silla del niño», y puedes decir: «soy el niño y no quiero estar con la familia sentada alrededor de la estufa. Quiero estar fuera para corretear y jugar. No quiero permanecer atado, me siento encerrado y sofocado cuando me siento con la familia.» Debes seguir hasta completar todos los personajes, de manera que te formes una idea verdadera del significado de tu sueño.

Método 6: dibuja tu sueño

Dibuja imágenes que ejemplifiquen tus sentimientos o el entorno que recuerdes del sueño. Emplea colores que reflejen el tono del sueño. No siempre tienes que dibujar las imágenes exactas. Por ejemplo, un caballo negro no siempre tiene que parecer lo que es. Puedes dibujar la sensación que te produce lo «negro», el «movimiento» o el «poder». Este ejercicio te invita a soltarte de modo que algunos de tus sentimientos inconscientes salgan a la superficie.

Método 7: asociación libre

Este método se basa en la teoría más aclamada de Freud. Consiste en escribir asociaciones o la primera idea que te venga a la cabeza por cada parte del sueño. Esto te dará la clave para dilucidar los temas principales que tratas en el sueño. Por ejemplo, imagínate que sueñas sobre un conejo. Un ejemplo de asociación libre sería: «Conejo - Pedro Conejo - mi hermano Pedro me solía vapulear - eh», estos días me siento realmente vapuleado por la vida.

Método 8: finge ser un marciano

Finge que cuentas tu sueño a un ser de otro planeta, y que el extraterrestre no sabe nada sobre la Tierra. Por ejemplo, en tu sueño aparece una escoba. ¿Cómo se la describirías a tu amigo de Marte? Puedes decir: «una escoba es un objeto largo que lo acercas a ti y luego lo apartas. Te ayuda a quitar las cosas que no quieres.» Cuando ya le hayas descrito la escoba a tu amigo imaginario, fíjate en tu vida y si hay algo en ella que deseas eliminar. Puede ser algo que acercas a ti y luego lo apartas. Cuando empiezas a describir literalmente las partes de tu sueño al extraterrestre y con un lenguaje básico, en muchos casos ves claro el significado de tu sueño.

Método 9: pon fin al argumento

Vuelve a tu sueño en tus horas de vigilia y relhazo de manera que acabes saliendo ganando. Eres libre de cambiar cualquier parte que no te guste. Puedes ser el héroe o la heroína. ¡Conquista los enemigos de tus sueños! Pon a tu sueño un final feliz.

Método 10: escenifica tu sueño

Los indios iroquianos escenificaban regularmente sus sueños en forma de representación teatral. Tú también puedes hacerlo. La idea es que tu cuerpo escenifique los distintos aspectos de tu sueño. Esto empieza a integrar el significado de tus sueños a un nivel más profundo en tu realidad física.

Método 11: simbología

Consulta el diccionario de símbolos que incluyo en los últimos capítulos del libro y lee los que hayan aparecido en tu sueño. Fíjate en los colores, en los números y en otra variedad de símbolos. Céntrate en los que te parezcan aplicarse a ti.

Método 12: método del reloj chino

Véase el capítulo 23 sobre la interpretación del antiguo reloj chino de los sueños.

Método 13: el método Kelly

Consiste en pasar el recuerdo del sueño al lado derecho del cerebro. Es decir, piensa en el sueño centrándote en la parte derecha del cerebro, que es la parte intuitiva del cerebro. Luego sé consciente del lado izquierdo del cerebro, que representa la parte analítica. Reproduce mentalmente el sueño. Observa las diferentes sensaciones que experimenta tu cuerpo cuando reproduces el sueño en una parte del cerebro y luego en la otra. Observa también cómo reproducir el sueño suscita distintas emociones según la parte del cerebro que utilices. Es posible que la interpretación del sueño varíe según el hemisferio del cerebro que elijas.

22
Estaciones

*«El primer sueño del año,
lo guardo como un secreto
y me sonrío.»*

Sho-u

La dimensión terrestre depende de las estaciones del año. Todo lo que mora en el planeta se ve de algún modo afectado por las estaciones. En la antigüedad la comprensión del poder de las estaciones se consideraba algo necesario para entender los misterios de la vida. En el año 250 a. C se fundó una escuela de misterios secreta en China que centró sus enseñanzas entorno a una comprensión esotérica de las estaciones. Esa enseñanza la heredaron las sociedades secretas de la Edad Media y al final desembocó en el estudio de la astrología. Cada una de las estaciones del año surte efecto en nuestra psique y cada estación representa una parte integral de lo que somos. Al igual que pasamos por unos ciclos de aprendizaje y de descanso, también atravesamos ciclos mensuales y anuales. Asimismo, el sueño sigue los ciclos de la naturaleza a lo largo del año.

Invierno

*Bajo la luna de invierno
el viento del río
endurece las rocas*

Chora

Los sueños de los meses de invierno son los más claros y poderosos, y guardan una relación directa con la conciencia espiritual de las personas. Es tu momento de crecimiento interior, tu momento para reflexionar. Estos sueños son semillas que se plantan para que den sus frutos todo el año. Es el momento en que suelen producirse los sueños visionarios sobre guerra, religión y política. En invierno es más fácil recordar los sueños, porque te preparas para florecer en primavera. Un escenario invernal en un sueño indica que diriges internamente tus energías.

Primavera

Sí, ha llegado la primavera,
esta mañana una colina sin nombre
queda envuelta entre la niebla

Basho

Los sueños de primavera tienen que ver con un cambio de dirección. Tratan de tu ser emocional, tus sentimientos hacia ti y los demás. Es un momento propicio para tener sueños sobre maternidad, enseñanzas y enfermedades. Un paisaje primaveral en un sueño significa un nuevo crecimiento o nuevos comienzos.

Verano

La nube estival
la roza la caña
de un pescador

Chiyo-ni

Los sueños de verano tienen que ver con tu ser intelectual, tus procesos de pensamiento e inquietudes sociales. Los sueños visionarios sobre ciencia e inventos suelen sobrevenir en esta estación más que las demás. El paisaje estival en un sueño puede representar la dicha sin fin.

Otoño

Las montañas de otoño;
aquí y allí
amergen en humo

Gyodai

Los sueños del otoño tienen que ver con finales o un estado completo. Suelen guardar alguna relación con tu cuerpo físico, o con la sexualidad, la creatividad y con un estado acabado y final. Es el momento del año en que es más probable recibir inspiración creativa en los sueños. Soñar en un paisaje otoñal se relaciona con la cosecha o la abundancia de ideas, creencias o bienes materiales.

23
Interpretación de sueños según el antiguo reloj chino

«El gallo matutino canta,
los sueños se acaban...
¿O están empezando?»

Denisse Linn

El velo de niebla y misticismo que envuelve a la medicina china ha empezado a revelarse en los últimos años, y actualmente los médicos occidentales son más propensos a dar credibilidad a este antiguo arte curativo. Los chinos administraban un sistema curativo muy complejo y práctico mil años antes de que los médicos occidentales empezaran a hacer sangrías con sanguijuelas. Los descubrimientos más importantes, como el de la circulación de la sangre, se mencionan en el *Libro del emperador médico de medicina interna*, escrito hace cuatro mil años.

En la cosmología china, el origen de todas las cosas es el *tao*, considerado como la ley del universo. Del *tao* fluye la energía *una*. Las dos fuerzas opuestas del universo, pero a la vez complementarias, se mezclan y conforman la energía *una* denominada yin y yang. El yin representa la energía femenina —se corresponde con lo oscuro, lo suave, lo receptivo, lo húmedo, lo frío y lo decadente—. El yang representa la energía masculina —se corresponde con lo ligero, seco, caliente, activo y ascendente—. Es el baile, la interacción dinámica entre estas dos fuerzas, lo que crea la energía de fuerza vital *chi*. El *chi* es la fuerza vital que existe en todas las cosas, desde la materia etérica, como la luz, hasta lo más denso, como el granito. Toda materia está impregnada de *chi* y éste se divide en distintos aspectos cuando se manifiesta en el universo. Estos aspectos distintos o elementos se corresponden con las estaciones del año, los órganos del cuerpo y las horas del día.

Se manifiestan en la humanidad, de manera que nos unan a nuestro entorno. Cada hora del día se corresponde con un órgano y una emoción.

Este sistema, basado en la filosofía china, divide el día en distintos períodos. Cada uno se relaciona con un órgano del cuerpo. Al igual que cada órgano tiene sus correspondientes emociones y características, los sueños que recibes en cada período de tiempo también serán únicos en sus características. Por tanto, conviene apuntar las horas en que sueñas para utilizar correctamente este método y sacarle el mayor provecho.

A continuación se incluye una guía horaria que te ayudará a interpretar tus sueños basándonos en las horas.

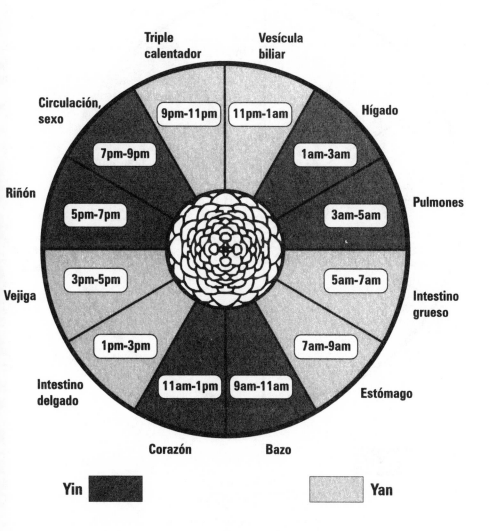

El reloj chino en un período de veinticuatro horas

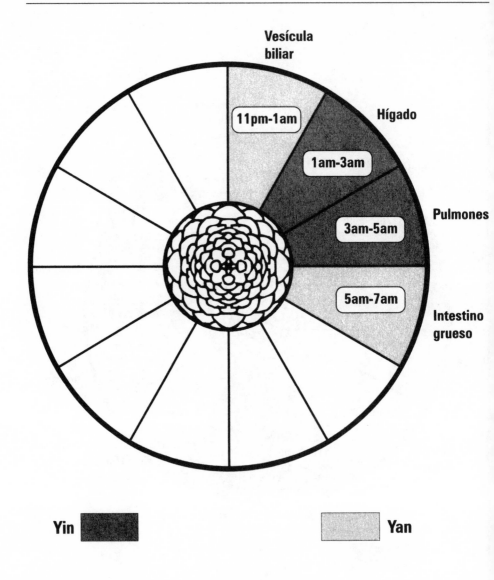

Vesícula biliar

Hígado

Pulmones

Intestino grueso

11pm-1am

1am-3am

3am-5am

5am-7am

Yin ▮ ☐ Yan

11 pm – 7 am

11 PM – 1 AM

Si sueñas durante el período de tiempo comprendido entre las once de la noche y la una de la madrugada (el período de la vesícula biliar, según los antiguos chinos), tu sueño acostumbrará a centrarse en temas de ira sin resolver, especialmente una ira dirigida a las circunstancias externas. Cualquier dificultad que surja en este período debe abordarse en el estado de sueño. También es un momento de valentía. El valor que obtienes de tus sueños se traducirá en tu vida de vigilia.

1 AM – 3 AM

Los sueños entre la una y las tres de la madrugada, la hora del hígado, suele tener que ver con temas de ira dirigida a uno mismo, purificación y la voluntad de vivir. Los sueños en este período revelarán áreas que deben purificarse en tu vida. El hígado es el único órgano que puede regenerarse. En este período tus sueños guardarán relación con el futuro y también con una regeneración personal.

3 AM – 5 AM

Los sueños entre las tres y las cinco de la madrugada, la hora de los pulmones, guardan relación con un desarrollo espiritual, el dolor interno, recibir amor, desapegarse de algo, integridad, libertad y expresión. En este período es más probable recibir sueños transformacionales o psíquicos, en otras dimensiones, o sueños de un ser querido que haya fallecido. Es un momento excelente para los viajes astrales y la mayoría se producen en este período. Los antiguos chinos decían que éste es el comienzo del día espiritual. Tendrás sueños sobre nuevos comienzos en tu desarrollo espiritual.

5 AM – 7 AM

Entre las cinco y las siete de la madrugada, el tiempo del intestino, recibirás sueños sobre temas que están obstruyendo tu vida. También es un período para manifestar dolor exterior, discernimiento, atención hacia los demás o incrementar la fortaleza personal. Puedes recibir sueños que tengan que ver con otras personas. Asimismo, en este período suelen sobrevenir los sueños sobre el pasado o de vidas pasadas. Es un espacio para discernir la información y las experiencias reunidas durante el día.

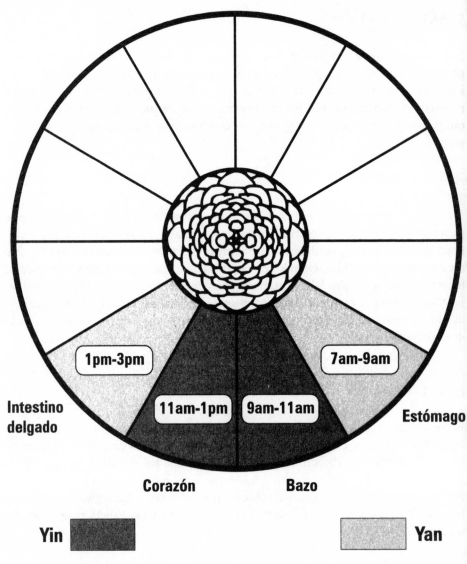

7 am – 3 pm

7 AM – 9 AM

Lo sueños entre las siete y las nueve de la mañana, la hora del estómago, tienden a centrarse en la digestión de nuevas ideas. También pueden guardar relación con temas que te cuesten asimilar en tus circunstancias personales. Es posible que estos sueños tengan que ver con la compasión y la empatía hacia los demás. Es un buen momento para curar a terceros, y excelente para recibir ideas creativas o las respuestas a problemas que te atormenten.

9 AM – 11 AM

Los sueños entre las nueve y las once de la mañana entran en la hora del bazo y el páncreas. Es un momento óptimo para la aceptación de uno mismo y estos sueños se centrarán en aceptar la bondad de la vida. Aquí es cuando recibimos sueños curativos, al Guerrero Místico. Es un período para acabar humanamente con todo lo que no funcione en tu vida. Insisto en que es un momento muy propicio para la autocuración física.

11 AM – 1 PM

Los sueños que ocurran entre las once de la mañana y la una de la tarde entran en la hora corazón. Suelen ser sueños de alegría y celebración o sueños que revelan bloqueos en tu vida. Pueden guardar relación con tu ser espiritual y el terrestre. También es un momento excelente para los viajes astrales.

1 PM – 3 PM

Los sueños entre la una y las tres de la tarde entran en el período intestino. Los sueños en este período tienen como finalidad absorber y asimilar lo que has recibido durante el día.

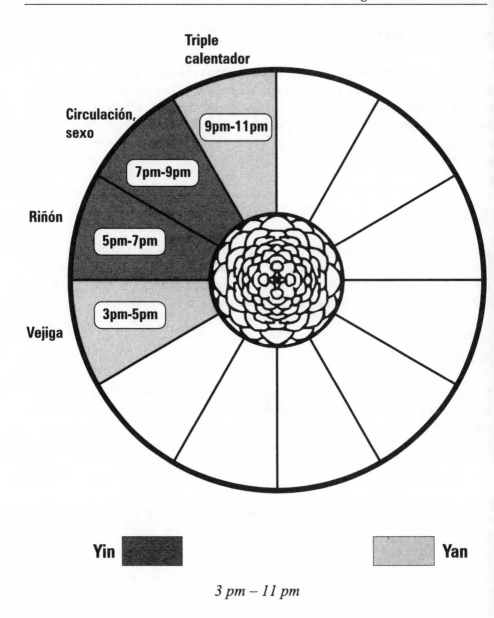

3 pm – 11 pm

3 PM – 5 PM

El período de la vejiga está comprendido entre las tres y las cinco de la tarde. Estos sueños revelan zonas de temor, especialmente hacia algún aspecto de la vida exterior. Estos sueños te ayudarán a desprenderte de ideas viejas y relaciones que no funcionen. Te ayudarán a desprenderte de lo innecesario y que el poder del Gran Espíritu fluya en ti.

5 PM – 7 PM

Los sueños que ocurren entre las cinco y las siete de la tarde, el período riñón, te ayudarán a desprenderte de miedos interiores, y pueden guardar relación con el miedo a ser lo que realmente eres. Es un momento en el que experimentas sueños relacionados con miedos de tu infancia, lo cual te ayudará a resolver aspectos como la crítica y la decepción. Los riñones van unidos al elemento agua y el agua representa transformación. Será un momento de transformación porque te desprendes del temor. También es la hora de transición entre la muerte y el renacimiento de ideas, creencias y actitudes.

7 PM – 9 PM

Los sueños que ocurren entre las siete y las nueve de la noche entran en lo que se conoce como la hora de la circulación y sexo. Estos sueños aludirán a estar en el momento oportuno en el lugar adecuado, y se centrarán en temas de control interno. Merece la pena comentar que en muchas comunidades espirituales los discípulos duermen durante estas horas.

9 PM – 11 PM

Si sueñas durante las nueve y las once de la noche, un período conocido como triple calentador, te encontrarás con sueños relacionados con temas de control, no un control de ti mismo, sino un control de tu ambiente externo. También puedes recibir sueños sobre el movimiento exterior de tu vida, romper con viejos cánones y el establecimiento de nuevos. Es un momento para equilibrar el control en tu vida, que no debe ser ni demasiado ni poco.

24
La Luna

«Sueño de luna que cruza el cielo nocturno,
se eclipsa al pasar; siente el vaivén de las olas en el interior,
se nota un instante de temor ante el elipse total,
déjalo que pase y reanude el ritmo de las olas.»

M. Anne Sweet

Ella es visionaria. Viaja en silencio por la noche, emisaria de la tierra de los sueños. Es la diosa blanca de plata, iluminadora de lo inconsciente, reveladora de las fuerzas misteriosas. Las mareas son suyas. Las mareas de los grandes mares... mareas de los cielos... de los reinos internos de la noche... las mareas secretas de la muerte y el nacimiento... las mareas de los ciclos menstruales de las mujeres.

Ella es una diosa celestial de los sueños. Dirige lentamente a las mareas de la Luna hasta el centro del alma... mareas que vienen y van. Todos estos secretos pertenecen a ella.

Rige las grandes profundidades de donde empezó toda vida. Es la señora de las mareas internas que nunca cesan. Gobierna las fantasías y la intuición. Es la reina de la noche bañada por la Luna. Aporta creatividad y visión a la mareas oníricas de la noche.

El sueño y la oscuridad son sus amables compañeros. Regresa un mes tras otro con fuerza renovada. Une a elementos opuestos, transformando la oscuridad en luz. Es la fuente de todo renacimiento físico y espiritual, así como de la iluminación. Se desliza en cascada desde las puertas del cielo en forma de luz. Ella está en la luna... una poderosa energía espiritual de nuestro planeta y regente de las mareas de los sueños que van y vienen durante la noche.

La conciencia lunar surge del centro de nuestro ser; es inherente a nuestros instintos. Para los pueblos primitivos, la Luna era un símbolo visible y venerado de nuestros estados interiores de sueño. Hoy en día, la luna alcanza el recuerdo de las artes olvidadas, una de las cuales consiste precisamente en recordar y comprender nuestros sueños. Las antiguas civilizaciones honraban a la Luna porque desempeñaba un papel fundamental en sus vidas cotidianas. Observaron que los cultivos crecían según la estación del año y en concordancia con los ciclos de la luna. El ciclo mensual de las mujeres iba a la par con los ritmos lunares. La Luna era el símbolo por excelencia de la fertilidad en el universo; su suave rocío humedecía las plantas tras el calor del día. La luz de la luna invitaba a que emergiera la vida de las semillas durante la noche. Con la misma fuerza mística, desenterraba a las plantas, producía el sangrado mensual de las mujeres, y la marea del mar. La Luna portaba sabiduría a través de los sueños nocturnos.

La Luna era necesaria para todos los aspectos de la vida, y sus ciclos eran imperativos en cuanto a la fertilidad. En el pasado se reconocía la relación tan importante que existía entre los sueños y la vida de vigilia. Desde la noche, desde el dominio tan especial que ejerce la Luna, traía el sueño y las visiones, y los sueños se honraban como mensajes que enviaba la Luna para que los humanos se acataran a ellos al día siguiente. Se creía que la Luna originaba la creatividad.

Cada civilización observó que estar en sincronización con los ritmos de la luna incidía en la salud y en el equilibrio de las personas. Así pues, estos pueblos medían cualquier aspecto de la vida según los ciclos lunares. Actividades como plantar un cultivo, cortar el pelo o entrar en guerra se consideraban un desenlace más exitoso si se realizaban en concordancia con los ciclos lunares.

Nuestros ciclos corporales constituyen uno de los aspectos más básicos de nuestra existencia. Estos flujos internos parecen definir la manera en que nos experimentamos a nosotros mismos y el entorno. La Luna es uno de los principales reguladores de muchos de estos ritmos individuales. La Luna afecta a las mareas sobre la superficie de la Tierra, y modifica ligeramente la órbita del planeta. Esta atracción cíclica afecta espectacularmente a nuestros fluidos corporales así como a nuestros estados de sueño. Puesto que nuestro organismo está compuesto de un 98 por ciento de agua, y en vista de que nuestra sangre tiene una composición química muy parecida a la del agua marina, es fácil comprender de qué manera nuestros estados de sueño y cambios corporales sincronizan con las mareas del océano y las fases lunares.

Un conocimiento profundo de la Luna, así como la exposición a ella, puede reforzar nuestro conocimiento interno. Par dominar los estados interiores de sueño hay que adquirir primero una comprensión y alineamiento con los ciclos lunares. La vida es cíclica. Conocer mejor los ciclos de la luna, así como nuestros propios ciclos vitales, nos permitirá interpretar con mayor acierto nuestros sueños. Para reforzar ese entendimiento e interpretación de nuestros sueños, es fundamental crear una cierta alineación con la Luna y sus ciclos.

Uno de los principios universales que los pueblos antiguos aprendieron de los ciclos lunares fue la pauta básica de renovación. El descanso, la meditación y la gestación se trataban con la misma reverencia que la productividad. El respeto por igual a todas las partes del ciclo es algo que queda claramente recogido en el concepto oriental del ying y el yang y su concordancia con las leyes cósmicas del equilibrio.

Cada ciclo lunar se divide en cuatro ciclos menores: luna nueva, luna creciente, luna llena y luna menguante. Cada ciclo dura siete días aproximadamente. El inicio y el final de un ciclo está sujeto a cambios, puesto que estos ciclos siguen una pauta fluida igual que nuestra energía física.

La luna nueva es tiempo de renacer. Durante su ciclo, descansa, relájate y medita. Lo que soñamos en este período refleja el movimiento más hondo e interno de tu ser interior. En esos días del mes las mujeres indias americanas se retiraban a los bosques para descansar y comunicarse con el Gran Espíritu. Entre tanto sosiego, los sueños abonan el terreno de tu alma interna para plantar las semillas en los próximas semanas.

Cuando la Luna es creciente, tu energía se expande. Cuando la Luna se agranda, empieza a poner en práctica las revelaciones que recibas en tus sueños durante la luna nueva.

La luna llena es la culminación de la semilla plantada en luna nueva. Durante este ciclo, libera la plenitud de tus energías creativas y adopta una actitud animada y viva. Participa totalmente de la vida y disfruta el baile de la celebración. Diversas investigaciones indican que éste es el ciclo en el que se produce la actividad onírica más vívida. También es el momento más propicio para recordar sueños, y el número de sueños también se incrementará durante la luna llena.

La luna menguante es el momento idóneo para asimilar y absorber todo lo que has aprendido en las últimas semanas. En este período, los sueños serán de reflexión e introspección. Cuando empieces a integrar tus movimientos vitales con los ciclos de la luna, fluirás en armonía con la fuerza más primordial y poderosa de la naturaleza. Tu vida onírica realzará su viveza y accesibilidad.

Una manera de integrar los ciclos de la vida con los de la Luna es crear un ritual lunar. En los antiguos rituales de esta índole, así como las visiones y la intuición, se valoraban como auténticas necesidades en la lógica del vivir. De hecho, sin estos estados, se creía que no era posible alcanzar un equilibrio de la vida y que menguaba la comprensión del universo. Para lograr un equilibrio individual y colectivo es esencial recuperar un mayor entendimiento de estos estados de ser, lo cual puede conseguirse creando un ritual lunar casero.

Un ritual lunar consiste en la canalización de energías del universo, utilizando la Luna como punto focal con la intención de entrar en niveles superiores de conciencia. Todos los misterios y poderes del subconsciente quedan recogidos y simbolizados en un ritual lunar. Es esa cualidad tan esquiva con la que las antiguas sacerdotisas deseaban fusionarse.

Podemos utilizar un ritual para cambiar nuestras percepciones de la realidad. Es un suceso simbólico, y puede ser de naturaleza simple o compleja. El ritual trata de hacer más tangible un suceso que haya ocurrido en el plano interno, y en cada ritual se inicia cierta transformación de la personalidad. Es una manera de experimentar la conexión íntima con todo el universo.

He aquí unos cuantos rituales lunares sencillos y actuales que puedes practicar para realizar la calidad de tus horas de sueño:

- Sitúate frente a una ventana o en el exterior durante las distintas fases de la luna.

- Levanta tus brazos hacia la Luna como hicieron las civilizaciones antiguas. Siente la energía de la luna llenando cada célula de tu ser.

- Toma un baño lunar y deja que los rayos de la luna te limpien, penetrando en las partes más profundas de ti como si fueran olas de mar.

- Baila ante la luz de la luna; debes moverte con abandono, sin planificar tus pasos.

- La luz del sol debe bañar un vaso lleno de agua, y antes de dormir bebe el agua porque ha sido energizada con la fuente vital más profunda de todas.

Un ritual está compuesto de una serie de acciones concretas para producir un cambio. Su origen se remonta en la psique de cada individuo. Por tanto, ya posees los ingredientes de tu inconsciente para generar todas las experiencias que desees. Observa tu interior y crea un ritual lunar que tenga algún significado para ti y tus necesidades, utilizando símbolos y objetos que los veas como representaciones de las cualidades internas de los sueños.

El ritual lunar de sueños que yo he creado es muy sencillo. Trazo un círculo con piedrecitas y palitos. El círculo representa la totalidad y mi mundo interno de los sueños. Sin principio ni fin, representa el ciclo del universo, la fuente y regreso último a la fuente. El círculo representa la Luna y mis sueños, el origen de la vida y la unidad. En ese círculo, coloco objetos que tengan un significado especial para mí y que simbolicen el mundo místico de los sueños. Entre ellos se encuentra la piedra selenita, cuyo nombre proviene de la diosa de la Luna, Selene. Esta piedra es una herramienta excelente para facilitar el recuerdo y la comprensión de los sueños.

Para reforzar el aspecto ceremonial de mi círculo lunar, empiezo por dedicar mi energía al espíritu vivo en todas las cosas y en mis sueños. Luego compongo una melodía sencilla relacionada con los sueños, así como un baile que invoque el poder de la vida y mi naturaleza interna. Una vez acabado el ritual, recojo con cuidado los objetos tan preciados que he utilizado en mi ritual y los guardo en un sitio especial hasta mi próximo ritual lunar.

Cuando creas por primera vez tu ritual lunar y lo practicas, es normal que al principio te sientas extraña y absurda haciéndolo. Pero cuando superas esos sentimientos vivirás el ritual como un acto sagrado. Al iniciar el ritual, tus verdaderas emociones quedan enterradas debajo de unas capas de pensamiento lineal y racional. Pero, si persistes en tus intentos, el hemisferio derecho de tu cerebro, el lado Isis, dominará la experiencia y entenderás la realidad interna de estos actos rituales. Como resultado de todo ello, sentirás que caminas en armonía con los ciclos internos de la naturaleza, en armonía con tus sueños y la sabiduría interna de la noche.

25
Colores

«El océano se mezcla en el horizonte con el cielo azul
expandiéndose en un azul intenso de espacio infinito;
permanecer en la costa, con las olas lamiéndonos los pies,
es tocar el universo y ser uno con él.»

M. Anne Sweet

Sin lugar a dudas, el color desempeña un papel fundamental en la vida de las personas. Diversas investigaciones indican que incluso a los ciegos les afecta el color. Las
distintas tonalidades cromáticas inciden en el teatro de la noche, ofreciéndonos un valioso conocimiento sobre el color y el tono de nuestra experiencia de vigilia.

Soñar en color

Se barajan diversas teorías sobre si soñamos en color o no. Calvin Hall, un investigador del sueño que ha recopilado descripciones de miles de sueños, asegura que
dos tercios de nuestros sueños son en blanco y negro. Cree que sólo un sueño de
cada tres presenta algún color. Hall explica que pocas personas sueñan completamente en color, y que algunas nunca ven colores en sus sueños. [1]

Esta opinión, no obstante, no la comparten todos los expertos. Gladis Mayer,
otra exploradora de sueños, afirma que todos los sueños son en color. Asegura
que, del mismo modo que todos soñamos, aunque no siempre recordamos los sueños, siempre soñamos en color, pero no nos acordamos de estos. [2]

Aldous Huxley en su libro *Cielo e infierno* afirma que los sueños no tienen que
ser necesariamente en color para que sus símbolos sean significativos. «Cabe señalar —añade— según la experiencia de muchas personas, los sueños más coloridos son los paisajísticos donde no se aprecia contenido dramático ni una referen-

cia simbólica al conflicto, simplemente la presentación de un hecho no humano a la conciencia.» Es de la opinión de que cuando los símbolos expresan conflictos psicológicos, el color no es un elemento necesario. Por tanto, el color aparece en las zonas donde no hay conflicto alguno. Algunos investigadores no están de acuerdo con esta teoría porque creen que todos los sueños encarnan algún tipo de conflicto. Otra objeción a esta teoría es que algunas personas siempre sueñan en color, independientemente de cualquier componente conflictivo. [3]

Una teoría sobre la presencia del color en los sueños es que los colores pueden apuntar a una enfermedad. Una hipótesis sugiere que los sueños donde hay un exceso de verde indican una alteración del hígado. Los sueños con exceso de rojo nos advierten de la posibilidad de una hemorragia, problemas cardíacos o de circulación. Yo añadiría que esta teoría tiene cierta credibilidad, los sombreados en verde o rojo también son un factor a tener en cuenta. Un juego de distintas tonalidades sin encajar puede indicar una futura enfermedad. Sin embargo, un nítido verde primaveral puede significar la existencia de una poderosa energía curativa y el rojo brillante implicar fuerza física y potencia sexual. [4]

Una cuarta teoría sobre el color se relaciona con el talento artístico del soñador. Según dicha teoría, quienes sueñan en color tienen una mayor comprensión y conciencia del color que el individuo medio, y por tanto son excepcionales en el campo del talento artístico. Los defensores de esta teoría señalan que asistir a clases de pintura incita a soñar en color. [5]

Comprender a fondo la importancia del color en los sueños es una de las herramientas más sencillas y útiles de interpretar correctamente nuestros sueños. Sin nos fijamos, todo lo que percibimos a nuestro alrededor con la vista refleja color. Donde los colores cambian o donde confluyen distintos tonos define la forma y las dimensiones de todo lo que vemos. En la mayoría de culturas milenarias con tradiciones esotéricas siempre se ha recurrido al color para comprender correctamente los sueños. Entender el color es entender la esencia de la energía.

Vivimos en un océano expansivo de energía que consta de vibraciones vitales que vibran a distintas velocidades y grados de intensidad. Es un océano de energía que baila en remolino y cuya materia está en constante cambio. Es energía en estado sólido, líquido y gaseoso, y en cada uno encuentra su lugar temporal en el universo. La luz y el color son vibraciones en este intercambio eterno de energía. Los colores cálidos de rojo, naranja y amarillo poseen un nivel vibratorio menor en la escala electromagnética, mientras que los colores fríos, como el verde, azul y púrpura tiene un índice mucho más rápido.

Isaac Newton, en 1666, fue el primer hombre en descomponer la luz de sol en colores. Con un prisma, Newton produjo un espectro que dividía la luz natural, o luz blanca, en siete bandas de color: rojo, anaranjado, amarillo, verde, azul, índigo y violeta. Como la luz viaja a 300.000 kilómetros por segundo, vibra. La luz es energía radiante que viaja en forma de rayos u ondas. Estas longitudes de ondas se miden según a frecuencia. Cuanto más corta, más elevada es la frecuencia.

Tú también eres una serie de campos magnéticos. Tu cuerpo entero vibra constantemente en un campo de energía, alguna muy sutil y otra manifiesta. Estás constantemente en movimiento. Los campos energéticos de tu cuerpo se ven afectados por las energías siempre cambiantes de tu entorno, como la luz del sol y el viento, los campos energéticos de otras personas y la energía de los alimentos que ingieres. Continuamente, tu cuerpo y tu ser se ven profundamente afectados por la energía del color.

Aunque no seamos conscientes de ello, nosotros reconocemos el poder que tiene el color en nuestra vida. Lo utilizamos en expresiones como: «fue un día negro», «ve la vida de color de rosa» o «se puso verde de envidia». El color desempeña una función muy importante en cada aspecto de nuestra vida.

Hubo un a época en que el color se tenía como algo mucho más importante de lo que se considera hoy. De hecho, no fue hasta hace relativamente poco que el color se percibió como un elemento exclusivamente decorativo. En la historia de la humanidad, se creía que el color era uno de los símbolos más importantes del mundo. El significado más profundo de cada color era una parte integrante de las civilizaciones antiguas que exploraban los sueños. Mesopotamia, Egipto, Grecia, China y Tíbet así como las culturas tradicionales de los indios nativos norteamericanos, e incluso los europeos medievales, utilizaban el poder del color. Incluso los científicos y psicólogos modernos reconocen y utilizan el color para fines terapéuticos y medicinales.

Los investigadores han descubierto que los colores específicos suscitan respuestas parecidas en las personas independientemente de su trasfondo cultural. El naranja-rojo siempre se percibe como un color estimulante, mientras que el azul marino produce una respuesta relajante. Al parecer, la psicología del color traza divisiones claras de nacionalidad, raza y cultura de manera muy parecida a como lo hace la música.

Naturalmente, en tu sueño aparecerán distintas tonalidades de los siete colores principales. Cuanto más nítido sea el color, más exacta es la descripción de ese símbolo. Si es borroso significa que ese aspecto está bloqueado.

Rojo

El rojo se corresponde con el primer chakra, la zona en la base de la columna vertebral. Nuestro impulso para sobrevivir y existir lo simboliza el color rojo. El rojo estimula el cuerpo físico para responder a un acto de manera afirmativa. El rojo estimula el corazón e incrementa el nivel vibratorio. No es por casualidad que muchos restaurantes recurran al rojo en su decoración, ya que surte un efecto estimulante e incrementa el apetito. El rojo se asocia a la energía sexual, y a las sensaciones de placer. El color rojo incita nuestra capacidad de reacción y la excitación física.

El rojo también se relaciona con la ira. El rojo intenso y claro en un sueño simboliza ira. En cambio, un rojo tenue representa la ira contenida. Puede aludir a la agresividad, la sensación, la tensión o la fortaleza física. Nuestra percepción del tiempo nos parece más larga cuando estamos expuestos al rojo, y por tanto no es un color óptimo para pintar una sala de espera.

El rojo es una señal de acción directa y de empleo activo. Se relaciona con la voluntad y el poder. La fuerza, la valentía, la constancia, la salud, el vigor, la sexualidad, el amor sexual y el peligro son atributos estrechamente relacionados con el color rojo. Soñar en tonos rojos puede resultar muy estimulante y puede ayudarte a superar la inercia, la depresión, el temor o la melancolía. Es de gran ayuda para quienes sientan temor de la vida y desean escaparse de ella. El rayo rojo te ayuda a tener los pies bien firmes en la tierra. Si no te sientes con los pies en la tierra porque piensas demasiado en el futuro, el rojo en un sueño te ayudará a asentarte en el presente. Te ayudará a vivir en el «ahora». Proporciona la energía y la motivación necesarias para alcanzar objetivos. El rojo es un color que fomenta la actividad.

Anaranjado

El anaranjado en un sueño se corresponde con el segundo chakra, situado en la mayoría de personas a unos ocho centímetros por debajo del ombligo. El anaranjado representa nuestro impulso y afán de aceptación social. Es un color cálido y estimulante, pero es más claro y de una vibración más elevada que el rojo, y por tanto su energía se dirige a zonas más amplias del cuerpo. Estimula menos interés por la supervivencia y una mayor implicación en las funciones sociales y de grupo. El anaranjado es el color de la felicidad. Es un color divertido que emplean los payasos de todo el mundo. Este color estimula el optimismo, la expansión y el equilibrio emocional. En un sueño, el anaranjado se relaciona con el instinto de manada, con la ambición, la agitación, la actividad, la exploración y los negocios. Puede relacionarse con el movimiento de las energías sexuales hacia los procesos de pensamiento que se interesan por la política, y el orgullo.

Las personas que eligen el anaranjado como color preferido suelen ser muy ambiciosas, competitivas, expansivas, optimistas, cálidas y hospitalarias con instintos humanitarios. Anhelan el contacto y la aceptación social. Son ambiciosos por su comunidad, su nación y sus negocios. Les encantan los proyectos de gran envergadura, crecer y expandirse.

El anaranjado que aparece en los sueños simboliza optimismo, seguridad, cambio, esfuerzo, motivación, entusiasmo y valor. El anaranjado es un rayo social. La tendencia a creer a la primera sin pasar primero por un proceso de análisis y escepticismo puede curarse con el rayo anaranjado. Así pues, si tiendes a ser desconfiado, a sentir orgullo egoísta o buscas el poder con afán, los sueños anaranjados pueden ayudarte a encontrar el equilibrio y el discernimiento. Las energías curativas del anaranjado en sueños estimulan el conocimiento interno de que toda la humanidad es una unidad. Eleva la conciencia de manera que se alce sobre el ser. Básicamente, el anaranjado en los sueños es expansivo, exploratorio y social.

El rojo es sensual, mientras que el anaranjado es social. Es lo que te impulsa a descubrir la realidad por medio de la vida social y el compañerismo. La energía roja significa pasión para la autopreservación y la autogratificación. Con el anaranjado, el impulso y el interés se centra en preservar el aspecto social y la familia. El anaranjado significa aceptación de nuestro amor social. Implica no tener miedo a bailar y a cantar y a erigirse como amante de todo el mundo.

Amarillo

El color amarillo implica intelectualidad y se corresponde con el tercer chakra, el plexo solar. Es el último de los colores cálidos y extrovertidos. En sueños, el amarillo se relaciona con tu proceso de pensamiento intelectual. La energía del rayo amarillo estimula tu pensamiento lógico y lineal y se asocia a las actividades del cerebro izquierdo. El amarillo estimula al cuerpo para que éste responda con discernimiento mental, organización, atención por los detalles, evaluación, inteligencia activa, disciplina, administración, elogio, sinceridad y armonía. Por tanto, el amarillo aporta una expresión y libertad superiores que se traduce en un sentimiento de felicidad en el sueño.

Quienes eligen el amarillo como color preferido son personas que lo analizan todo y siempre tienen que saber el «qué» y el «dónde». Necesitan un marco lógico antes de entender cualquier cosa. Desean originalidad y cambio. Son individuos sumamente creativos que buscan expresarse a través del arte, la literatura, la música, y hablan... hablan... y hablan. Son personas flexibles, expresivas, elocuentes y muy conscientes de sí mismos, eficientes en planificar y organizar. La reacción espontánea a los estímulos o sucesos que son un rasgo único de la energía roja y anaranjada no la experimenta la estimulación del rayo amarillo. En cambio, éste atesora una comprensión más exacta de cómo se originan los sucesos, dónde se producen, cuándo centrarse en ellos, etcétera. El amarillo comprende la dimensión de la vida. Estimula nuestra necesidad de vivir en un mundo ordenado a la vez que expresa nuestra individualidad y la necesidad de comprender.

El poder curativo del rayo amarillo en un sueño aborda el miedo. En muchas ocasiones, cuando sientes miedo, tu estómago parece darse la vuelta. Ya que nos encarnamos en muchas vidas, es posible que el miedo de otras encarnaciones se haya ido acumulando en la región del plexo solar. En muchos casos la persona no puede entender la causa de su temor. El amarillo en los sueños ayuda a liberar la tensión de la experiencia aterradora afincada en el plexo solar. El amarillo es muy adecuado para curar a individuos muy críticos y agresivos verbalmente. Es un color que estimula la flexibilidad y la adaptabilidad al cambio. Cuando nos sintonizamos con el rayo amarillo, no hay problema que no pueda resolverse mediante el escrutinio de nuestro intelecto. También nos damos cuenta de que es mejor trabajar para cambiar nuestro interior que tratar de cambiar a los demás. Emerge con claridad la necesidad de equilibrar nuestra cabeza y nuestro corazón.

Verde

En un sueño, el verde representa seguridad. Se corresponde con el chakra del corazón, el cuatro punto de energía de nuestro campo de fuerzas corporal. El verde implica equilibrio entre el cálido espectro extrovertido de rojo, anaranjado y amarillo y los colores fríos e introvertidos como el azul, el índigo y el violeta. El verde estimula los sentimientos de amor, equilibrio, armonía, paz, fraternidad, esperanza, crecimiento y curación. Un denominador común entre mis clientes es que, cuando van avanzando en un proceso de curación, suelen ver colores verdes en sus sueños durante esa temporada. A quienes les gusta el color verde suelen ser personas generosas, vitales, sinceras y alimentadoras por naturaleza. Con el fin de fortalecer tu seguridad interna, debes saber que el verde estimula nuestro afán por sentirnos seguros, con confianza y poder, y nos inspira a amar y a ser amados.

El color verde en un sueño es muy beneficioso para sanar sentimientos de culpa, y es también muy propicio para superar limitaciones. Muchas preocupaciones y ansiedades nos las creamos en el corazón porque nos aferramos a algo o a alguien. Aunque es positivo disfrutar de lo que uno tiene en el presente, el arte de desapegarse de lo material y de la posesión nos facilita la paz interior.

El verde se encuentra en la naturaleza y simboliza la abundancia, la energía regenerativa del universo. Siempre habrá suficiente. Muchos billetes verdes, como el dólar, son divisas fuertes. El dinero de Nueva Zelanda era verde, y al cambiar el color de los billetes se produjo un descenso en el dólar neocelandés. La energía verde cura las dudas y la inseguridad. Si meditamos sobre la pureza del verde, lo que hacemos es invocar a nuestra naturaleza expansiva, compasiva y sincera. Cuando nuestro corazón está abierto y sentimos amor hacia el universo entero, también percibimos una mayor seguridad y confianza en nosotros mismos. Aprendemos a vivir sin apegos ni grandes posesiones. El verde es un color muy curativo en sueños.

Azul

El azul es un color conceptual, y se relaciona con el chakra de la garganta. El azul el primer color de la gama de fríos, y estimula la búsqueda de tu verdad interior. Cuando ves azul en tus sueños, éstos te ayudan a alcanzar una paz interior, seguridad mental y la puesta en práctica de tus ideales. El azul estimula nuestra seguridad espiritual y el deseo de una comprensión interior.

Las personas cuyo color favorito es el azul suelen ser idealistas, almas pacientes y resistentes. Tienden a ser nostálgicas, comprometidas, devocionales, de naturaleza serena y leal. Estas personas tan sensibles viven en un mundo mental que gira en torno a su compromiso con sus ideas y sentimientos idealistas. Buscan la serenidad mental y no son fáciles a los cambios.

En los sueños, el azul estimula la inspiración, la creatividad, la comprensión espiritual, la fe y la devoción. La noción del tiempo fluye rápido con este color, que también estimula el recuerdo del pasado. Es un color ideal para las salas de espera y los lugares de estudio. Si en tus sueños destaca el color azul, éste favorece la amabilidad, la felicidad, la paciencia y la compostura. El azul, por tanto, es un color muy conveniente para alguien que actúa compulsivamente y sin pararse a pensar. Es un tono sumamente liberador para quienes se resisten a los cambios y adoptan una actitud rígida ante la vida. El rayo azul favorece la capacidad de síntesis y la combinación de elementos dispersos en un todo complejo. El verdadero azul de la sinceridad se manifiesta en todas las relaciones de nuestra vida. Cuando somos sinceros con nosotros mismos, también lo seremos con los demás.

Púrpura

El color púrpura se relaciona con el chakra de la frente, con la intuición, y es el color por excelencia de los sueños. Escucha atentamente a los sueños que presenten colores púrpuras, índigos o violetas. El púrpura en nuestros sueños estimula nuestra necesidad de sentirnos unidos al universo, de relacionarnos sin conflictos e ir a la cabeza del desarrollo humano. Al igual que el color azul, sus efectos son calmantes, balsámicos y reconfortantes. En muchos casos, soñar en color púrpura es indicativo de conciencia psíquica e intuición. ¡Presta atención a estos sueños!

A medida que avanzamos en los distintos niveles de colores, es interesante observar lo que le ocurre a nuestra noción del tiempo. Cuanto más conocemos nuestros sentidos, por ejemplo, más tiempo nos parece fluir hacia adelante, más nos acercamos a nuestra imaginación, y más tiempo parece fluir hacia atrás. Cuando observamos el color rojo con nuestros cinco sentidos recibimos una visión del ahora inmediato, como si fuera un gato fijándose en un ratón. Cuando observamos el presente con nuestro intelecto (amarillo) captamos la lógica del tema, como si fuera el flujo circulatorio de una autopista. Cuando percibimos la realidad con nuestros sentimientos (azul) recibimos una visión de la historia. Cuando abordamos esa realidad con la intuición (púrpura) captamos el futuro como si se tratara de una águila sobrevolando las llanuras. Desde ese punto de vista podemos ver lo que tenemos cerca, pero también lo lejano. Estos sueños tienden a ser proféticos, los sueños de un visionario. Cuando una persona elige el púrpura como color preferido, suele ser una persona abstracta, inspirada, confiada en el futuro y capaz de adentrarse en el mundo interno de los demás. El púrpura estimula nuestra perspectiva espiritual y nuestra intuición.

Blanco

En sueños, el blanco se relaciona con la imaginación y el chakra coronario. Sus vibraciones son las más rápidas y las más habituales del espectro de colores. Sus efectos en el individuo son la realización divina, la humildad y la imaginación creativa. Puede ser un color tan purificador como la nieve del invierno. El blanco es el color que comprende todas las tonalidades. Hay que prestar atención a los sueños en blanco. El blanco es la energía y el poder de transformar el foco de nuestra imaginación. Es un color útil para quienes tienden a soñar despiertos o les cuesta manifestarse. Los rayos blancos y violetas son la imaginación creativa que nos conduce a un mayor logro espiritual y amor divino por medio de los sueños. Las personas que se sienten atraídas por este color tienen un agudo sentido del asombro, la dicha y el sacrificio. Puede ser un color ideal para curar a personas con una idea negativa de sí mismas, ya que el blanco contiene en su energía la capacidad de transformación.

Rojo

Inspira   libertad, determinación, honor, voluntad, poder, fuerza, actividad, capacidad de alerta, independencia, motivación, iniciativa, liderazgo.

Libera   ira, frustración, confusión, violencia, destrucción, venganza, rebelión, impulsos, impaciencia.

Anaranjado

Inspira   optimismo, valor, victoria, seguridad, entusiasmo, ánimo, atracción, abundancia, amabilidad, expansión.

Libera   superioridad, desconfianza, orgullo ávido de poder, superficialidad.

Amarillo

Inspira   alegría, expresión, habilidad, discernimiento mental, organización, atención en los detalles, análisis, inteligencia activa, disciplina, administración.

Libera   crítica, obstinación limitadora, desprecio, pena, juicio egoísta, amargura, cinismo.

Verde

Inspira   ánimo, generosidad, vitalidad, poder, seguridad, sinceridad,
                capacidad para nutrir, confianza en uno mismo, compasión,
                expansión, compartir, armonía, equilibrio.

Libera   duda en uno mismo, instinto de posesión, celos, apego egoísta,
                envidia, inseguridad, desconfianza.

Azul

Inspira   amor, sabiduría, amabilidad, confianza, comprensión, desapego,
                bondad, compasión, paciencia, capacidad para perdonar,
                sensibilidad, contemplación.

Libera   autocompasión, miedo, rechazo de uno mismo, separatismo,
                aislamiento, preocupación, depresión, pasividad, ansiedad,
                frialdad.

Púrpura

Inspira   inspiración, visión, amplitud de miras, confianza en el futuro,
                capacidad para adentrarse en el mundo interno de los demás,
                supersensibilidad.

Libera   incapacidad para vivir en el presente, distanciamiento, olvido, falta
                de disciplina, resentimiento, separatismo, arrogancia, orgullo,
                desprecio.

Blanco

Inspira   instinto místico, creatividad, inspiración espiritual, meditación,
                reflexión, profunda sabiduría interior, gracia, deleite, unidad
                espiritual.

Libera   obsesión, creerse mártir, restricción, intolerancia, soñar despierto,
                crítica, sensación de negatividad.

26
Números

«Me despierto rodeada de una luz brillante,
una raíz de éter me coloca
en el centro de la tierra,
adelante, unos pasamanos con incrustaciones de oro,
siete escalones... me invitan a subir.»

M. Anne Sweet

Los números desempeñan una función muy importante en los sueños. Cada cifra atesora un poder y significado espiritual. Si profundizamos en el conocimiento de los números, logramos una mayor comprensión de nuestra naturaleza. Básicamente, los números son símbolos. Ellos solos no provocan ningún cambio; pero te ofrecen un mayor entendimiento de tu potencial inherente en ti y la energía que te rodea. Sabrás que una serie de números será un dato importante a tener en cuenta si se te aparece claramente en tus sueños; por ejemplo, puedes ver el número 723 de una casa, y eso tendrá su significado. Además, fíjate en el número de objetos parecidos que se aparecen en tus sueños.

Pitágoras, el filósofo, metafísico y matemático griego, llevó al arte de la adivinación con números hasta cumbres insospechadas. Fue Pitágoras quien experimentó por vez primera con la esencia de los números, convirtiéndolos en ciencia en el año 540 a. C. Afortunadamente, sus enseñanzas no se perdieron en el enorme incendio que destruyó gran parte de su biblioteca. Los secretos de Pitágoras se pasaron de generación en generación, de maestro a estudiante. Cuando el estudiante se convertía en maestro enseñaba los misterios a un nuevo iniciado y de esta manera el legado de Pitágoras no se perdió. A continuación incluyo algunas de las percepciones metafísicas sobre números.

Uno

Independencia. Nuevos comienzos. Unidad con la vida. Desarrollo personal. Individualidad. Progreso. Creatividad.

Dos

Ser una pareja. Equilibrio entre energías masculinas y femeninas. Equilibrio de las energías yin y yang del universo. Necesitar a las personas. Sumisión. Anteponer los intereses de los demás a los tuyos.

Tres

Diversión. Autoexpresión. Dar externamente. La Trinidad: mente, cuerpo y espíritu. Armonía. Apertura.

Cuatro

Autodisciplina por medio del trabajo y el servicio. Productividad. Organización. Integridad y unidad.

Cinco

Sentirse libre. Emancipación. Activo. Físico. Impulsivo. Enérgico. Cambiante. Aventurero. Persona de recursos. Viajero. Curioso. Alma libre.

Seis

Armonía interior, especialmente por medio del servicio al asumir responsabilidades. Éste es el número del equilibrio.

Siete

La vida interior; sabiduría interna. Es un número místico que simboliza la sabiduría. Siete chakras. Los siete cielos de los kahunas hawaianos. Símbolo de nacimiento y renacimiento. Fortaleza religiosa. Votos sagrados. Tendencia hacia lo ritual, especialmente el de tipo espiritual. El sendero de la soledad.

Ocho

Riqueza material. Poder. Abundancia. Infinidad; conciencia cósmica.

Nueve

El número humanitario. Falta de egoísmo; dedicar la vida a los demás. Es el número de lo acabado y los finales.

Diez

Integridad. Perfección.

Once

Iluminación. Intuición. Expresión superior de la energía de dos.

Doce

Poder en la totalidad: doce discípulos, doce planetas, doce meses.

Veintidós

Maestría. Todo es posible.

Treinta y tres

El santuario interno; el maestro espiritual. Uno de los números maestros del universo.

Si en tu sueño aparece un número que no haya listado aquí, existen algunas pautas para ayudar a interpretar su significado. Fíjate en los números de un dígito. Por ejemplo, con el número 43 analiza primero el significado del 4 y después el del 3. O, en concordancia con la filosofía de la numerología, junta los números para que juntos sumen 7.

En el ejemplo de los tres números en un sueño como el del número de la casa, suma los tres dígitos. Si el número era el 249, suma el 2, el 4 y el 9, que en total suman un 15. Luego suma el 1 y el 5, que en total suman 6. Luego lee el significado del número 6.

Otro contexto en el que analizar los números que aparecen en los sueños es explorar la posibilidad de que señalen a una época o fecha de tu vida importante. El número soñado también puede simbolizar un tema específico como el número de hijos que tienes o que tendrás, o el número de años que te costará alcanzar un objetivo. Pregúntale a tu guía de los sueños que te aclare el por qué de ciertas cifras en tus sueños.

27
Animales

«El oso pardo sale de la niebla
y caza con sus zarpas a un pobre salmón;
el abuelo sale del estudio
determinando firmemente el destino de la familia.»

M. Anne Sweet

A lo largo de la historia, los animales han desempeñado un papel fundamental en la evolución de la humanidad. Para el indio norteamericano, eran los espíritus guardianes o animales de poder. En Australia, los aborígenes los consideraban los ayudantes de los tótems. En la mayoría de tribus era prácticamente imposible ser un hombre o mujer chamán sin buscar la ayuda del reino animal. Cada animal representaba una capacidad humana determinada, y que un animal se apareciera en sueños implicaba que las cualidades de ese espíritu animal se concedían a la persona.

Tradicionalmente, un coyote es un sabio tramposo y representa la travesura o malicia. El búho simboliza transformación y sabiduría, y el oso indica salud y fuerza. Por tanto, soñar con uno de estos animales es incorporar estas cualidades en tu vida. Los niños o las personas que viven en estrecho contacto con la naturaleza tienden a soñar con animales más a menudo que la mayoría de adultos. Cuando una persona se sintoniza con los ciclos de la naturaleza, los animales desempeñan un papel más predominante en sus sueños, y se descubrirá asimilando las cualidades asociadas a esas bestias. En la mitología chamánica tradicional, cuando se sueña tres veces en un animal, eso significa que ése es uno de sus animales de poder. Un animal puede disponer de muchos animales de poder (tótems), pero lo más habitual es que tenga un único tótem principal. Un animal que se te aparezca en tus sueños puede ser tu tótem o representar las cualidades relacionadas con esa bestia.

Llamar a los animales

Cuando empieces a adentrarte en el reino animal gracias a tus sueños, también descubrirás una relación más estrecha con los animales en tu vida de vigilia.

La herencia india norteamericana estaba entrelazada con el reino animal. Los indios desarrollaron la capacidad de «llamar a los animales» cuando lo necesitaban para su supervivencia. Aprendieron a hablar con los espíritus del alce, el ciervo y el búfalo para pedirles consejo sobre temas de caza. Su dedicación a estas prácticas era absoluta. Se creía que el espíritu del animal evolucionaba cuando se sacrificaba para ofrecer sustento a la tribu.

La capacidad para llamar a los animales es una puerta que conduce a una profundización de tu relación con los ciclos de la tierra. He descubierto que incluso las personas que creen estar seguras de no poder dominar esta técnica después se atreven a probarla cuando conectan con el mundo animal en sus sueños. A mí me ha ayudado mucho a la hora de reafirmar mi unión con la Madre Tierra.

Para ilustrar esta afirmación, recuerdo un incidente en México: eran las cuatro de la madrugada y yo estaba descansando tranquilamente en una playa oscura del pequeño pueblo pesquero al norte de Puerto Vallarta. Me acerqué las rodillas al pecho y sentí el profundo ritmo del suave océano. Cuando observé el perfil oscuro de una gaviota solitaria contra el cielo satinado matinal, me asaltó la pregunta existencial sobre el propósito de la vida. Yo no creo en un universo que avanza al azar, pero envuelta en la soledad de esa mañana, estuve batallando con muchas preguntas sobre Dios y el significado de mi vida. Cada ola parecía ser un eco de mis pensamientos huecos.

A medida que la noche daba paso al día y la sábana blanca y suave de la oscuridad se mezclaba en un tono vivo azul y violeta, regresé lentamente al apartamento que compartía con mi familia. Mi marido David me saludó, en ese momento salía para ir a pescar con un vecino de la localidad. Nunca había pescado en el océano, pero en esa mañana tan especial, parecía que pescar me libraría de las preguntas que atormentaban mi corazón.

Mientras entrábamos rápidamente en las aguas tranquilas, dejé que mi conciencia penetrara hasta el fondo del océano azul, con la esperanza de unirme al espíritu del mar. Desde hace muchos años tengo la capacidad de «llamar» a los animales debido, tal vez, a mi herencia nativa de india norteamericana. Por lo general me uno con el espíritu de una especie concreta de animal o de planta en un momento dado. Pero esa mañana sólo tenía ganas de relajarme en el Espíritu del Mar. Aunque anteriormente había dudado de la capacidad de conectarme con un espíritu, en ese momento pedí poder experimentar visualmente algunas maravillas del mar. No tenía en mente ninguna especie en particular.

De repente, tras escuchar el impacto de una lancha a motor, un rayo de energía bruta se elevó casi doce metros y medio del mar como si se tratara de un misil enorme, gracias al cual pudimos ver un géiser reluciente de espuma marina de vidrio hilado. Una y otra vez, las ballenas saltaban dejando a su paso una fuente también de espuma.

Poco después, igual de repentinamente como había empezado, se cernió un silencio... la profunda tranquilidad de balancearse suavemente en un bote de cuatro metros en un mar en calma. La majestuosidad de estos momentos de gracia y poder nos dejaron embelesados. Luego, atravesando el velo del silencio y a pocos metros de nuestro bote, una ballena joven salió de las profundidades de mar y realizó una pirueta en el aire. Unos regueros de agua fresca le resbalaban de los lomos hasta mezclarse con la espuma del océano. Se fue con la misma serenidad que había aparecido. Silencio... sosiego... asombro.

El viejo pescador se quedó perplejo con semejante espectáculo. Aunque había salido a la mar prácticamente todos los días de las seis últimas temporadas de pesca, jamás había visto una exhibición como la de esa mañana. Los tres nos sentamos en silencio, reflexionando sobre lo que habíamos visto.

«¡Un tiburón!» murmuró David con urgencia, interrumpiendo así nuestro momento de asombro. Había pedido un regalo del mar, ¡pero no sé si estaba preparada para recibir a un tiburón!

Mientras nuestros ojos seguían las amenazadoras aletas negras, se produjo un inesperado estallido de dicha que pareció alzarse hasta el cielo desde el mar a la vez que unos delfines entraban y salían juguetonamente del agua a nuestro lado. Las aletas eran de los delfines, ¡no de tiburones!

Por lo menos había cincuenta delfines bailando sobre el agua cerca del bote, tan cerca que con estirar el brazo podía tocarles su lomo arqueado. El pescador, desconcertado por la cantidad de delfines que rodeaban su bote, aumentó la velocidad del motor para tratar de escaparse de ellos. Daba igual cuál fuera la velocidad del bote, los delfines ajustaban su velocidad para seguirnos. Al final, cuando aminoró la marcha de los delfines, dos de ellos permanecieron con nosotros para seguir haciéndonos compañía. Al reducir nosotros la marcha, los delfines mantuvieron cierta distancia. Pudimos observar al Sol bailar sobre los delfines con su reflejo cristalino, hasta que al cabo de un rato se mezclaron con el azul del mar. Nuestro guía tan confundido apenas pudo articular palabra sobre... «la temporada de apareamiento».

Esta unión inolvidable con el reino animal reafirmó lo mucho que yo formaba parte de todas las cosas.

Cómo llamar a los animales

Primer paso: sé consciente de que realmente puedes unirte al planeta y a los espíritus animales.

Segundo paso: empieza a programar tus sueños para unirte al mundo animal.

Tercer paso: Únete en la imaginación al espíritu de un animal o planta especiales. Si estás pescando truchas, imagínate cómo será el espíritu de una trucha. Luego, conversa con ese espíritu como lo harías con un amigo tuyo.

«Saludos, espíritu de la trucha, vengo a ti con dedicación y amor al reino de las truchas. Te pido que envíes a uno de tus miembros. Sabemos que no existe la muerte... sólo la transformación... y cuando un miembro de tu especie acude a nosotros, aceptamos el regalo como un magnífico servicio y serás honrado.» Normalmente en ese momento pescas una trucha.

Cuarto paso: Cada animal y planta tiene su propio sonido o vibración. Imagínate qué sonido emite ese animal o planta concretos y trata de imitarlo oralmente. Si no sabes cómo, imagina que escuchas el sonido mentalmente o que lo emites. Este sonido se denomina «la llamada». Recuerda que no debes dudar de tu capacidad de emitir esta llamada. La duda es la peor barrera a cualquier técnica.

También puedes practicar la «llamada» antes de acostarte. Invoca a un animal concreto para que se te aparezca en tus sueños, y luego escucha atentamente al mensaje que te comunica en cada sueño.

A veces, mi llamada sale mal. Una anécdota muy divertida en este sentido me ocurrió cuando me di cuenta de que había un panal de abejas en el vecindario y decidí impulsivamente que sería fantástico si estas abejas pudieran mudarse a nuestro patio para que mi hija pudiera observarlas por la ventana. Nunca había invocado a ningún insecto, pero supuse que no sería distinto a llamar a un animal o planta.

Primero traté de dar con la vibración, el tono o la resonancia de las vibraciones en el reino de las abejas. Cuando ya capté ese tono, lo repetí mentalmente. Envié la «llamada» y esperé. No ocurría nada.

Al cabo de una hora aproximadamente, oí a mi hija gritar como loca y huyendo de un enorme enjambre de abejas. Se estaban mudando para hacer de nuestro patio su nueva casa.

A continuación listo algunos de los significados más habituales cuando se aparecen animales en sueños.

ABEJA   ● ocupada y trabajadora.

● cooperación social.

● posible dulzura oculta.

● te sientes «picado» por las circunstancias o el comentario de alguna persona.

ÁGUILA   ● símbolo muy importante para el indio norteamericano.

● poder nacional.

● tu ser espiritual que se alza.

- capacidad o necesidad de tener amplitud de miras.

ALCE
- poderoso símbolo sexual.
- símbolo tranquilizador.
- poder.
- belleza.
- dignidad.

ALMEJA
- alguien no está hablando. Falta de comunicación.
- preocupación por algo que debe mantenerse en secreto.

ARAÑA
- trabajo.
- las ocho patas de la araña significan abundancia material.
- prosperidad a través del trabajo.
- trampa.
- quedar atrapado en nuestra propia red.
- manipulación.
- controlar a los demás o ser controlado.

ARDILLA
- frugalidad.
- tranquilidad venida de la paciencia.
- falta de honestidad.

AVESTRUZ
- evitas fijarte en algún aspecto de tu vida.

AVISPA
- sentirse amenazado.
- pensamientos o palabras punzantes.

BALLENA
- es un símbolo muy poderoso.
- percepción, intuición.
- enorme fuerza y poder.
- puede apuntar a la magnitud de algo, como un trabajo muy difícil.
- la matriz de la Madre Naturaleza.
- puede significar un grito de ayuda.

BECERRO
- símbolo de juventud despreocupada en un entorno feliz.
- presta atención a este sueño porque puede referirse a la pantorrilla.

BÚFALO
- abundancia, cosecha y plenitud.
- símbolo sagrado para el indio norteamericano.

BUHO
- es un símbolo muy poderoso, e indica especialmente transformación.
- capacidad para ver con lucidez cuando todo parece oscuro.
- sabiduría.
- puede apuntar a una futura transformación.

BUITRE
- sentir que alguien espera que cometas un error.
- necesidad de deshacerse de algo que tú ya consideras muerto o acabado.

BULLDOG
- tenacidad.
- poder.
- desafío.
- saber aprovechar las oportunidades y no dejarlas escapar.

BURRO
- paciencia, tozudez. Servitud doméstica.

CABALLO
- sentido amplio del yo.
- libertad.
- movimiento.
- cuestionarse los motivos.
- «a caballo regalado no le mires el diente.»

CABRA
- lascivo.
- viejo y cascarrabias.
- alguien o algo está poniendo a prueba tu paciencia.
- sentirse culpable o alguien trata de culparte por algo que no has hecho.

CACATÚA
- ostentoso.
- hablar sin pensar.

CAIMÁN
- oculto, fuerza y poder sobrenaturales.
- problemas bajo la superficie.
- uso incorrecto de la comunicación.

CAMALEÓN
- adaptabilidad.
- flexibilidad.

        • caprichoso y cambiante.

        • no mostrar tu verdadera cara.

CAMELLO   • el barco del desierto.

        • un medio para atravesar una dificultad.

        • resistencia.

CANARIO   • música, armonía.

        • puede indicar habladurías o revelar secretos.

CANGURO   • energía infinita.

        • movilidad.

        • parodia de justicia.

CARACOL   • las cosas avanzan despacio, algo se desarrolla muy lentamente.

        • rompe tu cascarón, ¡y sigue!

CARNERO   • fuerza masculina.

        • espíritu pionero. El cordero es símbolo de iniciación o de energía iniciatoria. Significa un nuevo comienzo.

CASTOR   • ocupado, trabajador.

        • prosperidad a través del esfuerzo.

CERDO   • excesos.

        • sentir que no tienes o no das tu parte.

        • egoísmo.

        • indulgencia, avaricia.

CHACAL   • mala influencia.

        • seguir adelante con algo que no te gusta.

        • ayudar en algo que no apruebas.

        • símbolo de advertencia.

CHINCHE   • algo desagradable que se oculta.

        • una pequeña molestia.

CIERVO   • vigor sexual.

        • potencia y fuerza.

CIGÜEÑA   • nuevos comienzos.

        • concepción, nace una nueva idea.

● puede ser presagio de felicidad familiar.

CISNE
● el símbolo de la diosa blanca.
● belleza.
● fuerza.
● llegar a nuevas cumbres.
● libertad.
● un cisne negro puede apuntar a los misterios internos de la vida.
● intuición.

COBRA
● el poder de la energía kundalini.

COCODRILO
● deshonestidad.
● muestra de sentimientos fingidos, como refleja la expresión «lágrimas de cocodrilo».
● hipocresía.
● problemas debajo de la superficie.

CODORNIZ
● miedo.
● retroceder en sueños.
● marchitarse o descender.
● volver a tu sueño y convertir la codorniz en águila, el símbolo del valor. Así, pues, ¡sube!

COMADREJA
● traición.
● sensación de que alguien te está apartando o invadiendo tu territorio.

CONEJO
● puede señalar prosperidad.
● miedo.
● fertilidad, hijos.
● amabilidad y suavidad.
● crecer sin organización, saltando de un asunto a otro.

CORDERO
● sacrificio, mártir.
● fácilmente influenciable.

CUERVO
● lo desconocido.
● la muerte.
● volar a partes desconocidas de ti mismo.
● miedo a lo desconocido.

- mensaje del otro mundo.

DELFÍN
- dicha no expresada.
- juguetón.
- espontaneidad.
- inteligencia.
- iluminación espiritual.
- es un símbolo muy importante.

DRAGÓN
- poderoso símbolo onírico.
- representa la fuerza vital y gran potencia.
- el fuego del dragón es purificador.
- matar al dragón significa enfrentarse al miedo y superarlo.

ELEFANTE
- algo que debe recordarse.
- algo que deseas perdonar u olvidar.
- piel gruesa.
- reflexivo, poderoso.
- puede implicar connotaciones de alcoholismo.

ESCARABAJO
- puede ser un símbolo de buena suerte.
- representaba la vida eterna para el antiguo Egipto.
- puede presagiar hostilidad entre colaboradores.

FAISÁN
- la buena vida.
- algo agradable.

FOCA
- aprobación.

GALGO
- celeridad.

GALLINA
- instinto doméstico.
- lleno, satisfecho.

GALLO
- pavoneo.
- orgullo, egoísmo.
- energía masculina.
- a punto de estallar como cuando se apunta con una pistola.

GANSO
- empujar por la espalda.
- quieres dar ánimos a alguien o a algo.

GATO
- tu ser intuitivo, tu esencia femenina.
- la diosa interior.
-

GRILLO
- símbolo de felicidad.
- paz en el hogar.
- larga vida.

GUSANO
- energía terrestre.
- misterios de la tierra.
- trabajo o preparación que se realiza en secreto.
- vida inferior.
- sin fuerza.
- intrusión, alguien que se inmiscuye en tu vida.

HIENA
- tontería.
- ruido.
- alegría desproporcionada a la situación.

HIPOPÓTAMO
- pesado, reflexivo.

HORMIGA
- trabajador, productivo.
- cooperación social o comunitaria.

HUEVOS DE PÁJARO
- si están en un nido, significa dinero.
- nuevos comienzos.

JABALÍ
- personalidad brutal.
- algo o alguien que es aburrido.

JIRAFA
- estirarse para lograr lo que deseas.
- alguien por encima de la media.
- inflexible o alguien que camina con la cabeza bien alta.
-

LAGARTO
- es un símbolo onírico maravilloso.
- terrestre, primordial, estable.
- las tribus nativas lo consideran guardián de los mundos internos.

LEÓN
- el rey de la jungla.
- majestuosidad.
- poder.

- valentía, liderazgo.
- una prueba de valor.
- para ciertas tribus africanas, parte del rito de hombría que consiste en medir la fuerza del joven con la del león.

LEOPARDO
- proeza.
- astucia, cautela.
- áreas posibles en tu vida que necesitan una mayor atención.

LIEBRE
- un exceso de confianza que puede ocasionarte problemas.
- mira antes de saltar.

LINCE
- ingenio.

LOBO
- comunidad, sentimientos sociales y respaldo familiar.
- puede apuntar a la necesidad de un mayor afecto o apoyo emocional.
- miedo.
- especialmente ser presionado para llevar a cabo algo sin contar con los recursos apropiados.
- filtreo inadecuado.

LORO
- falta de sinceridad.
- hablar por boca de alguien sin pensar.
- copiar, imitar.

MANDRIL
- torpe.
- sentido social y de la comunidad.

MARIPOSA
- romance, éxito social. Nuevo comienzo en un plano superior.
- disfrute.

MARIQUITA
- símbolo de buena suerte.
- los problemas personales se resuelven con facilidad.

MEDUSA
- flotar.
- dejarse llevar.
- falta de carácter.
- miedo.

MOFETA	● desaprobación social.
	● algo es falso o «huele» mal.
MOSQUITO PEQUEÑO	● pequeña molestia.
	● incomodidad.
MULA	● tozudez.
MURCIÉLAGO	● miedo a lo desconocido.
	● una vieja bruja.
	● dar vueltas a una idea.
NUTRIA	● caprichoso, juguetón y amante de la diversión.
ORUGA	● potencial sin aprovechar del que no eres consciente.
OSO	● representa la Madre Tierra.
	● el aspecto femenino y protector.
	● fuerza y poder.
	● el tótem indio de curación.
	● acogedor y amoroso.
OSO HORMIGUERO	● deseo de ser más productivo o centrado en algo.
OSO POLAR	● reducción de tu fuerza.
OSTRA	● energía guardada.
	● belleza oculta.
	● belleza que se desarrolla y no se ve.
OVEJA	● seguir sin pensar.
	● confianza ciega.
	● alguien se aprovecha de ti financieramente.
PÁJARO RATONERO	● sentirse presa de algo, o apresar a alguien.
	● contemplativo.
	● rapaz.
PÁJARO	● alzarse sobre nuevas cumbres.
	● superar problemas.
	● buena suerte.
	● si el pájaro canta, puede ser portador de buenas noticias.

PALOMA	● paz, libertad.
	● hay alguien o algo con lo que deseas reconciliarte.
PANDA	● tranquilidad.
	● cariñoso y acogedor.
PATO	● apartarse del camino.
PAVO REAL	● orgullo, vanidad.
	● exceso de confianza.
PEGASO	● inspiración alada.
	● fuerza creciente.
PERRO	● lealtad y fidelidad.
	● protección, rescate.
	● amistad.
	● pies.
PESCADO	● alimento espiritual.
	● símbolo del cristianismo.
	● puede esconder un deseo de reconocimiento por parte de los demás.
	● interpretaciones erróneas.
	● un asunto delicado.
PETIRROJO	● presagio de muy buena fortuna.
	● portador de buenas noticias y bienes.
	● nuevos comienzos.
PINGÜINO	● caprichoso, cómico.
	● elegantemente vestido sin ningún lugar a donde ir.
PIOJO	● pequeñas molestias.
PITÓN	● un símbolo onírico muy poderoso.
	● simboliza la energía kundalini o la potente fuerza vital en tu interior.
POLILLA	● felicidad nocturna.
	● perseverancia más allá de la razón.
	● algo se agota si no le prestas atención.
POLLO	● cobardía, timidez.

                     ● contar con algo prematuramente.

PUERCOESPÍN
- un asunto espinoso.
- hay algo de lo que te quieres deshacer.

PULPO
- símbolo poderoso de transformación.
- tenacidad.
- avaricia.
- sabiduría.
- timidez y retraimiento.

RANA
- la belleza detrás de una aparente fealdad.
- incoherencia.
- saltar de un asunto a otro.
- puede reflejar el deseo de encontrar al «príncipe» entre un grupo.

RATA
- traición.
- malhechor.
- dejar que ciertas cosas te corroan.
- juzgarse a sí mismo a través de los demás.
- nido de rata.

RATÓN
- sentirse insignificante.
- temeridad, miedo.
- necesidad de tranquilidad o afán por estar tranquilo.

RINOCERONTE
- símbolo sexual.
- poder y fuerza.
- ir a la carga sin detenerse.

SALMÓN
- el pez sagrado de los celtas.
- avanzar a pesar de las dificultades.

SALTAMONTES
- tienes la sensación de que podrías aprovechar mejor el tiempo.

SANGUIJUELA
- chupa sangre.
- sientes que algo te está restando fuerza o propiedades.
- o al contrario, que te estás aprovechando de alguien.

SAPO
- la piedra filosofal.

SERPIENTE
- un símbolo onírico muy poderoso. No debe temerse.
- curación.
- potencia vital.
- el poder interior.
- la fuerza de la kundlini o la energía que se encuentra en la base de la columna vertebral en relación con el espíritu.
- despertar o curación espiritual.
- sentirse tentado o querer tentar a alguien.
- alguien amenaza sin que te des cuenta.

SIMIO
- fuerza primitiva.
- travieso.
- algo o alguien que copia o es imitado o copiado.

SIRENA
- amante inalcanzable.
- tentación.

TEJÓN
- burlas y molestias.

TIBURÓN
- anuncia peligro.
- miedo oculto.
- uso cruel del poder.

TIGRE
- astucia, proeza.
- poder, energía.

TOPO
- investigar.
- algo que está enterrado bajo la superficie, algo que no desea ser visto.

TORO
- enorme fuerza y poder.
- señal de optimismo.

TORTUGA
- es un símbolo muy poderoso.
- progreso lento, pero regular hacia un objetivo.
- diligencia que conduce al logro.
- puede significar el deseo de retirarse de un problema o de retraerse para aunar fuerzas.

UNICORNIO
- es un símbolo muy poderoso.
- tradicionalmente, es el símbolo de Cristo.

- desarrollo espiritual.
- pureza, virginidad.

VISÓN   - valor material.

ZORRO   - astuto.
- chivato.
- manipulación.
- puede implicar atracción física.

28
Piedras

*«Piedras, rocas sagradas, el relato de la Madre Tierra de su
historia en vibraciones codificadas, cuentos narrados
en las erupciones de volcanes, erosionados por las cascadas.»*

M. Anne Sweet

Oneirocrítica, o los «antiguos libros de los sueños» fueron escritos en el siglo segundo d. C. Estas obras estaban pensadas para ayudar a las personas a descifrar los símbolos de sus sueños. Uno de los libros más populares en esta época estaba basado en la obra de un hombre llamado Artemidoro. Es interesante destacar la importancia que se le daba a las piedras que aparecían en los sueños. Artemidoro creía que si una mujer soletera soñaba en un anillo de piedras preciosas, en poco tiempo se iba a casar. En cambio, si la mujer estaba casada, el sueño quería decir que estaba apunto de concebir un hijo. Si en un sueño aparecían joyas brillantes, éste apuntaba a la adquisición de una inmensa fortuna. Artemidoro creía que las piedras rojas en un sueño presagiaban una inmensa fortuna y felicidad. Pero si esas piedras eran de color verde claro (el color de los capullos de hija en primavera), el sueño anunciaba que el mundo rendiría honor a esa persona. También añadió que este color verde claro de las piedras reflejaba una fe muy arraigada y una sincera devoción a Dios. [1]

Según Artemidoro, las siguientes piedras representan:

ÁGATA • un viaje

AGUAMARINA • nuevas amistades

AMATISTA • ileso, libre de cualquier daño

ÁMBAR	● un viaje largo
BERILO	● felicidad próxima
CALCEDONIA	● reencuentro de amigos
CARBÚNCULO	● sabiduría
CRISTAL DE ROCA	● libertad
DIAMANTE	● victoria
ESMERALDA	● buena suerte en el futuro
HEMATITES	● noticias negativas
JASPE	● amor correspondido
LAPISLÁZULI	● amor fiel
ONIX	● matrimonio feliz
ÓPALO	● grandes posesiones
RUBÍ	● invitados inesperados
TURQUESA	● prosperidad

Del mismo modo que un cliente freudiano tenderá a ver símbolos freudianos en sueños, un cliente jungiano tenderá a ver símbolos jungianos. Las piedras que se te aparecen en sueños serán apropiadas para tus creencias en ese momento y la conciencia colectiva imperante sobre esas piedras. Ya que has leído acerca de los símbolos oníricos y el significado asociado a sus respectivas piedras, estos significados ya los tienes introducidos en tu conciencia. Se trata de una profecía cumplida. Sea lo que sea en lo que creas, creará una realidad que apoye esa creencia. Por tanto, si crees que la turquesa implica prosperidad, no te sorprendas si después de soñar con una piedra turquesa te sorprende la abundancia en algún aspecto de tu vida.

29
Partes del cuerpo

*«Unos hombros robustos atraen energía que recorre la columna
de los antiguos fuegos enterrados bajo tierra, empujando al espíritu
—como el poderoso Atlas bajo las cielos— un profundo suspiro de
eternidad llena los pulmones del alma.»*

M. Anne Sweet

No es por casualidad que recurramos a las partes del cuerpo para comunicar nuestras sensaciones y emociones. En todas partes del mundo existe esta costumbre, que se evidencia en los escritos de carácter histórico. Cabe señalar que las distintas partes del cuerpo asociadas a una emoción en particular son un denominador común en el mundo.

Expresiones como «me rompe el corazón», con todas las implicaciones de dolor y pérdida que sentimos cuando alguien nos decepciona, resulta muy descriptiva. «Me pone enfermo», o «no puedo tragar a ese tío» son dos expresiones simbólicas fácilmente entendibles para describir una reacción.

Cuando una parte del cuerpo se nos aparece en sueños, normalmente va unida a una emoción o sentimiento. A continuación recopilo algunos símbolos más habituales relacionados con partes de nuestro cuerpo.

ALMA   ● el quid de la cuestión

BRAZOS   ● alcance

CABEZA   ● ir a la cabeza.
             ● avanzar.
             ● pensar.
             ● analizar

CADERA
- positivo, apoyo, poder, esfuerzo.
- victoria. Negativo
- miedo de seguir adelante.

COLON
- eliminar aspectos del pasado

CORAZÓN
- amor, dicha

CUELLO
- positivo.
- flexibilidad, ser capaz de ver ambos lados de un problema.
- negativo.
- una molestia.
- ser inflexible

CULO
- el significado es obvio. Una molestia.
- ponte en marcha

DEDO ANULAR
- unión.
- matrimonio

DEDO CORAZÓN
- sexualidad.
- ira

DEDO GORDO
- voluntad.
- sigue adelante. O lo contrario, ¡olvídalo!

DEDO MEÑIQUE
- manipulación.
- girar entorno a alguien, o manipular a alguien.

DEDOS
- los detalles de la vida.
- señalar o dar en el clavo

DIENTES
- masticar.
- prepararse para la digestión.
- reflexionar sobre un problema.
- hablar, debatir. Si los sientes que se caen, puede querer decir que se habla demasiado.
- despilfarras energía.
- no entiendes un problema o situación. La falta de un diente refleja una situación humillante, echar a perder tu imagen.
- pérdida de poder.

- cuando cierras la boca porque hablas demasiado, según Edgar Cayce, significa hablar sin pensar. Los dientes postizos señalan falsedad. La boca infectada apunta a lenguaje grosero. Los dientes también simbolizan capacidad de decisión.
- perder dientes es la falta de asumir acciones decisivas. Perder un diente también puede significar crecimiento.
- pasar a un nuevo estado de desarrollo, al igual que un bebé va cambiando su dentadura. A veces soñar con la pérdida de dientes significa problemas dentales. En ese caso ves al dentista.

ESPALDA
- no estés pegado a mí.
- molestia

ESTÓMAGO
- no lo puedes asimilar.
- el estómago conserva el alimento, te ayuda a digerir actitudes, ideas y sentimientos.
- puede apuntar a la incapacidad de asimilar lo nuevo.
- miedo de lo nuevo.

GARGANTA
- positivo.
- estar dispuesto a decir la verdad.
- negativo.
- sentirse sofocado.
- no puedes asimilar algo.

GENITALES
- potencia, sexualidad, poder.
- impotencia.
- actuar con orgullo excesivo.

GLÁNDULAS ADRENALES
- ansiedad, alergia.

HÍGADO
- ira

HOMBROS
- asumir responsabilidades

INTESTINO GRUESO
- soltar materia tóxica.
- soltar lo que no quieres o necesitas.
- libertad de movimientos.
- asimilación.
- valor.

● tener el coraje de seguir adelante

LABIO
SUPERIOR
● seguir a pesar de las dificultades.
● señala inflexibilidad.

MANDÍBULA
● habladurías

MANO
● negativo.
● un asunto inmanejable.
● un comentario crítico.
● positivo, puedo manejarlo.

NARIZ.
● creído.
● autoreconocimiento

OJOS
● estar dispuesto a ver.
● claridad.
● la niña de mis ojos.

OREJAS
● estar dispuesto a escuchar la verdad.

PIERNA
● sentir que no tienes a dónde apoyarte.

PIES
● esfuerzos para avanzar.
● comprensión.
● los pies son tu relación con la tierra.
● tener miedo o no estar dispuesto a seguir adelante.
● tener el valor de seguir.
● movimiento.

PULMONES
● pena.
● asumir la vida, símbolo de vitalidad.
● estar en control de tu vida.
● necesitas un espacio propio.

RIÑÓN
● miedo, desengaño.
● crítica.

RODILLA
● miedo, falta de flexibilidad.
● no querer ceder.
● actitud de asombro.

TALÓN
● te ordenan a hacer algo de cierta manera.

TENDÓN DE AQUILES	● según muchas tradiciones, se considera un símbolo de vulnerabilidad.
TOBILLO	● movilidad.
VEJIGA	● miedo a dejar un asunto.
	● aferrarse a viejas creencias y actitudes.
VESÍCULA BILIAR	● enfado.

Los trastornos de salud que sufrimos en algunas de esas partes del cuerpo también son indicativas de las emociones asociadas a ellas.

Es un ejercicio muy recomendable escuchar las expresiones que oyes decir sobre partes del cuerpo. Por ejemplo, la gente que dice a menudo, «no lo aguanto» sufre inevitablemente dolor de espalda. Anunciamos nuestras dolencias por las expresiones que utilizamos al hablar. Si sueles decir «no me lo trago», esa tendencia puede provocar indigestión o problemas de estómago. Si entre tu repertorio de frases habituales está «me pone enferma» o «me muero por...» estás expresando inconscientemente un deseo de morir. La expresión «me irrita que...» va unida a problemas de irritación de la piel.

30
Símbolos del sueño

*«Es el soñador
quien debe decirnos lo que
significa su sueño.»*

Sigmund Freud

Un diccionario de sueños puede dar una falsa sensación de seguridad a la persona que lo consulta, y detener su investigación sobre el tema. Por ejemplo, la manera que tenía Freud de describir a los objetos cilíndricos como símbolos fálicos puede inducir al lector a ciertas interpretaciones concretas y limitadas. Es interesante observar que quienes acuden a la consulta de un psicólogo freudiano tienden a soñar símbolos freudianos, y quienes acuden a un experto en Jung sueñan símbolos jungianos. Quienes acuden a la consulta de un psicólogo humanista tenderán a soñar imágenes con símbolos de tipo humanista. Las personas que trabajan con fenómenos psíquicos tienden a soñar en temas psíquicos. Nuestros sistemas de creencias parecen programar el contenido de nuestros sueños.

Ni siquiera los investigadores del sueño se ponen de acuerdo en lo que significan los sueños. Como máximo, un diccionario nos facilita un vehículo para que nosotros descubramos nuestra propia interpretación. Ya que los expertos no encuentran denominador común entre sus investigaciones y definiciones; es de sabios recordar que sólo la persona que sueña puede dilucidar el significado de un sueño.

Por ejemplo, un sueño en el que aparezcan manzanas verdes puede interpretarse de muchas maneras. Un diccionario de sueños entiende que las manzanas señalan una pérdida que nosotros provocamos. Otro dirá que simboliza un transtorno estomacal. Y un tercero señalará que la manzana indica el Jardín del Edén y el aspecto de la tentación. Sin embargo, los significados que asocies a las manzanas pueden ser muy distintos: quizás la asocias a las visitas al huerto de tu abuelo cuando las manzanas estaban maduras. Tal vez tu abuelo te llevaba a pasear por la huerta y pudiste compartir con él su placer y orgullo de ver cómo maduraban sus horas de trabajo en el campo. Entre tus recuerdos es posible que esté la variedad de sentimientos, desde al amor que le profesas a tu abuelo hasta la ansiedad unida al trabajo duro necesario para semejante huerta. Tu sueño incluirá todos estos sentimientos.

A veces tus sueños te gastarán alguna broma y te darás cuenta de que sus símbolos son una metáfora. El pino que se aparece a menudo en lugares curiosos de tu sueños tendrá que ver con algo que anheles. El perro que jadea y parece sudar te hará desear un perrito caliente cuando te levantes por la mañana. Recuerda, sólo la persona que sueña, y no el interpretador de sueños, es capaz de dilucidar el auténtico significado de un sueño. Así pues, utiliza las propuestas que recojo en este libro para empezar a descubrir lo que significan tus sueños. Algunas de estas entradas tienen un significado literal, otras simbólico o puramente intuitivo.

Después de soñar, lee el sentido de algún objeto o símbolo que recuerdes y fíjate si encaja en esta lista, así como la interpretación personal que tú le asignas. Las explicaciones que yo incluyo simplemente pretenden estimular tu conocimiento interno sobre el tema.

ABANDONADO
- sentirse excluido.
- denota dejar atrás a alguien, circunstancias o características.
- necesidad de autoaceptación.

ABDOMEN
- suele apuntar al segundo chakra, denominado hara o tanden. Este centro de energía está situado en la zona inferior al ombligo y se relaciona con las emociones.
- vulnerabilidad.
- véase el capítulo 29 sobre partes del cuerpo.

ABDUCCIÓN
- sentirse sin control de una situación.

ABISMO
- ser consciente de un miedo que llevas enterrado desde hace mucho tiempo.

ABORIGEN
- el aspecto más primitivo de tu persona.
- tu ser instintivo.
- una parte de tu naturaleza básica que te resulta desconocida.

ABORTO
- miedo a perder un nuevo nacimiento en ti.
- error judicial.

ABUELA   ● Abuela Tierra.
          ● la anciana sabia.
          ● el aspecto maduro del ser.
          ● el sueño puede referirse a tu abuela.

ABUELO   ● para los indios norteamericanos, era el Abuelo Sol.
          ● el anciano sabio.
          ● el aspecto maduro del ser.
          ● la parte de ti que sabe.
          ● el sueño puede referirse a tu abuelo.

ACCIDENTE ● vas demasiado rápido en la vida.
          ● debes reducir la marcha e integrarte.

ACEITE   ● lubricación.
          ● limar asperezas. «Echar aceite a aguas revueltas».
            Ungirse con aceite significa bendición.
            Una personalidad «grasienta».

ACEITUNA ● paz.

ACERA   ● si es nueva indica una nueva dirección. Si tú la
            pavimentas significa que te estás allanando el camino.

ACERO   ● fuerza. Inmovilidad.
          ● inflexibilidad.
          ● determinación.

ACTOR   ● las funciones que desempeñamos en la vida son
            simples ilusiones.
          ● engaño o falsa apariencia.

ACTRIZ   ● véase *ACTOR*.

ADICTO   ● ceder poder a algo o a alguien.

ADOLESCENTE ● cambio radical.
          ● aunar poder para un nuevo comienzo.

ADULTERIO ● conflicto entre deberes y deseos.
          ● verse atraído por un aspecto que no experimentas en ti.

AFEITAR ● salvarse por los pelos.
          ● arreglar.

- reforzar tu opinión sobre ti.

AGUA
- tu energía emocional, intuición. Observa si el agua está clara o no.
- sintonía espiritual. Es tu ser inconsciente. Las aguas de la vida.

AGUJERO
- algo que no reconoces o a lo que no te enfrentas.
- un agujero en tus argumentos.

AHOGAR
- te sientes abrumado por las emociones.

ALABANZAS
- ¡felicidades! Lo has hecho bien. Has ganado algo.

ALAS
- libertad. Conquistar lo más alto.

ALCOHOL
- adormece lo sentidos.
- insensibilidad.
- puede simbolizar camaradería.
- vino, mujeres y música.
- puede simbolizar transformación. Jesús dijo: «Esta es mi sangre» en la Última Cena.

ALFILER
- algo sólido que une partes separadas.
- una pequeña molestia.
- estar sujeto.

ALIMENTO
- nutrición, ya sea espiritual, mental, física o emocional.

ALMACÉN
- tu potencial. Todo lo que necesitas está en tu interior.

ALMOHADA
- intuición.
- reinos internos.
- relajación.
- liberación.

AMANECER
- un nuevo despertar.

AMPUTACIÓN
- ceder esa parte de ti relacionada con el miembro del cuerpo que aparezca en el sueño.
- una pierna amputada significa que no eres capaz de plantarte ante las circunstancias.
- una mano amputada, que no puedes manejar una situación.

ANCLA
- fuerza y firmeza.
- apego a una persona o lugar.

ANDÉN
- tomar posturas.
- mantenerse firme en tus creencias.
- declaración de principios.

ÁNGEL
- mensajero de Dios. Representa nuestros ideales más espirituales. Muchas visiones de profetas se sustentan en la aparición de un ángel en sueños.
- estos mensajeros son muy especiales. ¡Escucha atentamente a lo que te digan!

ANILLO
- una larga amistad. Boda. Compromiso. Algo suena a verdad. Promesa. Amor eterno.

ANIMALES
- véase el capítulo 27 sobre animales.

ANTENA
- transmitir y recibir ideas y energía.
- conciencia del mundo a tu alrededor.
- sintonizado.

ANTIGÜEDAD
- relación con el pasado.
- una pauta de pensamiento antigua que ya no te sirve.

APLAUSO
- autoreconocimiento o necesidad de reconocimiento.

APUNTALAR
- algo que te sostiene temporalmente hasta que accedas a tu sabiduría, juicio y fortaleza interior.

ÁRBOLES
- cuestiones familiares. Árbol familiar.
- un símbolo de desarrollo.
- sentirse con los pies en la tierra pero al mismo tiempo conquistar altas cumbres espirituales.
- cada árbol posee sus propiedades particulares. Un viejo árbol retorcido puede representar sabiduría, fuerza.
- Un sauce alto indica ser capaz de atenerte a las circunstancias.
- un álamo representa miedo, temblar de miedo.
- un roble significa fuerza.
- un pino indica claridad espiritual, purificación.
- un cedro también indica claridad y espiritualidad.
- un manzano, (véase *MANZANA*).

● un árbol frutal puede significar que tu vida da sus frutos.

● una palmera denota libertad y calidez.

● el significado varía si el árbol empieza a mostrar hojas o si las pierde. Véase el capítulo 22 sobre estaciones del año. ¿El árbol está recto o inclinado? Cuando el árbol se inclina, también crece.

ARCA   ● equilibrio.

● seguridad y protección en medio de aguas de emoción.

ARCO IRIS ● un símbolo muy poderoso que significa celebración, felicidad, integridad. Has superado un problema emocional y logras integridad.

ARENA   ● las arenas del tiempo. Nada es permanente. Todo es una ilusión. Una casa construida sobre la arena, sin cimientos firmes. Cambios. Irritación, pequeñas molestias. No duradero.

ARENAS   ● miedo. Tener la sensación de que tiran de ti. La forma
MOVEDIZAS   de enfrentarse a una arena movediza es quedarse quieto. Amplía tus horizontes y perspectivas. El problema al que te enfrentas tiene una solución. Piensa que eres una unidad con esa arena para entender que no hay nada que no seas tú. Debes ser una unidad para abrirte a todas las posibilidades.

ARQUERO   ● dirección concreta.

● claridad.

● unión de propósito.

● señalar a algo.

ARROZ   ● felicidad doméstica. Boda. Dicha. Celebración.

● Buena cosecha.

ARTE   ● expresión creativa en tu vida.

● potencial creativo.

ARTISTA   ● véase *ARTE*.

AS   ● talento escondido.

● un as bajo la manga.

● eres muy bueno en algo.

ASCENSOR ● véase *ESCALAR*.

ASMA ● no ser capaz de conseguir oxígeno suficiente puede indicar una pena reprimida.
● sensación de ir muy rápido y no poder respirar.
● indica tensión y no sentirse unido con la vida.

ASPIRADORA ● sentirse vacío.
● limpiar o eliminar lo que no necesitas y la negatividad de tu vida.

ASTRÓNOMO ● mirar hacia delante.
● grandes ambiciones.

ÁTICO ● ideales elevados.
● un piso alto representa los chakras superiores.

AURA ● un aura clara y brillante indica claridad y buena salud.
● un aura oscura y cercana al cuerpo indica falta de claridad y trastornos de salud.

AVIÓN ● ideales elevados.
● llegar a nuevas alturas.

BAILAR ● alegría.
● la danza de la vida.
● entusiasmo sexual y sinceridad.

BALANCÍN ● sentir que vas de un lado a otro pero sin llegar a ninguna parte.

BAÑARSE ● purificación.
● lavarse las manos en una situación.
● bautismo o renacimiento.

BARCA ● atraviesas un período muy emocional. El agua es tus emociones y el barco te representa a ti y a cómo manejas tus emociones. Si avanzas rápidamente y con facilidad, significa que asumes los cambios emocionales sin dificultades.

BARCO ● se refiere a ti, a tu ser cuando la vida te resulta un lugar incierto, especialmente en cuanto a tus emociones.
● véase *BARCA*.

BASURA
- cosas que ya no necesitas en tu vida.
- aspectos o cosas de las que debes desprenderte.

BEBÉ
- se produce un nuevo nacimiento en tu interior.
- un desenlace positivo en el futuro.
- nacimiento de una nueva idea.

BELLOTA
- enorme potencial.

BESO
- profunda comunión contigo mismo.
- calidez.
- afecto.
- amor.
- alinear el aspecto femenino y masculino de tu ser.
- el «beso» de la muerte.

BIBLIOTECA
- conocimiento. Conocimiento interno.
- es un símbolo muy poderoso.

BIFURCACIÓN
- un cruce o bifurcación en un camino significa que estás enfrentando a una elección y tendrás que decidir.

BOCA
- comunicación.
- capacidad de expresión.

BOLÍGRAFO
- expresarse con fluidez.
- comunicación.
- limitas tus sentimientos.

BOLSILLO
- un lugar a salvo.
- una cavidad que contiene algo de valor.
- un receptáculo.

BOMBA DE AGUA
- tus energías vitales están en movimiento. Despertar de la energía kundalini que se asienta en la base de la columna vertebral. Sexualidad. Poder. Fuerza. Potencia. El agua que sale fácilmente de una fuente indica emociones que fluyen correctamente. Un fuente dela que no sale agua indica una restricción emocional. Pintarla de nuevo significa que se acerca una oportunidad.

BOMBA ATÓMICA
- increíble potencial energético, pero hay que saber aprovecharlo.

- puede indicar unirse a la conciencia colectiva en su miedo por la seguridad planetaria y personal.
- indica un despertar del fuego de la kundalini, gran potencial de expansión espiritual.

BOSQUE
- abundancia. Crecimiento. Fuerza. Protección.
- sentirse abrumado. No puedes ver el bosque por culpa de los árboles.

BOSTEZAR
- aburrimiento. Necesitas algo para demostrar tu creatividad. Puede ser una descarga emocional.

BOTELLA
- sentirse encerrado.
- fíjate en el tamaño y el color de la botella y si el tapón la cierra o no. Una botella limpia significa una mayor claridad en tu vida que una botella sucia. Una botella sin tapón significa más apertura, comparada con una bien cerrada.
- un mensaje en una botella puede ser una respuesta procedente de una fuente inesperada.

BRUJA
- actualmente implica sentirse fea o temible.
- en el pasado, «bruja» venía del término «wica», que significaba «mujer sabia». Puede indicar la energía sabia femenina dentro de ti.

BÚSQUEDA
- normalmente significa viaje espiritual.
- anhelo espiritual. Recuerda que las respuestas están en tu interior. El viaje de búsqueda debe ser interior.

CABAÑA
- si está en el bosque, denota paz y felicidad.
- si está sobre un barco, véase *BARCO*.

CABELLO
- si te lo peinas, estás desenmarañando una situación.
- cortarlo significa nuevos comienzos.
- trenzarlo significa forjar nuevas alianzas.
- untarlo con brillantina significa suavizar una situación.
- si se te cae, indica que te estás preocupando por algo.
- pelo grueso y abundante significa buena salud. sale energía del chakra coronario, en la parte superior de la cabeza. El cabello grueso simboliza un enorme poder espiritual que emana de ese centro de energía, un chakra que se relaciona con tu espíritu.

CACTUS   ● una situación espinosa.

     ● algo o alguien que no puedes tocar.

CADENA   ● junta crea fuerza.

     ● sentirse atado a una situación.

CAER   ● pérdida de control, estar sin control en una situación.

     ● cuando de bebés aprendemos a caminar, solemos caer. Si estás en terreno inseguro o en una situación en la que creces personalmente, tendrás sueños de caídas.

CALABAZA   ● una vida familiar feliz y cómoda.

CALOR   ● pasión, intensidad.

     ● los deseos pueden señalar a una estimulación del fuego de la kundalini.

CAMA   ● un símbolo evidente que representa sexualidad e intimidad.

     ● comodidad.

     ● seguridad.

     ● matriz sin fin.

     ● rejuvenecimiento.

     ● nutrición.

CÁMARA   ● mantener una distancia con la vida.

     ● conservar el pasado y los recuerdos agradables.

CAMARERA/   ● servir a los demás, o los demás te sirven. El aspecto
CAMARERO   masculino de ti que sirve.

CAMINAR   ● llegarás a tu meta con paso tranquilo.

     ● un sueño en el que estás caminando hacia delante y atrás significa que no estás seguro de la dirección de tu vida. Relájate. Pensar en la situación no es siempre la mejor solución. Cuando calmas tu mente, la solución sale a la superficie sin forzarla.

CAMINO   ● significa la dirección que adopta tu vida.

     ● fíjate atentamente en el camino. ¿Es rocoso? ¿Escarpado? ¿En línea recta? ¿Sube o baja? ¿Es claro? Esto representa tu destino, tu dirección en la vida. Fíjate en los cruces que encuentres, ya que representa importantes decisiones que debes tomar. El estado del camino indica la manera en que avanza tu vida en este momento.

CAMPANA
- si el sonido es claramente audible, es que resuenas con la fuente de la vida.
- una advertencia.
- futuro feliz.

CAMPO DE BATALLA
- conflicto interno muy profundo.
- los enemigos son personas hacia las que sientes hostilidad en tu vida de vigilia, o bien apunta a un conflicto interior. Recuerda, las personas que se te aparecen en tus sueños suelen representar aspectos de ti mismo.

CANAL
- relacionado con el embarazo y el parto.
- un sendero emocional directo y angosto.

CÁNCER
- algo te corroe emocionalmente.

CANTAR
- celebración, dicha.
- realzar el espíritu.
- luz espiritual.
- se acaban los problemas.
- armonía.

CARÁMBANO
- las emociones que tenías bloqueadas están empezando a soltarse.
- tu vida será más fluida.

CARAMELOS
- la dulzura de la vida.
- amantes.
- honrarse a uno mismo.

CÁRCEL
- sentirse encerrado o sentirse llevado por la vida.

CARNE
- la esencia. El quid de la cuestión.

CARPINTERO
- reparar algunos aspectos de tu vida.
- reconstrucción física, emocional y espiritual.
- Jesús era carpintero.

CARRERA
- la única persona con la que compites eres tú.
- reduce la marcha.

● disfruta la carrera.

● huele el perfume de las flores.

CARTA   ● información o noticias.

● comunicación indirecta.

CARTAS/NAIPES   ● el juego de la vida. Tu destino.

CARTERA   ● la contraparte masculina del monedero femenino.

● las creencias y pensamientos que atesoras en privado.

● algo muy personal.

CARTERO   ● en breve recibirás mensajes o noticias

● información procedente de una fuente externa. Orientación.

CASA/HOGAR   ● cerca de una tercera parte de todos los sueños suceden dentro de un edificio. La asociación más común es que la casa representa nuestro ser físico, espiritual, o ambos. Lo que esté ocurriendo en esa casa es lo que estás experimentando en tu vida de vigilia. Por ejemplo, si las cañerías están atascadas, significa que tus emociones está bloqueadas (el agua simboliza las emociones).

● las distintas habitaciones de la casa se refieren a distintos aspectos de ti.

● la cocina simboliza el sustento, la creatividad que expresamos al «cocer» una idea.

● el recibidor es una zona de transición.

● el baño se refiere a eliminación de lo viejo.

● el sótano, nuestro subconsciente y el desván nuestra conciencia superior.

● caminar por una habitación oscura significa explorar aspectos desconocidos de nosotros mismos.

● cuando la casa está sucia, el sueño se refiere a la necesidad de limpiar o desechar lo que nos molesta (fíjate qué parte de la casa está sucia).

CASCADA   ● curación completa. Descarga emocional.

● recarga emocional completa.

CÁSCARA   ● vacío.

● esconderte en tu cascarón.

- cerrarse al mundo exterior. Falta de actividad y crecimiento.

CASET
- analizar los mismos problemas una y otra vez. Encallado en el mismo sitio.

CAZO
- algo que estás cocinando.
- puede ser sustentador.
- algo que creas.
- marihuana, un nivel distinto de conciencia. Dependiente de estimulación externa en vez de los recursos internos.

CAZUELA
- el gozo de la naturaleza. Lograr ver el significado general de las cosas.
- si buscas oro con la cazuela significa buscar la verdadera esencia.
- incubar una idea.

CEBOLLA
- tristeza latente.

CELOS
- sentirse excluido.
- debes saber que eres una persona íntegra como lo eres ahora. Tu presencia es suficiente. No hay nada más que debas ser, o tener, para ser completo.

CEMENTERIO
- descanso.
- paz.
- miedo a morir.

CENAGAL
- estancamiento emocional. Inseguro de ti mismo a nivel emocional.

CENIZAS
- purificación espiritual.
- la esencia.

CERA
- fácilmente moldeable. La situación puede cambiarse. Limpieza, sacarle brillo a una situación. Renovar tu vida.

CERÁMICA
- moldear tu vida, tus actitudes y creencias.

CERILLA
- si está apagada, significa potencial aún sin revelar.
- encendida, significa que tu luz interior empieza a brillar.

CÉSPED
- nutrir.
- tener los pies en la tierra.

CHARCO, POZO
- sugiere intuición y apunta a los reinos internos del ser, más que cualquier otro símbolo de agua.

CHARCO
- una molestia. Unos pequeños trastornos emocionales que te molestan.

CHOPO
- popularidad.
- disfrute.
- felicidad.

CIELO
- bendición.
- éxito ilimitado, sólo el cielo es tu barrera.
- iluminación.
- libertad, expansión.
- unidad, paz.

CIENTÍFICO
- cerebro izquierdo.
- análisis.
- pensamiento.
- racional.
- inteligente. Debes dejar que también gobierne el corazón.

CIGÜEÑA
- Nuevo nacimiento, o algo nuevo llega.

CÍRCULO
- un símbolo muy poderoso.
- significa armonía, belleza, equilibrio.
- integridad.

CIRUELA PASA
- marchitar.
- secar. Viejo.

CLAVEL
- muerte y renacimiento. Reencarnación.

CLAVO, UÑA
- depende del uso que le demos. El clavo de un carpintero puede representar apoyo a estructuras grandes o una unión.
- llegar a la esencia de un problema.
- estar apresado.
- morderse las uñas significa ansiedad.

- recuerda que tu vida está guiada por la divinidad y que no ocurren accidentes.

CLIMA
- indica tu estado emocional, o tu salud.
- un tiempo bueno significa una excelente salud.
- un clima tormentoso señala que hay una parte de tu cuerpo que necesita equilibrio.

COCHE
- a menudo representa nuestro cuerpo físico.
- fíjate a dónde se dirige el coche y su estado. ¿Quién está dentro?.
- véanse los capítulos 25 y 26 sobre colores y números.

COCINA
- sintetizar los distintos ingredientes de tu vida. Véase COCINERO.

COCINERO
- alimento.
- confort material.

COHETE
- conquistar cumbres espirituales.
- poder y potencial ilimitados.

COJERA
- véase el capítulo 29 sobre partes del cuerpo.

COLCHA
- felicidad doméstica.
- protección.
- una colcha de *patchwork* representa que distintas partes de ti se unen para formar una totalidad.

COLORES
- véase el capítulo 25 sobre los colores.

COMETA
- presagia una enorme expansión personal y espiritual.
- es un poderoso símbolo de sueños.

COMPRAR
- decisiones.

CONGELADO
- cerrado emocionalmente.

CORNAMENTA
- presagia felicidad.
- protección de tu parte masculina.

CORRER
- ¡Stop! Date la vuelta. Afronta la verdad. Correr es escapar de una situación de la que aún no estás preparada. Te sientes insegura y temerosa de una situación o experiencia que no deseas reconocer.

Gírate y enfréntate al enemigo, en sueños y en la vida real. Cuando te encuentres cara a cara a eso con lo que te enfrentas, esa barrera se empezará a disolver en tu vida de vigilia. Correr a cámara lenta significa que en poco tiempo deberás enfrentarte a ese problema.

- si corres hacia algo, vives una etapa de gran aceleración en cuanto a tu dimensión espiritual. Celébralo.

CORTAR
- según el contexto, puede significar desprenderse de opiniones, costumbres, actitudes y creencias que no te sirven.
- si te cortas y sangras, estás perdiendo fuerza vital.

COSTURA
- algo se va abajo.
- algo que se une.

CREMALLERA
- las cosas se abren y se cierran.
- fíjate en si la cremallera está cerrada o no.

CRISTAL DE CUARZO
- transmisor. Conductor de energía.
- espiritualidad.
- claridad.

CRISTAL DE ROCA
- transmisor y amplificador espiritual.
- es un símbolo muy poderoso que significa claridad, energía espiritual. Es el símbolo del místico. Debes prestar atención a este sueño.
- véase el capítulo 28.

CRISTO
- la fuerza de Dios en ti.
- amor.
- sacrificio.

CRUZ ANKH
- el antiguo símbolo egipcio de sabiduría espiritual.

CRUZ ROJA
- señal de curación. Autocuración.

CUADRADO
- estabilidad.
- pasado de moda.
- falta de contacto con el entorno.
- encerrado.
- controlado.

CUÁQUERO
- los miembros de esta secta suelen ser personas muy equilibradas. Representan equilibrio y una vida pacífica.
- indica unidad y armonía familiar.

CUARENTENA
- sentirse aislado o en un estado de aislamiento.
- sentirse al margen de tu verdadera naturaleza.

CUCHARA
- suerte. Energía. Besarse, abrazarse.

CUCHILLO
- puede ser un símbolo muy poderoso, tanto creativa como destructivamente. Puede referirse a cortar lo que ya no es necesario, como las espinas de una rosa. Si alguien te persigue con un cuchillo o te acuchilla, significa miedo a ser penetrada, emocional, física o sexualmente.

CUENTA-KILÓMETROS
- ir demasiado rápido.
- ir demasiado lento.
- fíjate en los números del dial y luego consulta el capítulo 26.

CUERDA FLOJA
- sentirse tenso, como si caminaras por una cuerda floja. Estrés, mucha tensión.

CUERDA
- apego a una persona, cosa o lugar.
- puede referirse a tu energía kundalini. La línea vital.
- una cuerda bien enrollada significa organización, hermandad y equilibrio mental, corporal y de alma. Una cuerda gastada o con nudos indica falta de asociación. Sentirse atado o restringido.

CUEVA
- un símbolo muy importante en sueños.
- nuestro caudal espiritual.
- nuestro ser inconsciente.
- consolidar tu energía.

CUMPLEAÑOS
- nuevo comienzo.

DEMONIO
- véase *DIABLO*.

DERRETIR
- nueva comprensión dimensional.

DESFILE
- deseas reconocimiento, especialmente por tus esfuerzos en tu comunidad.

- cada una de las personas que desfilan es un aspecto de ti.

DESIERTO
- Jesús fue al desierto para un rejuvenecimiento espiritual.
- desolación.
- olvido.
- estéril.
- sin crecimiento.

DESLIZARSE
- sentirse sin control de tu vida.

DESNUDEZ
- libertad absoluta.
- vulnerabilidad.
- sentirse expuesto.
- exponer una situación.
- desnudar tu alma.
- sensualidad.

DESPIERTO
- si durante el sueño te das cuenta de que estás soñando, lo más probable es que se trate de un sueño lúcido.
- véase el capítulo 9 sobre sueños lúcidos.

DIABLO
- la lucha interna entre la parte de ti que tildas de «buena» y la parte «mala».
- es importante enfrentarse a esta entidad, bien en tu sueño o con visualizaciones una vez te hayas despertado, porque este enfrentamiento te ayuda a integrar estas partes separadas de ti.

DIENTES
- véase el capítulo 29 sobre partes del cuerpo.

DINERO
- si son monedas, significa un cambio que está por producirse.
- puede denotar riqueza de experiencias, en las finanzas, etc.

DIOS/DIOSA
- increíble unidad.
- amor universal.
- autoaceptación total en ese momento de tu vida.
- poder para crear y manifestar.
- sin duda alguna, se trata del símbolo más poderoso que puedas recibir en sueños.

DISCO	● sentir que das vueltas.
	● estancado en un camino.
	● las mismas actitudes antiguas, es hora de cambiarlas.
DISEÑO	● un diseño bordado o cosido puede denotar tu sistema habitual de realidad, o con el que te sientes cómodo. Cambiar de pautas, de «diseño», puede indicar romper con viejas costumbres.
DISPARAR	● enfocar tu energía en un solo objetivo. Disparar a alguien puede significar eliminar un aspecto de ti. Si te disparan, significa que sientes víctima.
DOLOR	● véase el capítulo 29 sobre partes del cuerpo.
DORMIR	● soñar que está durmiendo puede indicar que estás viajando astralmente y observas tu cuerpo desde fuera.
	● puede indicar reticencia al cambio.
	● estancamiento.
DUCHA	● limpieza emocional.
DUENDE	● véase HADA.
EJÉRCITO	● grandes obstáculos a superar.
	● oposición.
ELECTRICIDAD	● se incrementan tus corrientes bioeléctricas. Puede representar la fuerza vital.
EMBARAZO	● estás a punto de dar a luz una idea, una emoción o sentimiento. Un nuevo proyecto creativo. Seguir una nueva dirección. Puede indicar un deseo de quedarse embarazada.
	● es un símbolo muy poderoso.
EMPRESARIO DE POMPAS FÚNEBRES	● asumir una situación o experiencia desagradable.
ENCIERRO	● encerrar algo indica una necesidad de aceptación de uno mismo. Encierras algún aspecto de ti que encuentras indeseable.
	● estar en una casa y encerrar a alguien significa aislarte de las realidades del mundo o a otras personas.

ENFERMEDAD
- falta de armonía.
- una vez sepas que parte del cuerpo está enferma en el sueño, consulta el capítulo 29 sobre partes del organismo.

ENFERMEDAD
- suele referirse a una parte de tu cuerpo que necesita atención.
- la expresión «me pones enfermo» puede anteceder a un sueño sobre estar enfermo.

ENFERMERA
- sanación, atención, sustento.

ENSALADA
- curación, naturaleza, simplicidad. Salud.

ENTIERRO
- muerte de viejas pautas de comportamiento y pensamiento.
- negar una situación.

ENTUMECIDO
- suele motivarlo una causa física, como dormir en una mala posición. Si ese no es el motivo, tal vez indique que estás aislado de tus sentimientos o reprimes algo que te da miedo.

EQUIPAJE
- cosas o pensamientos que arrastras, pero que no son necesarias.

ESCALAR
- subir.
- ascenso en tu trabajo o en un objetivo personal.
- llegar a lo más alto de tu profesión.
- puede tener connotaciones sexuales en cuanto a excitación sexual.
- en el sueño de Jacob, él subió hasta el cielo.
- bajar es lo contrario a ascender.
- también puede indicar una exploración de tu subconsciente.

ESCALERA
- véase *ESCALAR*.

ESCALINATA
- observa su dirección. Si suben indica una subida en tu posición social.
- éxito.
- si descienden indica falta de reconocimiento o de seguridad.

ESCENARIO
- el escenario de la vida.
- el papel que desempeñas en la vida.
- cómo crees que te ven los demás.

ESCLAVO
- ser esclavo de viejas costumbres, ideas o creencias.
- esclavo de otras personas o situaciones.

ESCUDO
- la protección que te permite equilibrio y concentración en pleno cambio. Puede indicar un mecanismo de defensa.

ESCUELA
- la escuela de la vida. Las lecciones que has escogido para esta vida en particular. Escucha los ecos, y así no tendrás que oír los gritos. Deja que el entorno y la vida sean tus maestros. Deja que tus circunstancias y las personas que conoces sean tus maestros. Cuando abandonas el cuerpo cada noche aprendes lecciones procedentes de verdades superiores. Cada nivel de conciencia te enseña algo sobre ti, tu destino y tu naturaleza.

ESFINGE
- comprensión espiritual.
- puede ser un recuerdo de una vida anterior en Egipto.

ESPADA
- defensa.
- ataque.
- poder. Verdad. Honor.

ESPANTA-PÁJAROS
- falso.
- asustarse. Al igual que en *El Mago de Oz*, poca capacidad intelectual. Asustar a la gente con una falsa apariencia.

ESPEJO
- un paso alejado de la realidad.
- ver un reflejo de lo que es.

ESPERMA
- véase *SEMEN*.

ESPÍA
- no sentirse a salvo. Sentir que alguien se entromete en tus asuntos o tú te entrometes en los suyos. Demasiado preocupado por otra persona en vez de tu propio desarrollo.

ESPIRAL
- imagen de evolución. Representa ese complejo elemento de toda vida, la hélice de DNA y de RNA. Es un símbolo muy importante de transformación.

ESPÍRITU	● puede ser un fantasma del pasado.
	● una memoria del pasado que te atormenta.
ESPONJA	● absorberlo todo.
	● aprender indiscriminadamente.
	● sentir que los demás se aprovechan de ti.
ESQUELETO	● algo que no reconoces. Sorpresa.
	● no significa necesariamente una muerte física. Puede indicar vacío.
ESQUÍ	● si esquías muy rápido, tal vez sea indicativo de que vas muy rápido por la vida.
	● te sientes sin control de la situación. Puede significar alineamiento espiritual.
ESTACIONES	● véase el capítulo 22 sobre estaciones del año.
ESTANQUE	● al igual que cualquier referencia al agua, un estanque representa emociones e intuición. Un estanque claro y tranquilo señala calma, emociones sanas.
	● las aguas revueltas indican un problema. Los márgenes del estanque son más estrechos que los de un océano, lo cual rebaja el problema emocional.
ESTATUA	● sentimientos o emociones congelados.
	● sentirse inmóvil, sin vida.
	● algo que no procede de tu fuerza y energía. Debes trabajar la seguridad en ti mismo.
ESTORNUDAR	● limpiar emociones.
ESTRECHEZ	● restricciones.
	● atención enfocada y disciplina para alcanzar tu objetivo.
ESTRELLA	● un nacimiento.
	● es un símbolo muy importante que significa luz, orientación, visión. Tú eres tu estrella, tu luz.
ESVÁSTICA	● en la antigüedad era un símbolo de poder.
EXPLOSIÓN	● crisis personal, especialmente en el terreno de las relaciones.

EXTRA- *TERRESTRE*	• una parte de ti que no reconoces.
	• volver a casa.
	• puede significar una gran sabiduría.
FACTURA	• pago kármico.
FANTASMA	• algunos sentimientos que guardas hacia una persona no se han solidificado.
	• puede significar una comunicación que no has enviado a alguien que ha muerto.
FEMENINO	• la energía femenina, la fémina en tu interior.
	• energía receptiva.
	• yin.
FIESTA	• celebración.
FLECHA	• dirección clara.
	• un objetivo.
	• una trayectoria en línea recta.
FLORES	• un feliz presagio de belleza y desarrollo.
FLOTAR	• estás en armonía con tu intuición y tus emociones. Hay una enorme sintonía espiritual y avanzas hasta poder sentirse uno con todas las cosas.
FORMAS	• si detectas formas indefinidas en un sueño, di de día, «¿A qué me recuerda esta forma? ¿Qué sensaciones me produce?»
	• deja que tome forma. Puede referirse a algo indefinido o no solidificado en tu vida. Si dejas que se moldee en tu imaginación, en breve esa idea, proyecto o sentimiento empezará a cobrar forma.
FOTOGRAFÍA	• observación objetiva de una situación.
	• recuerdos del pasado.
FRUTA	• cosechar los resultados de tu trabajo.
	• una cosecha abundante.
	• dar fruto.
FRUTOS SECOS	• vida nueva.
	• potencial sin expresar.

● abundancia.

● cosechar para el invierno.

● un «hueso» duro de roer.

FUEGO   ● la fuerza kundalini en tu interior.

● potencia.

● energía psíquica.

● abrirse a la comunicación y a la energía espiritual.

● iniciación.

● pasión sexual.

● purificación.

FUENTE   ● rejuvenecimiento espiritual. Un símbolo excelente de
             intuición. Manantial espiritual.

● escucha con atención lo que se diga en este sueño.

FUNCIONARIO   ● autoridad, puede indicar protección o guía. Conciencia.
                Castigo. Petulancia.

● a veces puede indicar culpa y que la persona que sueña
   desea ser castigada o solventar un problema.

● puede indicar una aceptación de la autoridad.

GALAXIA   ● posibilidades ilimitadas.

GATO   ● diversificación.
(DE COCHE)   ● multifacético.

● el gato de un coche representa alivio de una pesada
   carga.

● asegura un viaje sin problemas.

● alegrarse.

● subir.

GELATINA   ● véase MERMELADA.

GIRASOL   ● dicha.

● abrazar la vida.

GLACIAR   ● emociones congeladas.

GLOBO   ● felicidad sin fin.

● llegar a nuevas cumbres personales.

● si el globo se rompe, significa una ilusión frustrada.

GOLPEAR	● si oyes unos golpecitos en el sueño significa que has entablado contacto.
GORDURA	● supresión de emociones y sentimientos. Abundancia.
GUERRA	● conflicto y agresión interna.
GURU	● te dan orientación.
	● el guru en tu interior.
	● presta atención a este sueño.
HABITACIÓN	● la habitación es un aspecto de ti.
	● véase *CASA*.
HACHA	● miedo a una pérdida.
	● asumir el poder con seguridad.
	● desechar lo innecesario.
HADA	● un espíritu de la naturaleza.
	● hacer realidad tus deseos internos.
HALO	● un halo alrededor de algo significa una bendición.
HERIDAS	● véase *ENFERMEDAD*.
HERMANA	● aspecto femenino del ser.
	● aspecto religioso.
	● monja.
	● relación, fraternidad.
HERMANO	● el aspecto masculino religioso del ser.
	● lazo común.
	● hermandad.
HERRUMBRE	● talentos o capacidades que no se emplean. Debes mejorar tus aptitudes.
	● pule esas capacidades o talento.
HERVIR	● una situación que está a punto de estallar.
	● ira reprimida.
HIEDRA	● estabilidad, riqueza.
HIELO	● emociones heladas. Caminar sobre hielo fino significa una circunstancia dudosa.

- resbalar en el hielo significa atravesar una circunstancia en que la no te sientes estable o seguro.

HIERRO
- enfrentarse con esfuerzo a los problemas.
- demasiada leña en el fuego.

HIJA
- la niña que todos llevamos dentro.
- puede ser tu hija.
- eterna juventud.

HILERA
- puede representar organización.

HILO
- karma. Destino.

HOJAS
- las hojas verdes indican abundancia y crecimiento.
- vida.
- las hojas amarillentas en el suelo tienen que ver con algo acabado y soltar algo.

HOMBRE
- la parte masculina de ti.
- normalmente representa la parte lineal, racional y práctica de ti. Conciencia enfocada en vez de difusa.

HOMBROS
- fuerza, asumir responsabilidades.
- insistir en algo.

HORMIGA
- la parte trabajadora de ti.
- la solterona o esa parte de ti que se siente enajenada de toda felicidad.

HORNO
- una idea o proyecto que se está incubando.

HOSPITAL
- centro de sanación.

HOYO
- véase *ABISMO*.

HUÉRFANO
- véase *ABANDONADO*.

HUERTO
- véase *JARDÍN*.

HUEVO
- integridad.
- nueva vida. Nuevo potencial.
- es un símbolo muy poderoso.

HUMO
- donde hay humo, hay fuego. Puede advertir de un peligro inminente.

● falta de claridad, confusión. Es un símbolo de
advertencia.

ICEBERG ● la punta del iceberg significa que tus emociones
bloqueadas están empezando a salir a la superficie.

● moverse sin dirección emocional.

IGLESIA ● esperanza, fe y amor.

● el templo del alma.

● santuario.

● refugio.

● seguridad.

IMÁN ● atracción irresistible.

IMPOTENCIA ● inseguridad, miedo.

IMPRENTA ● comunicación.

● solución a un problema actual. Repetir la situación una
y otra vez.

IMPUESTO ● una carga.

● te ponen a prueba hasta el límite. Poner a prueba tu
fuerza. Necesitas reconstruir o revaluar.

INCESTO ● integrar partes de ti mismo.

● integrar la parte adulta con la infantil, o la masculina
con la femenina. Recuerda, en muchos casos las
personas que se te aparecen en sueños significan
aspectos distintos de ti.

INDIO ● una relación muy profunda y primitiva con la
naturaleza.

● una parte de tu naturaleza básica que te es ajena.

● autoorientación superior.

INFIERNO ● estás atravesando dificultades personales.

INICIACIÓN ● despertar a un nuevo nivel de conciencia.

INSECTO ● algo que te está molestando.

● depende del insecto

● las larvas representan decadencia.

● las mariposas indican transformación.

- las moscas pequeñas molestias.
- las hormigas son trabajadoras.

INSTRUMENTOS MUSICALES
- depende del instrumento. Un piano indica tener las claves de tu vida. La flauta denota naturaleza o libertad del niño interno.
- los tambores indican instintos primordiales o naturaleza primitiva.
- llevar el ritmo de la vida, o seguir tu propio ritmo. El arpa puede indicar sintonización con lo celestial.
- ángeles.
- una armónica es el trovador errante. Un momento para estar con amigos y disfrutar.
- las gaitas se refieren a afiliación cultural. El violín o los instrumentos de cuerda indican dedicación. El sitar señala cultura oriental.
- misticismo.
- paz interior.

INUNDACIÓN
- emociones abrumadoras.

ISLA
- autosuficiente.
- no puedes abarcarlo todo.
- refugio.

JABÓN
- limpieza, purificación.

JARABE
- abiertamente sentimental. Abiertamente emocional hasta llegar a ser falso.
- pegajoso.

JARDÍN
- actividad creativa.
- paz.
- si el jardín está bien cuidado, cosechas los resultados de tu trabajo.
- si tiene malas hierbas, hay aspectos de tu vida que debes erradicar.

JAULA
- te encarcelas de miedo.
- sentirse atrapado.

JESÚS
- véase *CRISTO*.

JIRONES	• sentirse pobre de espíritu.
JOYA	• fíjate en si la luces en el cuerpo o no.
	• véanse los capítulos 28 y 29 sobre piedras y partes del cuerpo. Ser una joya como persona.
	• puede referirse a la abundancia y la brillantez.
JUDAS	• traición, normalmente una traición a ti mismo.
	• no ser sincero con uno mismo.
JUEGO	• la escena de unos niños que juegan denota felicidad y espontaneidad.
	• tu vida es tu guión y puedes elegir actuar en esa película o no. Puedes elegir el guión. Todo depende de ti.
JUEZ	• autojuicio.
	• puede dirigirse a otra persona, pero fíjate en lo que juzgas para ver si también juzgas eso mismo en ti. Un dato muy importante que debes recordar es que todo que les has hecho a los demás fue necesario para llegar a estar donde estás ahora. Fue necesario para tu crecimiento. Pensar en este punto de vista te ayuda a juzgar menos y rebajar tu complejo de culpabilidad.
	• puede indicar orientación o que tu ser superior te informa de algo.
JUGUETE	• dicha. La vida es juego. Sentir que alguien juega contigo.
JURADO	• autocrítica. Fíjate en el veredicto del jurado. En muchos casos es la manera en que te juzgas. Debes saber que lo que has hecho y quién has sido fue necesario para llegar al punto en el que te encuentras ahora. Tu vida se está desarrollando a la perfección a lo largo de este viaje evolutivo.
LABERINTO	• caminar por pasillos rocambolescos significa que tienes la sensación de no encontrar salida a una cuestión. La solución es detenerse y relajar la mente. Deja que la intuición te guíe hasta la salida del problema.
LABORATORIO	• hallar la solución gracias a la experimentación.

LADRÓN
- muchísimo miedo e inseguridad.
- sentirse víctima de la vida y a merced de ella. Recuerda que no hay víctima alguna, y que debes asumir la responsabilidad de tu propia vida.
- vuelve a tu sueño y vence al ladrón. Debes convertirte en héroe o heroína de tu sueño, para así despertar con una mayor fuerza y seguridad en ti.

LAGO
- fíjate en la naturaleza del lago. Un lago claro y tranquilo denota intuición y profunda sabiduría interior.
- el agua revuelta indica agitación emocional.
- un lago con niebla indica emociones estancadas.

LÁGRIMAS
- descarga, limpieza, equilibrio.
- un aspecto sano del sueño.

LANZAMIENTO
- empezar una nueva aventura.

LÁPIZ
- capacidad de expresarte. Menos restrictivo que un lápiz.

LÁSER
- conciencia localizada. Capacidad de concentración.

LAVA
- algo que ha sido reprimido durante mucho tiempo, normalmente ira.

LAVABO
- eliminar lo que no necesitas en la vida.

LAVANDERÍA
- limpieza personal o tus acciones.
- airear la ropa sucia.

LAVARSE
- librarse del pasado.
- perdonar.
- celebración.

LECHE
- la leche materna.
- sustento.
- bondad.

LEPRA
- deterioro.
- fijarse qué parte del cuerpo está afectada.
- véase el capítulo 29 sobre partes del cuerpo.

LEVADURA
- contacto con la naturaleza. Expansión y crecimiento.

LIMÓN	• pobremente construido.
	• limpieza y purificación.
	• véase el capítulo 25 sobre colores.
LINTERNA/ LÁMPARA	• luz interior.
	• véase *LUZ*.
LIRIO	• renacimiento. Vida, muerte y renacimiento. Transformación.
LLAMA	• tu llama brillante y eterna.
	• la luz del espíritu.
	• véase *FUEGO*.
LLAMAR A LA PUERTA	• un aspecto de ti que trata de revelarse.
	• una oportunidad que tienes cerca.
LLAVE	• es un símbolo muy importante que se refiere a abrir puertas en el plano espiritual y el físico.
LLORAR, AÑORAR	• liberar partes de ti como hábitos, actitudes o relaciones que ya no te sirven, con el fin de dejar espacio a costumbres más indicadas para esa etapa de tu vida.
	• es un sueño liberador.
LLORAR	• descarga emocional en el estado de sueño de un aspecto de tu subconsciente que permanece sosegado.
	• lágrimas de alegría al resolver un problema o liberar una actitud que no te hacía bien.
LLUVIA	• limpieza, purificación, renovación espiritual.
	• la lluvia significa que quizás estás atravesando una etapa llena de emociones y un proceso de purificación.
LODO	• sentirse obstruido, no moverse ni crecer.
	• algunos aspectos de tu vida no parecen limpios.
	• dicha infantil.
LUCHA	• emociones reprimidas.
	• estar dispuesto a disfrutar de todas tus emociones, son parte de la vida.
LUNA	• el aspecto femenino de ti.
	• paz interna emocional.

- las fases de la luna indican distintos estados. La luna llena indica integridad y creatividad procedente de la intuición.
- la luna nueva o creciente muestra un momento de sentirse en sintonía con nuestro ser interno espiritual.
- es un momento de reflexión.

LUZ
- la luz espiritual de tu interior.
- la calidad de la luz significa aquello de lo que somos conscientes.

MADRE
- puede reflejar esa parte de ti que representa tu madre. Sustento. Madre Tierra. Esa parte sabia y femenina que existe en ti.
- Madre Divina.

MAGO
- ilusión.
- no real.
- en tarot, el mago significa cumplir aspiraciones accediendo a fuentes internas de tu ser.
- el mago es el transformador y el manifestador. La palabra magia procede del antiguo vocablo «magh», que significa poder. El mago simboliza canalizar el poder de los reinos internos a los externos.

MAL VESTIDO
- sentirse expuesto.
- revelar secretos personales.
- estar abierto.

MALABARISMO
- tratar de manejar varios asuntos al mismo tiempo.
- si el malabarista lo hace bien, también tu llevas bien tus asuntos. Si el malabarista pierde el equilibrio de vez en cuando, considera acabar con algunas cuestiones de tu vida o detenerse a pensar lo que realmente te importa.

MAMAR
- alimentar, nutrir nuevas ideas o una nueva forma de ser.
- si eres tu quien mama, significa que recibes sustento. Nuevo comienzo.

MANDALA
- un círculo. Cada vez que se te aparezca un círculo o un mandala en un sueño, indica armonía, belleza y equilibrio.

- es un símbolo francamente poderoso. Se utiliza como ayuda visual en las meditaciones y en el culto religioso.

MANDÍBULA
- comunicación. Hablar con tus amigos sin dificultades.
- si está muy cerrada, indica que debes esforzarte por comunicarte mejor.
- regañina, aburrimiento, algo interminable.
- una mandíbula cuadrada denota fuerza e inflexibilidad.

MANSIÓN
- véase *CASA*.

MANZANA
- sabiduría.
- potencial sanador.
- integridad.

MAPA
- planificar tus viajes, internos y externos.

MAQUINARIA
- sentir que no se está en contacto con el proceso orgánico de la vida. Utilizar las fuerzas de la naturaleza para obtener de ellas fuerza y poder.

MAR
- véase *OCÉANO*.

MAREA
- el ir y venir de tus emociones.

MAREMOTO
- un enorme descalabro emocional.

MARFIL
- señal positiva que es aplicable a todo.
- pureza y fuerza.

MARIONETA
- manipulación. Sentirse manipulado o que has manipulado a los demás. Ceder poder.
- no recordar que tú estás en control de la situación.

MARIPOSA
- renacimiento.
- belleza interior.
- transformación.
- romance y dicha.
- éxito.

MARTE
- el dios romano de la guerra.
- puede indicar pequeñas disarmonías.

MÁRTIR
- falta de poder personal. Sentirse víctima de la vida o de las circunstancias.

- también se relaciona con dar a los demás y sentir resentimiento cuando no recibes afecto de los demás.
- debes trabajar la aceptación de ti mismo.
- acepta la responsabilidad de las circunstancias de tu vida.

MASAJE
- integración personal

MÁSCARA
- distintos aspectos de ti.
- deshonestidad.

MASCULINO
- tradicionalmente, en el mundo de los sueños lo masculino representa la parte masculina del ser, la energía yang, la energía masculina interna. La energía proyectora.

MATAR
- si sueñas que matas a alguien, estás liberando partes de ti que no son necesarias en tu evolución actual. Estás matando creencias o conductas que ya no te son necesarias.
- si matas a un niño, lo más probable es que estés erradicando tus conductas infantiles inadecuadas.
- matar a un progenitor indica deshacerte del modo en que te has relacionado con tus padres o tu manera de educar.
- no te sientas culpable si sueñas con matar a alguien. Suele apuntar al inicio de un magnífico crecimiento interior.
- es un símbolo positivo.
- si sueñas que te matan, lo más probable es que necesites asumir un control sobre tu vida de manera que te sientas con poder sobre ella. Recuerda tu sueño y trata de luchar con tu enemigo, de manera que *GANES*. Esto te ayudará en tu vida de vigilia.

MATRIMONIO
- unión del aspecto femenino y masculino.
- integrar los distintos aspectos del ser.
- unión de personas o ideas.

MATRIZ
- sustento. Seguridad. Protección. Aunar tus energías antes de asumir el siguiente paso.

MEDICINA
- curación.
- «tomar de tu propia medicina».

MELOCOTÓN	• algo edificante.
MELONES	• integridad.
	• algo que te ofrece muchas oportunidades.
MENSTRUACIÓN	• librarse de lo viejo, nuevos comienzos. Si ves la sangre, significa pérdida de energía vital.
MERCURIO	• mensajero de los dioses.
	• el portador de mensajes. Dios del comercio, las ganancias, la suerte, el viaje y los buenos regalos.
	• elocuencia.
	• cambias de ánimo con demasiada facilidad.
MERMELADA	• la dulzura de la vida.
	• puede referirse a estar metido en un lío.
	• retraso o confusión, y frustración. Sentirse atrapado sin vuelta atrás.
	• tómate el tiempo necesario para relajarte y redirigir tu vida.
MESA	• aplazar una decisión.
	• presentar una decisión o emoción. Las creencias que todo el mundo puede ver. Poner las cartas sobre la mesa.
METAL	• fuerza, dureza.
	• inmovilidad.
MICROSCOPIO	• autoanálisis intenso.
MIEDO	• si tienes miedo de algo en sueños, enfréntate a ello. Lo más seguro es que represente una parte de ti que no reconoces. Imagina que regresas al sueño y te enfrentas al miedo.
MILANO	• increíble crecimiento espiritual, pero con los pies en la tierra.
	• libertad como si fuéramos niños.
MINA	• tesoros internos sin descubrir.
MONASTERIO	• retiro espiritual.
	• puede apuntar a un aislamiento del mundo.

MONEDERO
- atado a otro.
- véase *BOLSILLO*.

MONJA
- dirigir tus energías hacia dentro.
- celibato y sintonía espiritual.

MONSTRUO
- una parte de ti que temes y no reconoces.
- tus miedos ocultos que se manifiestan. Debes analizar al monstruo o monstruos. El temor más acuciante es siempre lo que se desconoce.
- debes familiarizarte con el monstruo de tus sueños. Pregúntate que partes de ti representa, puedes incluso preguntárselo al monstruo. Si te enfrentas a un monstruo muy amenazador, en vez de sentirte víctima combátelo. Por eso debes recordar tu sueño y enfrentarte a él imaginariamente. Sal victorioso, y después pídele al monstruo que te de un regalo valioso o bello.

MONTAÑA
- un objetivo u oportunidad alcanzable.
- subir la montaña significa que avanzas hacia tu objetivo.
- si bajas significa que te alejas de tu objetivo.
- puede ser una experiencia espiritualmente edificante. Los monasterios de todo tipo están situados en las montañas porque son espacios de retiro espiritual.
- no hacer una montaña de un grano de arena. Puede interpretarse como un obstáculo o una oportunidad.

MONTAR
- si cabalgas sobre un animal, sientes una buena sintonía con la naturaleza. Maestría, conquista. Si estás en un vehículo y alguien está conduciendo, tal vez sientes que no estás en control de tu vida. Alguien te está guiando. Te están engañando.

MUERTE, MORIR
- no es un mal presagio.
- simboliza transformación, la desaparición de viejas formas, y programas, y deja paso a un nuevo renacimiento. En algunos casos indica la muerte de alguien que ves muerto en el sueño.
- normalmente significa la desaparición de un antiguo sistema de creencias que la persona moribunda representaba.

MULTITUD
- anónimo.
- secreto.
- desconocidos o algo desconocido.
- la opinión que esa multitud tiene de ti es la opinión subconsciente que tú tienes de ti.
- sentir una parte de algo que sientes superior a ti.

MURO
- un obstáculo o bloqueo.
- sentirse separado de los demás.

MUSEO
- véase *CASA*.
- conocimiento. Traer sabiduría del pasado y asimilarla en el presente.

MÚSICA
- música armoniosa y bella significa alineamiento espiritual.
- armonía interna.
- la música desafinada indica sentirse desencajado en tu vida.

NADAR
- no nades contra corriente.
- permanecer a flote entre cambios emocionales.

NÁUSEA
- algo que te marea.
- deshacerse de lo que no se desea.

NAVAJA
- avanzar a golpes.
- puede indicar separación, liberación. Depende del tipo de navaja y de cómo se utiliza.
- una navaja de afeitar denota claridad mental.

NECROLÓGICA
- liberas viejas ideas, pensamientos y creencias.

NEVERA
- sentirse cerrado emocionalmente.
- congelar las emociones. Falta de calor humano.

NIDO
- incubar ideas o proyectos. Anidar.
- hogar y vida familiar.
- vida doméstica.
- mirar en tu interior y rejuvenecer.

NIEBLA
- un obstáculo.
- un aspecto de tu vida que no puedes ver del todo.

NIEVE ● limpieza. Pureza. Virgen. Un nuevo comienzo o perspectiva del mundo que te rodea.

NINFA ● divinidad menor de la naturaleza en la mitología.
● doncella mística que vive en las montañas, aguas y árboles. Sexualidad dichosa. Insectos inmaduros.
● desarrollo o metamorfosis incompletos.

NIÑOS ● el niño en tu interior.
● los aspectos internos de ti como la capacidad de diversión, dicha y apertura.
● suele indicar esa parte juvenil de ti que no reconoces.

NOCHE ● obstáculos, retrasos o no ver algo con claridad.
● falta de contacto con tu conocimiento interno.
● si es una noche clara donde brillan las estrellas o la luz de la luna, significa un símbolo de tu intuición y tus reinos internos.

NOVIA ● la cumbre del principio femenino en nuestro interior.
● nuevos comienzos.

NOVIO ● véase *NOVIA*.

NUBES ● las nubes claras denotan crecimiento espiritual.
● una señal positiva y de salud.
● paz interior.
● las nubes de tormenta indican dudas espirituales.
● se está gestando una tormenta personal.

NUDO ● tensión.
● comprometerse.
● deshacer un nudo significa encontrar una solución o relajarse en ciertas cuestiones.

NÚMEROS ● véase el capítulo 26 sobre números.

OASIS ● refugio. Lugar de rejuvenecimiento.

OBJETIVO ● tu dirección, tu propósito. Necesitas enfoque y disciplina en tu vida.

OBSERVATORIO ● captar el significado general de las cosas. Ver el significado profundo de la vida.

OCÉANO
● el significado varía según el estado de las aguas. Un océano tranquilo denota un enorme poder interno y un equilibrio espiritual y emocional.

● si está agitado indica que debes esforzarte para llegar a aguas más tranquilas entre un desbarajuste emocional. El mar de la ida. Una enorme facultad intuitiva.

ODIO
● a veces este sueño puede ser muy curativo. Puede referirse a una emoción que no te permites experimentar en tu vida de vigilia porque no encaja con la idea que tienes de ti misma. Sentir odio en los sueños te permite descargar emociones de manera que no te perjudiquen emocional y espiritualmente. Muy a menudo, el odio en sueños no se dirige a la persona o al objeto aparentemente odiado, lo más común es enfado contigo mismo y la persona o cosa que representa esa parte de ti con la que estás enfadado.

OFICINA
● producción.
● proceso lineal de pensamiento.
● organización.

OJO DE LA CERRADURA
● estar muy cerca de una solución o de una nueva dirección en la vida. Recuerda tu sueño e imagina que eres capaz de abrir esa puerta, porque pensarlo te ayudará en tu vida de vigilia.

OLA
● amor, relación. Reconocimiento. La ola de un océano indica moverse hacia delante.

● enorme fuerza y poder. Utilizar tus emociones de manera creativa. Observar las olas indica recargar tus pilas internas.

OMBLIGO
● véase el capítulo 29 sobre partes del cuerpo.

● simboliza el cordón de plata que conecta tu cuerpo astral al físico.

● en oriente, se creía que el ombligo simbolizaba el centro del universo.

OPERACIÓN
● fíjate qué parte del cuerpo te operas. Véase el capítulo 29 sobre partes del cuerpo.

ORGASMO
● depende de los sentimientos asociados al orgasmo y si lo alcanzaste físicamente o no. Puede indicar un poderoso

alineamiento con tus energías internas masculinas y femeninas, así como una relación con tu energía kundalini, o energía creativa, que permanece enroscada en la base de la columna vertebral. Si un hombre llega al orgasmo durante el sueño indica la necesidad de fortalecer la próstata. Véase el capítulo 19 sobre amantes y el capítulo 15 sobre sueños de amor y sexo.

ORGÍA
- tu fuerza creativa se está disipando. Céntrate en los objetivos que te has marcado.

ORINA
- alivio después de la tensión.
- descarga emocional. Purificación. Necesitas alivio.

ORO
- gran tesoro interior.
- la luz dorada de paz interior.
- un gran corazón.

ORQUESTRA
- síntesis, armonía, sinergia.

OSCURIDAD
- lo desconocido.
- lo subconsciente.
- tus miedos.

OVNI
- el viaje. En busca del Santo Grial. Integración personal. Potencial psíquico.

PADRE
- el padre divino.
- Dios.
- protector, sustentador.
- puede ser tu padre o una imagen paternal.

PADRES
- nota: (aunque, afortunadamente, el papel de los distintos miembros de la familia ha cambiado, nuestra memoria a nivel de alma conserva nociones estereotipadas de los padres). El padre representa la autoridad y los procesos de pensamientos lineales y racionales. Una fuerza proyectora. La energía yang. Las madres típicamente representan el principio yin de sustento y los reinos internos de intuición y magia. Tu sueño puede guardar relación con tu experiencia familiar. El sueño puede tener relación con la energía de padre/madre que mora en tu interior.

PAJA
- sofoco, sentirse ahogado por la vida. Sentir que no puedes expresar tu creatividad.
- puede ser una advertencia de un problema de salud.

PALACIO
- véase *CASA*.
- tu sensación de verdadera magnificencia.

PALOMITAS
- indica mucha creatividad y nuevas ideas que pronto se manifestarán.
- las palomitas rancias indican un final desafortunado.

PAN
- comunión con los demás.
- abundancia.

PANTANO
- sentirse totalmente saturado sin ver claridad en tus asuntos. No hay salida. Tener demasiado trabajo.

PAPILLA
- una extensión o añadido de ti.
- algo que no forma parte de tu naturaleza esencial, sino que se relaciona contigo.

PAQUETE
- si llevas un paquete, hay algo, alguien o una idea que cargas y que es innecesaria. Déjala. Si estás haciendo las maletas, simboliza la preparación para un cambio en tu vida. Si envías un paquete, te estás deshaciendo de algo.
- si lo recibes, reconoces una parte de ti de la que antes no eras consciente.

PARACAÍDAS
- puedes llegar muy lejos.
- estás protegido.

PARAGUAS
- protección. Quedar protegido de las tormentas de la vida.

PASAJERO
- si eres el pasajero, no estás decidiendo el curso de tu vida.
- alguien más decide por ti.

PASAPORTE
- es tu billete para el cambio y crear lo que deseas en la vida.

PASTEL
- una oportunidad.
- si es redondo indica algo íntegro que también es nutritivo.

- es un símbolo positivo.
- algo entero que puede dividirse en partes iguales.

PASTOR
- guardián del espíritu, del sendero interior.

PEDESTAL
- poner a ti o a alguien en una posición de elevación o encima de ti. Esto te impide vivir el poder interno porque cuando te experimentas a ti inmerso en todas las cosas nada es superior o inferior.

PEGASO
- libertad. Magia interior.

PELEA
- hay partes de ti que están en conflicto.

PELEA
- varios aspectos de ti están en guerra. Visualiza las dos facciones enfrentadas en tu sueño y piensa en la postura de cada una con una actitud comprensiva. Esto te permitirá hacer las paces con los aspectos de ti enfrentados.

PELÍCULA
- observar la vida.
- estar atrapado en el drama de la vida.
- los distintos papeles que desempeñas en la vida.

PELOTA
- la forma redonda sugiere acabamiento, unidad e integridad.
- el planeta.
- una ocasión social. Felicidad.
- puede tener implicaciones sexuales.

PÉNDULO
- incertidumbre.
- sopesar varias opciones.
- necesitas encontrar un equilibrio en tu vida.

PENE
- yang.
- energía proyectora.
- el principio masculino. Poder. Potencia.

PENIQUE
- véase *DINERO*.

PERDER EL BARCO/ AVIÓN/ TREN
- sentir que no avanzas en tu vida.
- sentirse excluido por las circunstancias.
- oportunidad perdida.
- no esforzarse lo suficiente.

● tómate el tiempo necesario para evaluar tus objetivos.

PERFUME
● si durante el sueño hueles a perfume, indica sensualidad.

PERISCOPIO
● observación subconsciente de la realidad consciente.

● observación objetiva.

● si el periscopio está en el agua, es que observa tu realidad consciente desde tu ser intuitivo y emocional.

PESADILLA
● las pesadillas deberían interpretarse como experiencias positivas. Nos permiten afrontar nuestras cuestiones sin resolver nuestra vida de vigilia y que no tratamos conscientemente. Estas cuestiones nos afectan en todos los sentidos, incluidos la salud y las relaciones. La pesadilla es un recurso subconsciente para curar estas cuestiones sin resolver. ¡Celebra tus pesadillas! Imagínate que vuelves a tu pesadilla y la reconstruyes mentalmente unos breves instantes. Cambia las circunstancias de manera que el desenlace sea positivo. Esto te ayudará a sanar el conflicto sin resolver qué motivó la pesadilla.

PÉTALO
● los pétalos que caen de una flor indican tristeza.

● arrancarlos de una flor, «me quiere, no me quiere».

PIANO
● véase *INSTRUMENTOS MUSICALES*.

● si el piano está desafinado, significa que no estás en sintonía contigo mismo.

PIEDRAS
● no dejar piedra por mover.

PIEL, CUERO
● fuerza, dureza.

PILAR
● fuerza.

PÍLDORA
● algo desagradable que debe soportarse.

● puede indicar curación.

PIMIENTA
● emociones fuertes.

● estimulación.

PINO
● un excelente purificador y limpiador.

● el pino crea iones negativos que son una carga eléctrica sanadora en el aire. Morirse de pena por alguien.

PINTURA   ● fíjate en el color y consulta el capítulo 25 sobre
                   colores.
                 ● rehacer.

PIONERO   ● adentrarse en nuevos aspectos en tu interior y en tu
                   vida de vigilia.

PIRÁMIDE   ● un símbolo muy poderoso de unificación y
                   alineamiento interno. Es un símbolo de iniciación.
                   Estás pasando a un nuevo nivel de conciencia, de
                   comprensión. Estás abierto a recibir orientación de las
                   energías superiores que te rodean y las de tu ser
                   superior.

PIRATA   ● uso no autorizado del producto, concepción o
                   creatividad de otra persona. Debes ser consciente de tu
                   propia autoridad.

PLANEADOR   ● normalmente, si vuelas con un planeador, estás
                   teniendo una experiencia fuera del cuerpo. Véase el
                   capítulo 13 sobre sueños para viajes astrales.
                 ● llevarse por los vientos del cambio a lo largo de tu
                   vida. Ir con la corriente.

PLANETAS   ● cuerpos celestiales.
                 ● iluminación.
                 ● el ritmo del universo.
                 ● el planeta Tierra se relaciona con el sustento.
                 ● Júpiter puede indicar expansión, amplitud.
                   Connotaciones imponentes y de gran alcance.
                 ● Marte significa agresividad, pasión. Connotaciones de
                   guerra.
                 ● Mercurio era un mensajero griego de los dioses. Significa
                   comunicación y velocidad. Cambio súbito de ánimo.
                 ● Neptuno era el dios del mar. Denota conciencia
                   psíquica y misticismo.
                 ● Plutón es un planeta pequeño y concentrado. Pueden
                   indicar desarrollo espiritual. También puede
                   interpretarse como felicidad caprichosa, como la que
                   refleja el personaje *Pluto* de Walt Disney.
                 ● Saturno puede ser sardónico y lento de movimientos.
                   Una sensación de frialdad.

- Urano denota habilidades ocultas. Cambios.
- Venus invoca imágenes de belleza, armonía, feminidad y amabilidad.

PLÁSTICO
- flexibilidad.
- capacidad de amoldarse.
- artificial, imitación.

PLATA
- en segundo lugar.
- puede referirse al cordón de plata. Vínculo espiritual.
- luz interior.

PLAYA
- la frontera entre el subconsciente, la parte emocional de ti que representa el agua, y la parte física terrestre de ti.
- equilibrio.
- las playas purifican y rejuvenecen.

PÓKER
- estás jugando con algo.

POLICÍA
- véase *FUNCIONARIO*.

POR ENCIMA
- denota inspiración o el ser superior.
- Algo amenazador.
- un temor que parece superarte.

PRADO
- un lugar de armonía espiritual y equilibrio.
- rejuvenecimiento y nutrición.

PREMONICIÓN
- nota: sueños que parecen premoniciones donde los acontecimientos parecen literales, no simbólicos, señalan normalmente a aspectos de desarrollo de tu ser interior.
- aunque soñar con la muerte de un hijo es muy desagradable, puede indicar la desaparición de aspectos infantiles en tu vida. Visto de este modo, el sueño no será una premonición.
- requiere cierta práctica distinguir un sueño premonitorio de uno simbólico, un sueño de crecimiento interior, pero puedo ofrecerte algunas pistas para reconocer a los sueños premonitorios
- normalmente, en los sueños premonitorios los colores son más intensos.

- en muchos casos aparece un objeto redondo, lo cual indica energía profética.

- si tienes dudas sobre la naturaleza del sueño, interprétalo simbólica y literalmente, como hago y, hasta que el sentido sea evidente. También puedes pedir que te llegue la respuesta en otro sueño.

- cuanto más cómodo te sientas con las premoniciones en sueños, más sencillo te resultará acceder a esta parte de ti.

PRESA
- emociones contenidas a punto de desbordarse.

PRESIDENTE
- tú eres tu autoridad.
- control, liderazgo.
- sacerdote, autoridad espiritual.
- orientación, mostrar el camino.

PRIMAVERA
- véase el capítulo 22 sobre estaciones del año.

PRINCESA
- la parte femenina más divina de ti. La fuerza femenina en el universo. Yin.

PRÍNCIPE
- la parte masculina más divina de ti.
- la fuerza masculina en el universo. Yang.

PRISIÓN
- barreras auto impuestas.
- confinamiento autocreado. Siempre tienes la llave que te permita salir. La única persona que puede encarcelarte eres tú.

PRISIONERO
- limitarte tu potencial.
- confinamiento autocreado.
- temor.

PROFANO
- a veces lo profano puede expresar emociones que no has experimentado en tu vida cotidiana.

PROFESOR
- el gurú interior.
- seguridad en ti mismo. Todas las personas que conocemos son nuestro maestro. Cada aspecto de nuestro sueño es nuestro profesor que nos enseña durante la noche.

PROFETA
- es un sueño importante.

- orientación, enseñanza, y dirección divina. El místico, el visionario, el maestro. Escucha a lo que el profeta tenga que decirte.
- es un símbolo de orientación muy poderoso.

PROSTITUTA
- te estás prostituyendo.
- utilizas tu energía de manera inapropiada.
- haces mal uso de tu creatividad.
- mengua latente de tu energía sexual.
- revela sensualidad.

PÚBLICO
- ¡Felicidades!.
- si el público responde positivamente, indica autoaceptación o reconocimiento.
- si no responde positivamente, debes trabajar tu autoaceptación.

PUERTA GIRATORIA
- oportunidades que dejas pasar.
- sentir que te mueves de un lado a otro con ideas y actitudes antiguas.

PUERTA
- magnífica oportunidad de aventuras y nuevos descubrimientos. Si está abierta significa que estás preparado para ello, y cerrada que aún no es el momento.
- es un símbolo muy poderoso.

PUERTO
- véase *CASA*. Seguridad.
- según la naturaleza del agua, puede guardar relación con las emociones. ¿Era agua de mar agitada o tranquila?
- buen vino, disfrutas con los amigos.

RABIA
- expresa la rabia acumulada desde hace tanto tiempo.
- si la desatas en sueños podrás liberarla en tu vida de vigilia.

RABINO
- orientación.
- mostrar el camino. Maestro.

RADAR
- ser capaz de ver debajo de la superficie.
- sintonización, intuición.

RADIO
- comunicación. Orientación procedente de otra fuente.

RAYOS
- un símbolo muy importante que denota un enorme poder y grandes avances.
- velocidad, fuerza.
- despertar la kundalini.

RAYOS-X
- fuerzas invisibles.
- ver lo que está en tu interior con mayor claridad y comprensión. Viajar a una comprensión más profunda.

REALEZA
- según sea hombre o mujer, guarda relación con los aspectos divinos del ser. El divino femenino y el divino masculino. Sentir tu propia realeza, divinidad.

RECETA
- combinar los ingredientes de tu vida de manera que haya unidad.

RED
- puede denotar sentirse atrapada en la red tu percepción sobre en qué consiste la realidad. Tómate el tiempo necesario para apaciguar tu mente y déjate llevar por otras realidades a escoger y que encajen mejor con lo que eres.
- una red de pescar o para cazar mariposas puede ayudarte a obtener lo que necesitas en la vida.
- si sueñas una red de seguridad significa que te sientes desequilibrado.

REGALO
- acepta el regalo.
- es reconocerte a ti y al crecimiento que has hecho.

REINA
- esa poderosa energía femenina en tu interior. Atesora más fuerza y poder que la «princesa».
- significa la sabiduría de la mujer en vez de la pureza de la adolescente. La diosa interior.

RELOJ
- el paso del tiempo. Te pasa el tiempo.

REMAR
- avanzar en una situación emocional.

REMO
- una barca sin remos significa que te sientes a la deriva en un dilema emocional. Los remos pueden significar sentirse en control de una situación en medio de un desequilibrio emocional.

REPARACIÓN
- si estás reparando algo (en el sueño), hay un aspecto de tu vida que sientes que debe ser arreglado. En la vida

de vigilia deberás reparar lo que viste en el sueño. Al hacerlo así de forma simbólica, esa reparación se llevará a cabo sola.

RESCATE
- necesitas rescate porque no te sientes en control de tu vida, sino que ésta depende de terceros. Esta sensación procede de tu punto de vista como víctima. Recuerda, no existe víctima alguna, sólo voluntarios. Debes asumir una actitud más responsablemente tu vida y entorno. Si estás rescatando a otras personas, hay alguien que necesita tu ayuda.

RESTAURANTE
- sustento, nutrición. Compañerismo.

RETRATO
- se relaciona con cómo te ves a ti mismo o cómo crees que los demás te ven. No es necesariamente tu verdad.

REVOLUCIÓN
- varios aspectos de ti están enfrentados. Normalmente un sueño de esta índole indica una época de cambio que está por venir. En tu vida de vigilia debes tratar de resolver esa confrontación.

REY
- significa poder y majestuosidad.
- Dios.
- responsabilidad en ti mismo.
- asumir el control de tu vida.

RÍO
- el río de la vida. Las aguas de la vida.
- no fuerces las cosas.
- tratar de nadar contracorriente. Deja que el río te lleve.
- estás tratando de cruzar el río y no sabes cómo. Normalmente el río representa una barrera emocional que tienes dificultades en atravesar. En tu estado de vigilia debes imaginarte un puente que cruce el río y pase al otro lado. Crea una nueva ruta que resuelve tu situación.

RISA
- la risa es una gran sanadora. No te tomes la vida tan en serio.

ROBLE
- enorme fuerza.
- solidaridad.
- progreso regular.
- cariño y protección.

ROBOT
- sentimientos mecánicos.
- sentirse ajeno a los sentimientos.
- insensible.

ROCA
- con los pies en la tierra. Fuerza, poder personal.

ROMPECABEZAS
- no ver la imagen general de algo.
- cada parte de tu vida es una pieza del rompecabezas. Si está acabado indica unificación. Puede indicar sentirse perplejo, inseguro, con falta de claridad.
- tómate el tiempo necesario para enfocar tu energía. La respuesta te llegará cuando menos te lo esperes.

ROPA
- tu aspecto exterior.

ROSA
- amor, belleza, inocencia.

ROSTROS
- un rostro o rostros desconocidos puede apuntar a esas partes de ti que no experimentas actualmente.

RUEDAS
- movilidad.
- una rueda pinchada significa que te falta equilibrio. La rueda de la vida.
- la rueda de la fortuna. La rueda del karma.
- sembrar y cosechar. Integridad.
- final y comienzo.

RUTINA
- sentir que no estás llegando a ninguna parte. Estás enfrascado en las mismas actitudes, creencias y pensamientos que siempre.

SABLE
- sentirse atado u obligado a una situación que no deseas.

SACO
- sucesos futuros que se te revelarán.
- te escondes.
- perder tu poder.

SACRIFICIO
- si sueñas en alguien o algo que es sacrificado en un sueño, hay un aspecto de tu vida en el que tienes la sensación de estar sacrificándote. Véase MÁRTIR.
- Sentirse a merced de la vida en vez de la causa. Tú estás en control de tu destino. Afirma: «elijo mi vida completamente. Estoy en control de mi vida. He elegido las circunstancias de mi vida.»

SAFARI
- explorar aspectos desconocidos de ti.
- véase el capítulo 27 sobre animales, y lee mis comentarios sobre el animal que aparece en tu sueño.

SAL
- la sal de la vida. El elemento tierra.

SALTITOS
- un recordatorio.
- un lapso de la memoria, denota movimiento relacionado con una mejora de ti mismo.
- puede referirse a avanzar a sacudidas sin llegar a ninguna parte.

SALTO
- saltar a una nueva aventura.
- avanzar.
- mira antes de saltar.

SANTO
- suele referirse a tu ángel guardián o a tu protector, tu ser superior de forma manifiesta. Escucha atentamente sus mensajes y observa los símbolos que aparezcan en este sueño en especial.

SAUCE
- tristeza.
- flexible, de manera que sabes moverte en una situación.

SECUESTRO
- autosabotaje. Sentirse sin el control de una situación o de sus efectos. Sentimiento de víctima.
- si secuestran a un niño, significa una mengua de tu niño interior.

SECUOYA
- símbolo de fuerza, sabiduría, tener los pies en la tierra, pero al mismo tiempo con aspiraciones espirituales.

SEDA
- lujos, riqueza. Excelente conductor de energía bioeléctrica.
- sensualidad, fluidez.

SEMEN
- poder, potencia, fuerza. El potencial creativo.

SEMILLAS
- lo grande crece de lo pequeño, siempre que se alimente con el sustento adecuado. Un nuevo comienzo.
- lo que siembres, cosecharás.

SENDERO
- fíjate en la amplitud, dirección y rectitud del sendero, si el camino es estrecho y recto significa que estás

avanzando. Estás alineado con el propósito de tu vida. Un camino sinuoso significa que te estás desviando de tus propósitos y que no sabes bien qué dirección tomar.

SEPULCRO • movilizar tu creatividad.
• restricciones.

SEXO • véase el capítulo sobre sueños para amor y sexo.

SIERRA • bajarle los humos a alguien. Construcción. Creación. Hacer.
• podar, reducir.
• una herida emocional del pasado que se está curando, pero que todavía no se ha olvidado. Fíjate en otros símbolos, personas y situaciones para que te ayuden a identificar las heridas emocionales que deben curarse.

SILBIDO • advertencia. Toque de atención.

SILLA • tu postura o actitud.
• dónde estás parado en cuanto a un tema. Si es un balancín puede indicar una experiencia fuera del cuerpo o acumulación de energía psíquica.

SIRENA • tu ser emocional e intuitivo.

SOCORRISTA • suele ser un guardián de los sueños o tu ser superior que te guía en momentos de crisis emocional.

SOL • Dios. Gran Espíritu. El dios interior.
• el origen desde lo que todo fluye.
• poder, fuerza, claridad.
• tu luz interior.

SOLDADOS • guerra dentro y fuera de ti.
• puede representar organización y disciplina.

SOLUCIÓN • unión, integración de ideas, sentimientos o distintos aspectos de un proyecto.

SÓTANO • la base o raíz de un problema.
• tu energía física. Una casa suele significar tu cuerpo, donde el desván se relaciona con los chakras superiores y el sótano con los inferiores.
• subconsciente.

SUBTERRÁNEO	● tu inconsciente.
	● tu subconsciente.
SUCIEDAD	● poner los pies en la tierra. Conexión con la Madre Tierra.
	● algo de tu vida que debes limpiar.
SUELO	● cimientos o tu sustento.
SUEÑO	● si sueñas que tendrás un sueño, lo más probable es que se trate de un sueño lúcido.
	● véase el capítulo 9 sobre sueños lúcidos.
SUICIDIO	● culpa. Autopersecución. Erradicar ciertos aspectos de ti.
	● ceder.
	● es una advertencia.
	● no cedas. Debes saber que todo lo que recibes en la vida puedes abarcarlo. Puedes hacerlo.
SUSURRO	● sentirse apartado. No querer o no poder comunicarte con los demás y decir lo que sientes y piensas.
TAPIZ	● el tapiz de la vida. Cada sección del tapiz representa una parte distinta de ti.
TARRO	● véase *BOTELLA*.
	● una experiencia muy emocionante.
TE	● amistades.
TEJADO	● tu protección, lo que se relaciona con tu chakra coronario.
	● el estado en que se encuentre el tejado apunta al estado de tu relación espiritual. Véase *CASA*.
TEJER	● unir ideas y motivos de tu vida.
	● unificar.
	● paz en el hogar.
	● reparar, arreglar.
TELÉFONO	● escuchar a los demás. Puede ser un guía que trata de captar tu atención. Escucha atentamente al mensaje que te comunique. Este tipo de sueños son muy importantes.

TELEGRAMA   • estar en contacto con tu entorno.

TELESCOPIO   • ver de lejos y con anticipación, aunque no todo se
                     revela.

TELEVISIÓN   • ése eres tú, aspectos de tu vida. Fíjate de qué manera
                     abordas las distintas situaciones. Es la manera en que
                     te hablas a ti.

TEMPESTAD   • alteraciones emocionales.
                   • energía psíquica.
                   • si sangras, significa que algo o alguien te saca energía.

TEMPLO   • retiro privado. Santuario interno.

TERCIOPELO   • sensualidad. Observa lo que hay debajo de la
                     superficie.

TERREMOTO   • se acerca un gran cambio.
                   • el miedo al cambio que estás viviendo.

TESORO   • ideas originales. Riqueza personal. Riqueza interior.
                     Regalos del espíritu.

TIENDA DE   • caduco.
CAMPAÑA   • temporal.
                   • no tienes una imagen sólida de ti mismo.

TIERRA   • Madre Tierra.
                   • el principio receptor y rejuvenecedor del universo.
                   • matriz, sensualidad.

TIERRA   • tus cimientos.

TIJERAS   • soltar lo que no necesitas en tu vida. Sentirse aislado
                     de los demás o incómodo contigo mismo.

TÍO   • sentirse en una situación estúpida.

TIOVIVO   • sentir que das muchas vueltas sin avanzar.

TORRE   • puede significar aislamiento. Permanecer encerrado en
                     una torre de marfil. Aislado de distintas partes de ti.
                   • puede representar un punto espiritual de claridad.
                   • visión espiritual.

TRASTOS
● lo que ya no necesitas, como algunas ideas, sentimientos, costumbres, relaciones, etc. Deshacerte de lo innecesario en tus emociones, en tu vida en general. El acto simbólico de limpiar cajones y armarios, y de deshacerte de cosas que ya no utilizas o no te gustan, te ayudará a librarte de los estados emocionales que no facilitan la expresión de tu verdadero ser.

TREN
● el viaje individual y colectivo en el que atraviesas distintas etapas y sucesos en tu vida. Poder.

TRIÁNGULO
● trinidad.
● protección. Cuerpo, mente y espíritu. Integración.

TRUENO
● soltar emociones y sentimientos restringidos.
● advertencia de los dioses.
● puede indicar enfado, hostilidad, rabia. El efecto de una potente descarga emocional psíquica.

TUBO, CONDUCTO
● si se refiere a un instrumento musical, denota felicidad y libertad.
● si es una estructura sólida que conduce líquidos o gases indica el flujo de energía que hay en ti y en el universo. La pipa de la paz de los indios nativos norteamericanos era un objeto sagrado de veneración. Simbolizaba unidad con el espíritu.

TUMBA
● algo serio.
● limitaciones autoimpuestas.
● cavar tu propia tumba.

TÚNEL
● una luz al final del túnel.
● el pasaje interno hacia el ser.
● visión cerrada de las cosas. Puede indicar una experiencia fuera de cuerpo. En estos casos es muy probable que en muchas ocasiones sueñes con avanzar por un túnel. Puede ser una experiencia en el umbral de la muerte. Realidades cambiantes. Pasar a otros niveles de conciencia.

UNIFORME
● rigidez, falta de flexibilidad.
● autoridad.

UNIVERSIDAD ● centro de aprendizaje.

URNA ● el polvo al polvo.
● reencarnación.

VACACIONES ● relajación, disfrute. Descarga.
● adoptar una nueva perspectiva a tus ideas y objetivos.

VACUNAS ● protección emocional.

VAGINA ● apertura, aceptación, receptividad.
● feminidad. El valle interior.

VAMPIRO ● exhausto porque alguien te absorbe energía. Toda persona es responsable de su nivel energético. En realidad, no es cierto que alguien pueda absorberte energía.

VARITA ● espiritualidad.
● puedes cambiar las cosas al instante.
● transformación.

VELA ● la fuerza vital espiritual en tu interior.
● tu verdadera luz interior.

VENENO ● algo destructivo o dañino.
● lo más común es que indique una actitud hacia uno mismo. Miedo o actitud crítica.

VENTANA ● visión interdimensional.
● ser capaz de ver en distintos niveles de conciencia.
● ver el pasado o el futuro.

VENTOSA ● estar absorbido por algo.

VENTRÍLOCUO ● lo que escuchas puede provenir de una fuente equivocada de información.

VERANO ● véase el capítulo 22 sobre estaciones del año.

VERDURA ● necesidades básicas de tu vida.

VERJA ● ser consciente de tus límites.
● aferrarse a algo para lograr apoyo.

VETERINARIO ● curar nuestra naturaleza animal.

VIAJE	● autoexploración y crecimiento.
VID	● conexión espiritual.
VIENTO	● los vientos del cambio.
	● el elemento aire representa el intelecto.
VINO	● prosperidad.
	● abundancia.
	● celebración. Relajación. Rito espiritual con el vino que representa la sangre de Cristo o la energía espiritual de tu interior. Dios.
VIÑEDO	● cosechar los frutos de nuestra experiencia.
VIOLACIÓN	● aceptas la realidad de otra persona como tuya. Te sientes penetrada.
	● pérdida de poder o de autoestima.
VIRGEN	● pureza, integridad. Madre María. El aspecto femenino de Dios.
	● creer que debes casarte virgen es un mito perjudicial. Es a partir de la madurez y la comprensión que se produce la unidad en las relaciones.
VOLAR	● si vuelas por el aire lo más seguro es que sea una proyección astral. Véase el capítulo 13 sobre sueños para viajes astrales.
	● avanzas más allá de los límites físicos.
	● un sueño muy importante.
VOLCÁN	● explosión de emociones reprimidas.
VÓMITO	● expulsar lo que no necesitas, sean viejas ideas, creencias o actitudes. Necesidad de expresar y comunicar lo que te callas o lo que te está haciendo enfermar. Poner al descubierto.
XILOFÓN	● estar a tono con la vida.
YOYO	● tienes la sensación de que subes y bajas, repitiendo siempre lo mismo.
ZAPATOS	● pasos a asumir en la vida. Tener los pies en la tierra. No juzgues a los demás hasta que no conozcas a fondo su situación. Desempeñar demasiadas funciones.

ZUMO ● la esencia.

● fortaleza viril.

● dar vida o energía.

● algo animado o atrevido.

● bebido.

31
Cómo formar un grupo de sueños

«Me adentro en la noche sin temor,
los compañeros callados de la noche caminan junto a mí.»

Denise Linn

Una forma muy interesante y poderosa de conectarse profundamente con tus sueños es unirte a un grupo de estudio de los sueños, o crear uno. Un grupo de sueños se reúne regularmente con la intención de hablar sobre sueños. Es una manera muy efectiva de recibir apoyo en tus viajes y experiencias nocturnas.

Función

Si creas un grupo de sueños, primero debes determinar el propósito o función de vuestras reuniones. Una de ellas será desarrollar vuestras capacidades psíquicas individuales. O que los sueños os ayuden a superar, mediante el análisis, las dificultades de vuestra vida de vigilia. Escribe con un estilo claro y conciso cuál es la función de ese grupo. Debes analizar con atención todas tus intenciones, de manera que los miembros del grupo puedan elegir formar parte de él o no. Este primer paso es fundamental, y mejorará la sinergia de vuestros encuentros futuros. Decidid un día que os vaya bien a todos (quizás una vez por semana), en el que podáis reuniros para hablar de vuestros sueños.

Sin duda alguna, cada grupo de sueños tendrá su propia dinámica, aunque yo os ofrezco unas pautas básicas que os pueden resultar de ayuda. En vuestra primera reunión podéis sentaros en círculo, ya que se trata de uno de los símbolos principales en el sueño. Luego, en el sentido de las agujas del reloj por el hemisferio norte del círculo, cada persona debe comentar en voz alta su biografía. En el hemisferio sur del círculo, cada miembro debe hablar siguiendo el sentido contrario de las agujas del reloj. Las biografías deben incluir información sobre los objetivos de esa persona, su propósito en la vida, etcétera. La primera reunión debe servir para clarificar intenciones y desarrollar el inicio de una sinergia entre todos los miembros del grupo.

Conocimientos

Cada vez que os reunáis, empezad la sesión dedicando unos breves instantes a centrarse y relajarse. Podéis escoger a alguien del grupo para que dirija este proceso. Sentaos formando un círculo y con la espalda bien recta, muy relajados. Imaginad un cordón de luz plateada que recorre el suelo, sube por las plantas de vuestros pies y la base de la columna vertebral hasta llegar a la cabeza para luego desplomarse a modo de cascada. Cuando lo hayáis hecho, empieza a respirar la esencia de cada persona que compone el círculo en el sentido contrario o no a las agujas del reloj (según tú estés sentada). Respira hondo de manera que la esencia de cada persona penetre en ti, y después suéltala lentamente. Debes sentir a estas personas como seres sanos, fuertes y equilibrados. Al hacerlo así, estás tejiendo una profunda relación espiritual entre ti y los miembros del grupo. Cuando hayas acabado, respira la esencia de tu ser tres veces. Ahora imagínate una brillante luz blanca con reflejos plateados que envuelva al grupo, creando un remolino de energía y luz. Cuando hayáis acabado la meditación, descansad un rato en silencio antes de contaros vuestros sueños.

Contar sueños

Uno de los aspectos fundamentales del grupo es que cada miembro tenga la misma cantidad de tiempo para describir su sueño. Si alguien cree que los sucesos de la semana están de algún modo relacionados con su sueño, explicar también estas vivencias de vigilia, es muy importante para comprender el sueño. Hay que tener en cuenta, sin embargo, que es muy fácil desviarse del tema e impedir que otros miembros del grupo hablen. Asimismo, antes de escoger un sueño concreto con el que podáis trabajar, aseguraros de que todos los miembros tendrán tiempo suficiente para exponer sus vivencias nocturnas. Ya que cada sueño es un compuesto de retales imaginativos muy complejos y que abarcan varias dimensiones, sería más que probable pasar varias semanas analizando un único sueño. Recuerda la importancia de dedicarle atención y tiempo a cada sueño de los miembros del grupo.

Cuando una persona tiene la oportunidad de comunicar sus sueños, se empieza a crear una relación muy estrecha con los demás miembros del grupo. Como resultado de la sinergia experimentada entre todos, sin duda alguna serás testigo de una sensación de telepatía entre los miembros del grupo, e incluso un parecido en los símbolos de vuestros sueños.

Cuando os expliquéis vuestros sueños, utilizad siempre el tiempo presente en vez del pasado: «Estoy corriendo» en vez de «corría». Esto te permite establecer un mayor contacto con el sueño y comunicárselo mejor a los demás. También, cuando hablas en primera persona, es decir, «yo», «a mí», etc., resultará más fácil descubrir nuevas facetas de ti. Si una persona empieza a contar su sueño en presente y luego salta al pasado, esto generalmente indica un momento del sueño en que se concentran emociones difíciles para la persona. Es muy importante hacerle saber esto, porque de vez en cuando le permitirá darse cuenta de una nueva revelación.

Escucha con atención al tipo concreto de palabras que utiliza una persona para describir su experiencia. Observa también su lenguaje corporal, sus gestos para describir el sueño.

Debes pensar que todos los miembros del grupo son un reflejo distinto de ti. Cuando alguien te revela los secretos de su sueño, su testimonio adquirirá un sentido especial para ti. Los sueños de otras personas también son tuyos. Todos vosotros os habéis unido en un grupo porque vuestra energía es parecida. No es por casualidad que todos los demás compartan tiempo contigo. En cada sesión, se recomienda que uno de vosotros dirija al grupo para que no se desvíe de su propósito. Una forma de escoger a ese líder es que en cada sesión se ofrezca alguien como voluntario.

Significado de los sueños

Cuando el grupo elige un sueño para explorarlo de cerca, es muy importante que la persona que lo cuente reciba los comentarios de los demás. No obstante, es crucial que el que habla acepte únicamente los comentarios positivos de sus interlocutores en el grupo. Toda persona puede recurrir a sus experiencias y nociones de sueños para interpretar los de otros. Así pues, acepta sólo los consejos que encajen en tu forma de entender los sueños.

Si tu grupo es especialmente expresivo, podéis dedicar varias semanas a un solo tema. Por ejemplo, una semana decidís incubar sueños proféticos sobre sucesos del próximo año. Otra semana os dedicáis a limpiar emocionalmente los bloqueos que arrastráis de la infancia... O si os apetece, otra semana podéis concentraros en la «comunicación telepática con extraterrestres», o para ser más prácticos, tratar de dilucidar las acciones que subirán en bolsa la semana que viene. Puedes pedir sueños que mejoren tus dotes sanadoras... lo que queráis.

En el grupo de sueños debéis ser creativos. En una sesión quizás os apetezca bailar en vuestros sueños, y en la siguiente dibujarlos en papel como si fuerais niños. Podéis elegir parejas y soñar entre vosotros un día determinado de antemano. En mi experiencia, este ejercicio me resulta muy útil para descubrir nuevos aspectos de mí misma. En muchos casos, el punto débil de una persona lo percibe con facilidad otra miembro del grupo durante el sueño. Incluso los miembros con relativamente poca experiencia en el trabajo de sueños han logrado soñar con quien pretendían, desvelando así unos símbolos sumamente significativos para esa persona.

Se recomienda que en cada sesión traigáis vuestros cuadernos donde describís los sueños, y os los vayáis intercambiando para leerlos. También puedes reservar una sección especial en tu cuaderno para apuntar los comentarios de otros miembros del grupo. Otras maneras creativas de explorar tus sueños es crear una máscara o escudo de sueños. El grupo, en conjunto, puede escenificar un sueño en concreto como si se tratara de una obra teatral, en la que cada miembro adopta un personaje distinto cuando la representáis cada vez. ¡Divertios!

Aconsejo delimitar una hora de comienzo y de fin en vuestras reuniones, así el grupo actúa teniendo en cuenta la cantidad de tiempo disponible. Esto facilita que cada miembro del grupo participe por igual.

Un grupo de sueños es como una rosa que florece lentamente, en el que cada persona representa un pétalo distinto de esa fragante y delicada flor.

FIN

Rema, rema, rema tu barca
lentamente por el riachuelo,
contento, y dichoso
porque la vida no es más que un sueño.

Notas

Capítulo 1. Qué dicen los científicos acerca de los sueños

1. Begley, Sharon, «The Stuff that Dreams are Made Of», *Newsweek*, 14 de agosto de 1989, pp. 41-44, y Long, Michel E., «What is This Thing Called Sleep?» *National Geographic*, diciembre de 1987, pp. 791-802.

2. Long, p. 802.

3. Ibid., pp. 790-91.

4. Ibid., pp. 787-88, 802.

5. Ibid., pp. 791, 802, 818.

6. Morris, Jill, *The Dream Workbook*, Fawcett Crest, Nueva York, (1985), p. 15.

7. Ibid., p. 16.

8. Ibid.

9. Ibid., p. 13.

10. Ibid., pp. 16-17.

11. Dee, Nerys, *Your Dreams and What They Mean*, Bell Publishing Company, Nueva York, (1984) pp. 43-44.

12. Ibid., p. 820.

13. Taylor, Jeremy, *Dream Work*, Paulist Press, Nueva York, (1983) p. 6.

14. Ibid., pp. 6-7.

15. Ibid., p. 7.

16. Ibid., pp. 7-8.

Capítulo 2. Qué dicen los psicólogos sobre los sueños

1. Dee, Nerys, *Your Dreams and What They Mean*, Bell Publishing Company, Nueva York, (1984), pp. 56-57.

2. Ibid., p. 57.

3. Ibid., pp. 58-59.

4. Clift, Jean Dalby; Clift, Wallace B., *Symbols of Transformation in Dreams*, The Crossroad Publishing Company, Nueva York, (1987) pp. 6-7.

5. Ibid., p. 7.

6. Ibid., pp. 11-12.

7. Ibid., pp. 12-13.

8. Dee, p. 62.

9. Clift y Clift, pp. 9-10, y Dee, pp. 62-63.

10. Clift y Clift, p. 14.

11. Ibid, p. 17.

Capítulo 3. Qué dicen los metafísicos sobre los sueños

1. Bro, Harmon H.; Cayce, Hugh Lynn, ed., *Edgar Cayce on Dreams*, Warner Books, Nueva York, (1968), p. 7.

2. Ibid.

3. Ibid., p. 8.

4. Ibid.

5. Ibid., pp. 8-9.

6. Ibid., pp. 16-19

7. Ibid., pp. 11-32.

8. Ibid.

Capítulo 4. Los soñadores de antaño.

1. Garfield, Patricia, *Creative Dreaming,* Ballantine Books, Nueva York, (1974), p. 215.

2. Ibid., pp. 20-21.

3. Dee, Nerys, *Your Dreams and What They Mean*, Bell Publishing Company, Nueva York, (1984), p. 14.

4. Ibid., p.15.

5. Dee, p. 15-16; Clift, Jean Dalby; Clift, Wallace B., *Symbols of Transformation in Dreams*, The Crossroad Publishing Company, Nueva York, (1984), p. 90; Faraday, Anne, *The Dream Game*, Harper and Row, Nueva York, (1974), p. 63.

6. Dee, p. 16, y Garfield, p. 24.

7. Garfield, pp. 24-25.
8. Dee, pp. 16-17.
9. Ibid., pp. 17-18.
10. Ibid., p. 18.
11. Tal y como se cita en Garfield, p. 26.
12. Garfield, p. 26.
13. Dee., pp. 18, 22.
14. Ibid., p. 23.
15. Ibid., pp. 25-26.

Capítulo 5. Soñadores nativos

1. Garfield, Patricia, *Creative Dreaming,* Ballantine Books, Nueva York, (1974), pp. 59-60.
2. Taylor, Jeremy, *Dream Work*, Paulist Press, Nueva York, (1983), p. 108.
3. Ibid.
4. Ibid., pp. 108-9.
5. Ibid., p. 109.
6. Garfield, p.69.
7. Fay, Marie, *The Dream Guide*, Centro de artes curativas, Los Angeles, (1983), p. 26.
8. Garfield, p. 73.
9. Ibid., pp. 71-72.

Capítulo 7. Ayuda durante los sueños

1. Kunz, George Frederick, *The Curious Lore of Precious Stones*, Filadelfia: J.B. Lippincott Company (1913), pp. 176-224.

Capítulo 8. Incubación de sueños

1. Garfield, Patricia, *Creative Dreaming,* Ballantine Books, Nueva York, (1974), pp. 20-21.
2. Ibid., pp. 21-23.

Capítulo 9. Sueños lúcidos

1. Garfield, Patricia, *Creative Dreaming,* Ballantine Books, Nueva York, (1974), pp. 151-169; LaBerge, Stephen, *Lucid Dreaming,* Ballantine Books, Nueva York, (1985), pp. 23-25, 144-45.
2. Long, Michel E., 'What is This Thing Called Sleep?' *National Geographic,* diciembre de 1987, p. 787.

Capítulo 10. Visión en sueños.

1. Vass, Virginia, Ed., *Dreams Can Point the Way: An Anthology,* Miracle House Books, Inc., Sugar Land, Texas, (1984), p. 145.

Capítulo 11. Sueños para ver

1. Loman, Eve, *You Are What You Dream,* Fawcett Publications, Inc., Greenwich, Connecticut, (1972), pp. 61-62.

Capítulo12. Sueños para recordar vidas pasadas

1. Moore, Marcia; Douglas, Mark, *Reincarnation, Key to Immortality,* Arcane Publications, York Harbour, Maine, (1968), pp. 17-31.

Capítulo 13. Sueños y viajes astrales

1. Castaneda, Carlos *Viaje a Ixtlán,* Fondo de Cultura Económica de España, Madrid, (2001).
2. Fox, Oliver, *El viaje astral,* Ediciones Obelisco, Barcelona, (1997).
3. Greenhouse, Herbert B., *Viaje astral,* Ediciones Martínez Roca, Barcelona, (1982).
4. Ibid.
5. Ibid.
6. Ibid., pp. 4-8.
7. Ibid., pp. 9, 13.
8. Ibid., p. 15.

9. Ibid., pp. 15-16.
10. Ibid., pp. 16-18.

Capítulo 15. Sueños para el amor y el sexo

1. Garfield, Patricia, *Creative Dreaming,* Ballantine Books, Nueva York, (1974), p. 104.
2. Ibid., pp. 104-5.

Capítulo 25. Colores

1. Dudley, G.A., *Dreams: Their Mysteries Revealed,* The Aquarian Press, Wellingborough, Northamptonshire, (1979), p. 78.
2. Ibid.
3. Ibid., pp. 78-79.
4. Ibid., pp. 79.
5. Ibid., pp. 79-80.

Capítulo 28. Piedras

1. Kunz, George Frederick, *The Curious Lore of Precious Stones*, J.B. Lippincott Company, Filadelfia, (1913), pp. 356-7.

Índice